如何有效阅读

文学大师的79堂阅读课

夏丏尊
朱自清
等著

国际文化出版公司
·北京·

图书在版编目（CIP）数据

如何有效阅读 ：文学大师的 79 堂阅读课 / 夏丏尊 朱自清等著 . -- 北京 ：国际文化出版公司，2020.10
ISBN 978-7-5125-1227-6

Ⅰ . ①如… Ⅱ . ①夏… Ⅲ . ①读书方法－青年读物
Ⅳ . ① G792-49

中国版本图书馆 CIP 数据核字（2020）第 129764 号

如何有效阅读 ：文学大师的 79 堂阅读课

作　　者　夏丏尊　朱自清等
责任编辑　王逸明
统筹监制　胡　峰
策划编辑　王劲松
美术编辑　小燕儿
出版发行　国际文化出版公司
经　　销　全国新华书店
印　　刷　北京柯蓝博泰印务有限公司
开　　本　710 毫米 ×1000 毫米　16 开
　　　　　　20.5 印张　275 千字
版　　次　2020 年 10 月第 1 版
　　　　　　2020 年 10 月第 1 次印刷
书　　号　ISBN 978-7-5125-1227-6
定　　价　45.00 元

国际文化出版公司
北京朝阳区东土城路乙 9 号　　邮编：100013
总编室：（010）64271551　　传真：（010）64271578
销售热线：（010）64271187
传真：（010）64271187-800
E-mail：icpc@95777.sina.net

序

书[①]

朱　湘

拿起一本书来，先不必研究它的内容，只是它的外形，就已经很够我们的赏鉴了。

那眼睛看来最舒服的黄色毛边纸，单是纸色已经在我们的心目中引起一种幻觉，令我们以为这书是一个逃免了时间之摧残的遗民。他所以能幸免而来与我们相见的这段历史的本身，就已经是一本书，值得我们的思索、感叹，更不须提起它的内含的真或美了。

还有那一个个正方的形状，美丽的单字，每个字的构成，都是一首诗；每个字的沿革，都是一部历史。飙是三条狗的风：在秋高草枯的旷野上，天上是一片青，地上是一片赭，中疾的猎犬风一般快的驰过，嗅着受伤之兽在草中滴下的血腥，顺了方向追去，听到枯草飒索的响，有如秋风卷过去一般。昏是婚的古字：在太阳下了山，对面不见人的时候，有一群人骑着马，擎着红光闪闪的火把，悄悄向一个人家走近。等着到了竹篱柴门之旁的时候，在狗吠声中，趁着门还未闭，一声喊齐拥而入，让新郎从打麦场上挟起惊呼的新娘打马而回。同来的人则抵挡着新娘的父兄，作个不打不成交的亲家。

印书的字体有许多种：宋体挺秀有如柳字，麻沙体夭矫有如欧字，书法体娟秀有如褚字，楷体端方有如颜字。楷体是最常见的了。这里面又分出许多不同的种类：一种是通行的正方体；还有一种是窄长的楷体，棱角最显；一种是

① 据 1934 年版《中书集》校订，收入 2017 年版《朱湘全集·散文卷》。

扁短的楷体，浑厚颇有古风。还有写的书：或全体楷体，或半楷体，它们不单看来有一种密切的感觉，并且有时有古代的写本，很足以考证今本的印误，以及文字的假借。

如果在你面前的是一本旧书，则开章第一篇你便将看见许多朱色的印章，有的是雅号，有的是姓名。在这些姓名别号之中，你说不定可以发现古代的收藏家或是名倾一世的文人，那时候你便可以让幻想驰骋于这朱红的方场之中，构成许多缥缈的空中楼阁来。还有那些朱圈，有的圈得豪放，有的圈得森严，你可以就它们的姿态，以及它们的位置，悬想出读这本书的人是一个少年，还是老人；是一个放荡不羁的才子，还是老成持重的儒者。你也能借此揣摹出这主人翁的命运：他的书何以流散到了人间？是子孙不肖，将它舍弃了？是遭兵逃反，被一班庸奴偷窃出了他的藏书楼？还是运气不好，家道中衰，自己将它售卖了来填偿债务，或是支持家庭？书的旧主人是这样。我呢？我这书的今主人呢？他当时对着雕花的端砚，拿起新发的朱笔，在清淡的炉香气息中，圈点这本他心爱的书，那时候，他是决想不到这本书的未来命运，他自己的未来命运，是个怎样结局的；正如这现在读着这本书的我，不能知道我未来的命运将要如何一般。

更进一层，让我们来想象那作书人的命运：他的悲哀，他的失望，无一不自然的流露在这本书的字里行间。让我们读的时候，时而跟着他啼，时而为他扼腕太息。要是，不幸上再加上不幸，遇到秦始皇或是董卓，将他一生心血呕成的文章，一把火烧为乌有；或是像《金瓶梅》《红楼梦》《水浒传》一般命运，被浅见者标作禁书，那更是多么可惜的事情啊！

天下事真是不如意的多。不讲别的，只说书这件东西，它是再与世无争也没有的了，也都要受这种厄运的摧残。至于那琉璃一般脆弱的美人，白鹤一般兀傲的文士，他们的遭忌更是不言可喻了。试想含意未伸的文人，他们在不得意时，有的樵采[①]，有的放牛，不仅无异于庸人，并且备受家人或主子的轻蔑

① 樵采，即打柴。

与凌辱；然而他们天生得性格倔强，世俗越对他白眼，他却越有精神。他们有的把柴挑在背后，拿书在手里读；有的骑在牛背上，将书挂在牛角上读；有的在蚊声如雷的夏夜，囊了萤照着书读；有的在寒风冻指的冬夜，拿了书映着雪读。然而时光是不等人的，等到他们学问已成的时候，眼光是早已花了，头发是早已白了，只是在他们的头额上新添加了一些深而长的皱纹。

咳！不如趁着眼睛还清朗，鬓发尚未成霜，多读一读“人生”这本书罢！

目录

CONTENTS

第一章　谈读书

第二章　说文学

第三章　聊诗歌

第四章　论小说

第五章　讲方法

第一章 谈读书

第一讲

读 书[1]

胡 适

“读书”这个题，似乎很平常，也很容易。然而我却觉得这个题目很不好讲。据我所知，“读书”可以有三种说法：

（一）要读何书。关于这个问题，《京报副刊》上已经登了许多时候的“青年必读书”；但是这个问题，殊不易解决，因为个人的见解不同，个性不同。各人所选只能代表各人的嗜好，没有多大的标准作用。所以我不讲这一类的问题。

（二）读书的功用。从前有人作“读书乐”，说什么“书中自有千钟粟，书中自有黄金屋，书中自有颜如玉”，现在我们不说这些话了，要说，读书是求智识，智识就是权力。这些话都是大家会说的，所以我也不必讲。

（三）读书的方法。我今天是要想根据个人所经验，同诸位谈谈读书的方法。我的第一句话是很平常的，就是说，读书有两个要素：

第一要精。

第二要博。

现在先说什么叫“精”。

我们小的时候读书，差不多每个小孩都有一条书签，上面写十个字。这十个字最普遍的就是“读书三到：眼到，口到，心到。”现在这种书签虽不用，

① 据《民国丛书》本《胡适文存三集》校订，收入2003年版《胡适全集》第3卷。

三到的读书法却依然存在。不过我以为读书三到是不够的，须有四到，是“眼到，口到，心到，手到”。我就拿它来说一说。

眼到是要个个字认得，不可随便放过。这句话起初看去似乎很容易，其实很不容易。读中国书时，每个字的一笔一画都不放过。近人费许多功夫在校勘学上，都因古人忽略一笔一画而已。读外国书要把A，B，C，D……等字母弄得清清楚楚。所以说这是很难的。如有人翻译英文，把port看作pork，把oats看作oaks，于是葡萄酒一变而为猪肉，小草变成了大树。说起来这种例子很多，这都是眼睛不精细的结果。书是文字做成的，不肯仔细认字，就不必读书。眼到对于读书的关系很大，一时眼不到，贻害很大，并且眼到能养成好习惯，养成不苟且的人格。

口到是一句一句要念出来。前人说口到是要念到烂熟背得出来。我们现在虽不提倡背书，但有几类的书，仍旧有熟读的必要；如心爱的诗歌，如精彩的文章，熟读多些，于自己的作品上也有良好的影响。读此外的书，虽不须念熟，也要一句一句念出来，中国书如此，外国书更要如此。念书的功用能使我们格外明瞭每一句的构造，句中各部分的关系。往往一遍念不通，要念两遍以上，方才能明白的。读好的小说尚且要如此，何况读关于思想学问的书呢？

心到是每章每句每字意义如何？何以如是？这样用心考究。但是用心不是叫人枯坐冥想，是要靠外面的设备及思想的方法的帮助。要做到这一点，须要有几个条件：

（一）字典，辞典，参考书等等工具要完备。这几样工具虽不能办到，也当到图书馆去看。我个人的意见是奉劝大家，当衣服，卖田地，至少要置备一点好的工具。比如买一本韦氏大字典，胜于请几个先生。这种先生终身跟着你，终身享受不尽。

（二）要做文法上的分析。用文法的知识，做文法上的分析，要懂得文法构造，方才懂得它的意义。

（三）有时要比较参考，有时要融会贯通，方能了解。不可但看字面。一个字往往有许多意义，读者容易上当。例如turn这字：

作外动字解有十五解，

作内动字解有十三解，

作名词解有二十六解，

共五十四解，而成语不算。

又如Strike：

作外动字解有三十一解，

作内动字解有十六解，

作名词解有十八解，

共六十五解。

又如go字最容易了，然而这个字：

作内动字解有二十二解，

作外动字解有三解，

作名词解有九解，

共三十四解。

以上是英文字须要加以考究的例。英文字典是完备的；但是某一字在某一句究竟用第几个意义呢？这就非比较上下文，或贯串全篇，不能懂了。

中文较英文更难，现在举几个例：

祭文中第一句“维某年月日”之“维”字，究作何解？字典上说它是虚字。《诗经》里“维”字有二百多，必须细细比较研究，然后知道这个字有种种意义。

又《诗经》之“于”字，“之子于归”“凤凰于飞”等句，“于”字究作何解？非仔细考究是不懂的。又“言”字人人知道，但在《诗经》中就发生问题，必须比较，然后知“言”字为联接字。诸如此例甚多。中国古书很难读，古字典又不适用，非是用比较归纳的研究方法，我们如何懂得呢？

总之，读书要会疑，忽略过去，不会有问题，便没有进益。

宋儒张载说："读书先要会疑。于不疑处有疑，方是进矣。"他又说："在可疑而不疑者，不曾学。学则须疑。"又说："学贵心悟，守旧无功。"

宋儒程颐说："学原于思。"

这样看起来，读书要求心到；不要怕疑难，只怕没有疑难。工具要完备，思想要精密，就不怕疑难了。

现在要说手到。手到就是要劳动劳动你的贵手。读书单靠眼到，口到，心到，还不够的；必须还得自己动动手，才有所得。例如：

（1）标点分段，是要动手的。

（2）翻查字典及参考书，是要动手的。

（3）做读书札记，是要动手的。札记又可分四类：

（a）抄录备忘。

（b）作提要，节要。

（c）自己记录心得。张载说："心中苟有所开，即便札记。不则还塞之矣。"

（d）参考诸书，融会贯通，作有系统的著作。

手到的功用。我常说：发表[①]是吸收智识和思想的绝妙方法。吸收进来的智识思想，无论是看书来的，或是听讲来的，都只是模糊零碎，都算不得我们自己的东西。自己必须做一番手脚，或作提要，或作说明，或作讨论，自己重新组织过、申叙过，用自己的语言记述过——那种智识思想方才可算是你自己的了。

我可以举一个例。你也会说"进化"，他也会谈"进化"，但你对于"进化"这个观念的见解未必是很正确的，未必是很清楚的；也许只是一种"道听途说"，也许只是一种时髦的口号。这种知识算不得知识，更算不得是"你的"知识。假使你听了我这句话，不服气，今晚回去就去遍翻各种书籍，仔细研究

① 此处指诉诸文字，书面表达。

进化论的科学上的根据；假使你翻了几天书之后，发愤动手，把你研究所得写成一篇读书札记；假使你真动手写了这么一篇“我为什么相信进化论？”的札记，列举了

（一）生物学上的证据，

（二）比较解剖学上的证据，

（三）比较胚胎学上的证据，

（四）地质学和古生物学上的证据，

（五）考古学上的证据，

（六）社会学和人类学上的证据。

到这个时候，你所有关于“进化论”的知识，经过了一番组织安排，经过了自己的去取叙述，这时候这些知识方才可算是你自己的了。所以我说，发表是吸收的利器；又可以说，手到是心到的法门。

至于动手标点，动手翻字典，动手查书，都是极要紧的读书秘诀，诸位千万不要轻轻放过。内中自己动手翻书一项尤为要紧。我记得前几年我曾劝顾颉刚先生标点姚际恒的《古今伪书考》。当初我知道他的生活困难，希望他标点一部书付印，卖几个钱。那部书是很薄的一本，我以为他一两个星期就可以标点完了。那知顾先生一去半年，还不曾交卷。原来他于每条引的书，都去翻查原书，仔细校对，注明出处，注明原书卷第，注明删节之处。他动手半年之后，来对我说，《古今伪书考》不必付印了，他现在要编辑一部疑古的丛书，叫做“辨伪丛刊”。我很赞成他这个计划，让他去动手。他动手了一两年之后，更进步了，又超过那“辨伪丛刊”的计划了，他要自己创作了。他前年以来，对于中国古史，做了许多辨伪的文字；他眼前的成绩早已超过崔述了，更不要说姚际恒了。顾先生将来在中国史学界的贡献一定不可限量，但我们要知道他成功的最大原因是他的手到的工夫勤而且精。我们可以说，没有动手不勤快而能读书的，没有手不到而能成学者的。

第二要讲什么叫“博”。

什么书都要读，就是博。古人说：“开卷有益”，我也主张这个意思，所以说读书第一要精，第二要博。我们主张“博”有两个意思：

第一，为预备参考资料计，不可不博。

第二，为做一个有用的人计，不可不博。

第一，为预备参考资料计。

在座的人，大多数是戴眼镜的。诸位为什么要戴眼镜？岂不是因为戴了眼镜，从前看不见的，现在看得见了；从前很小的，现在看得很大了；从前看不分明的，现在看得清楚分明了？王荆公说得最好：

世之不见全经久矣。读经而已，则不足以知经。故某自百家诸子之书，至于《难经》《素问》《本单》诸小说，无所不读；农夫女工，无所不问；然后于经为能知其大体而无疑。盖后世学者与先王之时异矣；不如是，不足以尽圣人故也。……致其知而后读，以有所去取，故异学不能乱也。惟其不能乱，故能有所去取者，所以明吾道而已。（答曾子固）

他说：“致其知而后读。”又说：“读经而已，则不足以知经。”即如《墨子》一书在一百年前，清朝的学者懂得此书还不多。到了近来，有人知道光学，几何学，力学，工程学……等，一看《墨子》，才知道其中有许多部分是必须用这些科学的知识方才能懂的。后来有人知道了论理学①，心理学……等，懂得《墨子》更多了。读别种书愈多，《墨子》愈懂得多。

所以我们也说，读一书而已则不足以知一书。多读书，然后可以专读一书。譬如读《诗经》，你若先读了北大出版的《歌谣周刊》，便觉得《诗经》好懂得多了；你若先读过社会学，人类学，你懂得更多了；你若先读过文字学，古音韵学，你懂得更多了；你若读过考古学，比较宗教学等，你懂得的更多了。

① 逻辑学的旧称。

你要想读佛家唯识宗的书吗？最好多读点论理学，心理学，比较宗教学，变态心理学。无论读什么书总要多配几副好眼镜。

你们记得达尔文研究生物进化的故事吗？达尔文研究生物演变的现状，前后凡三十多年，积了无数材料，想不出一个单简贯串的说明。有一天他无意中读马尔图斯[①]的人口论，忽然大悟生存竞争的原则，于是得着物竞天择的道理，遂成一部破天荒的名著，给后世思想界打开一个新纪元。

所以要博学者，只是要加添参考的材料，要使我们读书时容易得“暗示”；遇着疑难时，东一个暗示，西一个暗示，就不至于呆读死书了。这叫做“致其知而后读”。

第二，为做人计。

专工一技一艺的人，只知一样，除此之外，一无所知。这一类的人，影响于社会很少。好有一比，比一根旗竿，只是一根孤拐，孤单可怜。

又有些人广泛博览，而一无所专长，虽可以到处受一班贱人的欢迎，其实也是一种废物。这一类人，也好有一比，比一张很大的薄纸，禁不起风吹雨打。

在社会上，这两种人都是没有什么大影响，为个人计，也很少乐趣。

理想中的学者，既能博大，又能精深。精深的方面，是他的专门学问。博大的方面，是他的旁搜博览。博大要几乎无所不知，精深要几乎惟他独尊，无人能及。他用他的专门学问做中心，次及于直接相关的各种学问，次及于间接相关的各种学问，次及于不很相关的各种学问，以次及毫不相关的各种泛览。这样的学者，也有一比，比埃及的金字三角塔。那金字塔（据最近《东方杂志》，第二十二卷第六号，页一四七）高四百八十英尺，底边各边长七百六十四英尺。塔的最高度代表最精深的专门学问；从此点以次递减，代表那旁收博览的各种相关或不相关的学问。塔底的面积代表博大的范围，精深的

① 现译马尔萨斯。英国人口学家、经济学家。

造诣，博大的同情心。这样的人，对社会是极有用的人才，对自己也能充分享受人生的趣味。宋儒程颢说的好：

须是大其心使开阔：譬如为九层之台，须大做脚始得。

博学正所以“大其心使开阔”。我曾把这番意思编成两句粗浅的口号，现在拿出来贡献给诸位朋友，作为读书的目标：

为学要如金字塔，
要能广大要能高。

第二讲

为什么读书①

胡　适

青年会叫我在未离南方赴北方之前在这里谈谈，我很高兴，题目是“为什么读书”。现在读书运动大会开始，青年会拣定了三个演讲题目。我看第二题目“怎样读书”很有兴味，第三题目“读什么书”更有兴味，第一题目无法讲，为什么读书，连小孩子都知道，讲起来很难为情，而且也讲不好。所以我今天讲这个题目，不免要侵犯其余两个题目的范围，不过我仍旧要为其余两位演讲的人留一些余地。现在我就把这个题目来试一下看。我从前也有过一次关于读书的演讲，后来我把那篇演讲录略事修改，编入三集《文存》里面，那篇文章题目叫做《读书》，其内容性质较近于第二题目，诸位可以拿来参考。今天我就来试试“为什么读书”这个题目。

---

① 据 1931 年 2 月《现代学生》杂志校订，收入 2003 年版《胡适全集》第 20 卷。

从前有一位大哲学家做了一篇“读书乐”，说到读书的好处，他说：“书中自有千钟粟，书中自有黄金屋，书中自有颜如玉。”这意思就是说，读了书可以做大官，获厚禄，可以不至于住茅草房子，可以娶得年轻的漂亮太太（台下哄笑）。诸位听了笑起来，足见诸位对于这位哲学家所说的话不十分满意。现在我就讲所以要读书的别的原因。

为什么要读书？有三点可以讲：第一，因为书是过去已经知道的智识学问和经验的一种记录，我们读书便是要接受这人类的遗产；第二，为要读书而读书，读了书便可以多读书；第三，读书可以帮助我们解决困难，应付环境，并可获得思想材料的来源。我一踏进青年会的大门，就看见许多关于读书的标语。为什么读书？大概诸位看了这些标语就都已知道了，现在我就把以上三点更详细的说一说。

第一，因为书是代表人类老祖宗传给我们的智识的遗产，我们接受了这遗产，以此为基础，可以继续发扬光大，更在这基础之上，建立更高深更伟大的智识。人类之所以与别的动物不同，就是因为人有语言文字，可以把智识传给别人，又传至后人，再加以印刷术的发明，许多书报便印了出来。人的脑很大，与猴不同，人能造出语言，后来更进一步而有文字，又能刻木刻字，所以人最大的贡献就是过去的智识和经验，使后人可以节省许多脑力。非洲野蛮人在山野中遇见鹿，他们就画了一个人和一只鹿以代信，给后面的人叫他们勿追。但是把智识和经验遗给儿孙有什么用处呢？这是有用处的，因为这是前人很好的教训。现在学校里各种教科，如物理，化学，历史，等等，都是根据几千年来进步的智识编纂成书的，一年，两年，或者三年，教完一科。自小学，中学，而至大学毕业，这十六年中所受的教育，都是代表我们老祖宗几千年来得来的智识学问和经验。所谓进化，就是叫人节省劳力，蜜蜂虽能筑巢，能发明，但传下来就只有这一点智识，没有继续去改革改良，以应付环境，没有做格外进一步的工作。人呢，达不到目的，就再去求进步，而以前人的智识学问和经验作参考。如果每样东西，要个个人从头学起，而不去利用过去的智识，那不是太麻烦吗？所以人有了这智识的遗产，就可以自己去成家立业，就可以缩短工作，使有余力做别的事。

第二点稍复杂，就是为读书而读书。读书不是那么容易的一件事情，不读书不能读书，要能读书才能多读书。好比戴了眼镜，小的可以放大，糊涂的可以看得清楚，远的可以变为近。读书也要戴眼镜。眼镜越好，读书的了解力也越大。王安石对曾子固说："读经而已，则不足以知经。"所以他对于本草，内经，小说，无所不读，这样对于经才可以明白一些。王安石说："致其知而后读。"

请你们注意，他不说读书以致知，却说，先致知而后读书。读书固然可以扩充知识；但知识越扩充了，读书的能力也越大。这便是"为读书而读书"的意义。

试举《诗经》作一个例子。从前的学者把《诗经》看作"美""刺"的圣书，越讲越不通。现在的人应该多预备几副好眼镜——民俗学的眼镜，社会学的眼镜，人类学的眼镜，考古学的眼镜，文法学的眼镜，文学的眼镜。眼镜越多越好，越精越好。例如"野有死麇，白茅包之。有女怀春，吉士诱之"；我们若知道比较民俗学，便可以知道打了野兽送到女子家去求婚，是平常的事。又如"钟鼓乐之，琴瑟友之"，也不必说什么文王太姒，只可看作少年男子在女子的门口或窗下奏乐唱和，这也是很平常的事。再从文法方面来观察，像《诗经》里"之子于归""黄鸟于飞""凤凰于飞"的"于"字；此外，《诗经》里又有几百个的"维"字，还有许多"助词""语词"，这些都是有作用而无意义的虚字，但以前的人却从未注意及此。这些字若不明白，《诗经》便不能懂。再说在《墨子》一书里，有点光学，力学；又有点逻辑，算学，几何学；又有点经济学。但你要懂得光学，才能懂得墨子所说的光；你要懂得各种智识，才能懂得《墨子》里一些最难懂的文句。总之，读书是为了要读书，多读书更可以读书。最大的毛病就在怕读书，怕读难书。越难读的书我们越要征服它们，把它们作为我们的奴隶或向导，我们才能够打倒难书，这才是我们的"读书乐"。若是我们有了基本的科学知识，那末，我们在读书时便能左右逢源。我再说一遍，读书的目的在于读书，要读书越多才可以读书越多。

第三点，读书可以帮助解决困难，应付环境，供给思想材料。知识是思想材料的来源。思想可分作五步。思想的起源是大的疑问。吃饭拉屎不用想，但逢着三叉路口，十字街头那样的环境，就发生困难了。走东或走西，这样做或是那样做，有了困难，才有思想。第二步要把问题弄清，究竟困难在哪一点上。第三步才想到如何解决，这一步，俗话叫做出主意。但主意太多，都采用也不行，必须要挑选。但主意太少，或者竟全无主意，那就更没有办法了。第四步就是要选择一个假定的解决方法。要想到这一个方法能不能解决。若不能，那末，就换一个；若能，就行了。这好比开锁，这一个钥匙开不开，就换一个；假定是可以开的，那末，问题就解决了。第五步就是证实。凡是有条理的思想都要经过这五步，或是逃不了这五个阶段。科学家要解决问题，侦探要侦探案件，多经过这五步。

这五步之中，第三步是最重要的关键。问题当前，全靠有主意（Ideas）。主意从哪儿来呢？从学问经验中来。没有智识的人，见了问题，两眼白瞪瞪，抓耳挠腮，一个主意都不来。学问丰富的人，见着困难问题，东一个主意，西一个主意，挤上来，涌上来，请求你录用。读书是过去智识学问经验的记录，而智识学问经验就是要用在这时候，所谓养军千日，用在一朝。否则，学问一些都没有，遇到困难就要糊涂起来。例如达尔文把生物变迁现象研究了几十年，却想不出一个原则去整统他的材料。后来无意中看到马尔萨斯的人口论，说人口是按照几何学级数一倍一倍的增加，粮食是按照数学级数增加，达尔文研究了这原则，忽然触机，就把这原则应用到生物学上去，创了物竞天择的学说。读了经济学的书，可以得着一个解决生物学上的困难问题，这便是读书的功用。古人说："开卷有益"，正是此意。读书不是单为文凭功名，只因为书中可以供给学问知识，可以帮助我们解决困难，可以帮助我们思想。又譬如从前的人以为地球是世界的中心，后来天文学家科白尼[①]却主张太阳是世界的中

① 现译哥白尼。

心，绕着地球而行。据罗素说，科白尼所以这样的解说，是因为希腊人已经讲过这句话；假使希腊没有这句话，恐怕更不容易有人敢说这句话吧。这也是读书的好处。有一家书店印了一部旧小说叫做《醒世姻缘》，要我作序。这部书是西周生所著的，印好后在我家藏了六年，我还不曾考出西周生是谁。这部小说讲到婚烟问题，其内容是这样：有个好老婆，不知何故，后来忽然变坏，作者没有提及解决方法，也没有想到可以离婚，只说是前世作孽，因为在前世男虐待女，女就投生换样子，压迫者变为被压迫者。这种前世作孽，起先相爱，后来忽变的故事，我仿佛什么地方看见过。后来忽然想起《聊斋》一书中有一篇和这相类似的笔记，也是说到一个女子，起先怎样爱着她的丈夫，后来怎样变为凶太太，便想到这部小说大约是蒲留仙或是蒲留仙的朋友做的。去年我看到一本杂记，也说是蒲留仙做的，不过没有多大证据。今年我在北京，才找到了证据。这一件事可以解释刚才我所说的第二点，就是读书可以帮助读书，同时也可以解释第三点，就是读书可以供给出主意的来源。当初若是没有主意，到了逢着困难时便要手足无措，所以读书可以解决问题，就是军事，政治，财政，思想等问题，也都可以解决，这就是读书的用处。

我有一位朋友，有一次傍着灯看小说，洋灯装有油，但是不亮，因为灯芯短了。于是他想到《伊索寓言》里有一篇故事，说是一只老鸦要喝瓶中的水，因为瓶太小，得不到水，它就衔石投瓶中，水乃上来。这位朋友是懂得化学的，于是加水于灯中，油乃碰到灯芯。这是看《伊索寓言》给他看小说的帮助。读书好像用兵，养兵求其能用，否则即使坐拥十万二十万的大兵也没有用处，难道只好等他们“兵变”吗？

至于“读什么书”，下次陈钟凡先生要讲演，今天我也附带的讲一讲。我从五岁起到了四十岁，读了三十五年的书。我可以很诚恳的说，中国旧籍是经不起读的。中国有五千年文化，四部的书已是汗牛充栋。究竟有几部书应该读，我也曾经想过。其中有条理有系统的精心结构之作，二千五百年以来恐怕只有半打。“集”是杂货店，“史”和“子”还是杂货店。至于“经”，也只是杂货店，讲到内容，可以说没有一些东西可以给我们改进道德增进智识的帮助的。中国书不够读，我们要另开生路，辟殖民地，这条生路，就是每一个少年人必须至少要精通一种外国文字。读外国语要读到有乐而无苦，能做到这地步，书中便有无穷乐趣。希望大家不要怕读书，起初的确要查阅字典，但假使能下一年苦功，继续不断做去，那末，在一二年中定可开辟一个乐园，还只怕求知的欲望太大，来不及读呢。我总算是老大哥，今天我就根据我过去三十五年读书的经验，给你们这一个临别的忠告。

第三讲

谈读书习惯①

梁启超

学生做课外学问是最必要的。若只求讲堂上功课及格，便算完事，那么，你进学校，只是求文凭，并不是求学问，你的人格，先已不可问了。再者，此类人一定没有“自发”的能力，不特不能成为一个学者，亦断不能成为社会上治事领袖人才。

课外学问，自然不专指读书，如试验，如观察自然界……都是极好的。但读课外书，至少要算课外学问的主要部分。

一个人总要养成读书趣味。打算做专门学者，固然要如此，打算做事业家，也要如此。因为我们在工厂里、在公司里、在议院里……做完一天的工作出来之后，随时立刻可以得着愉快的伴侣，莫过于书籍，莫便于书籍。但是

① 此文原名《治国学杂话》，这里选录的是前半部分，据2015年版《饮冰室合集·专集》第15册校订。

将来这种愉快得着得不着，大概是在学校时代已经决定，因为必须养成读书习惯，才能尝着读书趣味。人生一世的习惯，出了学校门限，已经铁铸成了。所以在学校中，不读课外书，以养成自己自动的读书习惯，这个人简直是自己剥夺自己终身的幸福。

读书自然不限于读中国书，但中国人对于中国书，至少也该和外国书作平等待遇。你这样待遇他，他给回你的愉快报酬，最少也和读外国书所得的有同等分量。

中国书没有整理过，十分难读，这是人人公认的。但会做学问的人，觉得趣味就在这一点。吃现成饭，是最没有意思的事，是最没有出息的人才喜欢的。一个问题，被别人做完了四平八正的编成教科书样子给我读，读去自然是毫不费力，但从这不费力上头结果，便令我的心思不细致不刻入。专门喜欢读这类书的人，久而久之，会把自己创作的才能汩没哩。在纽约芝加哥笔直的马路崭新的洋房里舒舒服服混一世，这个人一定是过的毫无意味的平庸生活。若要过有意味的生活，须是哥伦布初到美洲时。

中国学问界，是千年未开的矿穴，矿苗异常丰富，但非我们亲自绞脑筋绞汗水，却开不出来。翻过来看，只要你绞一分脑筋一分汗水，当然还你一分成绩，所以有趣。

所谓中国学问界的矿苗，当然不专指书籍，自然界和社会实况，都是极重要的。但书籍为保存过去原料之一种宝库，且可为现在各实测方面之引线，就这点看来，我们对于书籍之浩瀚，应该欢喜谢他，不应该厌恶他。因为我们的事业比方要开工厂，原料的供给，自然是越丰富越好。

读中国书，自然像披沙拣金，沙多金少。但我们若把他作原料看待，有时寻常人认为极无用的书籍和语句，也许有大功用。须知工厂种类多着呢，一个厂里头还有许多副产物哩，何止金有用，沙也有用。（后略）

第四讲

读书的习惯重于方法[①]

胡 适

读书会进行的步骤，也可以说是采取的方式大概不外三种：

第一种是大家共同选定一本书来读，然后互相交换自己的心得及感想。

第二种是由下往上的自动方式，就是先由会员共同选定某一个专题，限定范围，再由指导者按此范围拟定详细节目，指定参考书籍。每人须于一定期限内作成报告。

第三种是先由导师拟定许多题目，再由各会员任意选定。研究完毕后写成报告。

至于读书的方法我已经讲了十多年，不过在目前我觉到读书全凭先养成好读书的习惯。读书无捷径，是没有什么简便省力的方法可言的。读书的习惯可分为三点：一是勤，二是慎，三是谦。

勤苦耐劳是成功的基础，做学问更不能欺己欺人，所以非勤不可。其次谨慎小心也是很重要的，清代的汉学家著名的如高邮王氏父子，段茂堂等的成功，都是遇事不肯轻易放过，旁人看不见的自己便可看见了。如今的放大几千万倍的显微镜，也不过想把从前看不见的东西现在都看见罢了。谦就是态度的谦虚，自己万不可先存一点成见，总要不分地域门户，一概虚心的加以考察后，再决定取舍。这三点都是很要紧的。

其次还有个买书的习惯也是必要的，闲时可多往书摊上逛逛，无论什么书

① 此文原刊于1935年5月14日《大学新闻》，据2003年版《胡适全集》第20卷校订。

都要去摸一摸，你的兴趣就是凭你伸手乱摸后才知道的。图书馆里虽有许多的书供你参考，然而这是不够的。因为你想往上圈画一下都不能，更不能随便的批写。所以至少像对于自己所学的有关的几本必备书籍，无论如何，就是少买一双皮鞋，这些书是非买不可的。

青年人要读书，不必先谈方法，要紧的是先养成好读书、好买书的习惯。

第五讲

读书杂谈[①]

鲁　迅

因为知用中学[②]的先生们希望我来演讲一回，所以今天到这里和诸君相见。不过我也没有什么东西可讲。忽而想到学校是读书的所在，就随便谈谈读书。是我个人的意见，姑且供诸君的参考，其实也算不得什么演讲。

说到读书，似乎是很明白的事，只要拿书来读就是了，但是并不这样简单。至少，就有两种：一是职业的读书，一是嗜好的读书。所谓职业的读书者，譬如学生因为升学，教员因为要讲功课，不翻翻书，就有些危险的就是。我想在坐的诸君之中一定有些这样的经验，有的不喜欢算学，有的不喜欢博物[③]，然而不得不学，否则，不能毕业，不能升学，和将来的生计便有妨碍了。我自己也这样，因为做教员，有时即非看不喜欢看的书不可，要不这样，怕不久便会于饭碗有妨。我们习惯了，一说起读书，就觉得是高尚的事情，其实这

① 据 1981 年版《鲁迅全集》第 3 卷校订。

② 1924 年由广州知用学社社友创办的一所学校。

③ 旧时中学的一门课程，教授动物、植物、矿物、生理等内容。

样的读书，和木匠的磨斧头，裁缝的理针线并没有什么分别，并不见得高尚，有时还很苦痛，很可怜。你爱做的事，偏不给你做，你不爱做的，倒非做不可。这是由于职业和嗜好不能合一而来的。倘能够大家去做爱做的事，而仍然各有饭吃，那是多么幸福。但现在的社会上还做不到，所以读书的人们的最大部分，大概是勉勉强强的，带着苦痛的为职业的读书。

现在再讲嗜好的读书罢。那是出于自愿，全不勉强，离开了利害关系的。——我想，嗜好的读书，该如爱打牌的一样，天天打，夜夜打，连续的去打，有时被公安局捉去了，放出来之后还是打。诸君要知道真打牌的人的目的并不在赢钱，而在有趣。牌有怎样的有趣呢，我是外行，不大明白。但听得爱赌的人说，它妙在一张一张地摸起来，永远变化无穷。我想，凡嗜好的读书，能够手不释卷的原因也就是这样。他在每一页每一页里，都得着深厚的趣味。自然，也可以扩大精神，增加智识的，但这些倒都不计及，一计及，便等于意在赢钱的博徒了，这在博徒之中，也算是下品。

不过我的意思，并非说诸君应该都退了学，去看自己喜欢看的书去，这样的时候还没有到来；也许终于不会到，至多，将来可以设法使人们对于非做不可的事发生较多的兴味罢了。我现在是说，爱看书的青年，大可以看看本分以外的书，即课外的书，不要只将课内的书抱住。但请不要误解，我并非说，譬如在国文讲堂上，应该在抽屉里暗看《红楼梦》之类；乃是说，应做的功课已完而有余暇，大可以看看各样的书，即使和本业毫不相干的，也要泛览。譬如学理科的，偏看看文学书，学文学的，偏看看科学书，看看别个在那里研究的，究竟是怎么一回事。这样子，对于别人，别事，可以有更深的了解。现在中国有一个大毛病，就是人们大概以为自己所学的一门是最好，最妙，最要紧的学问，而别的都无用，都不足道的，弄这些不足道的东西的人，将来该当饿死。其实是，世界还没有如此简单，学问都各有用处，要定什么是头等还很难。也幸而有各式各样的人，假如世界上全是文学家，到处所讲的不是“文学的分类”便是“诗之构造”，那倒反而无聊得很了。

不过以上所说的，是附带而得的效果，嗜好的读书，本人自然并不计及那些，就如游公园似的，随随便便去，因为随随便便，所以不吃力，因为不吃力，所以会觉得有趣。如果一本书拿到手，就满心想道，“我在读书了！”“我在用功了！”那就容易疲劳，因而减掉兴味，或者变成苦事了。

我看现在的青年，为兴味的读书的是有的，我也常常遇到各样的询问。此刻就将我所想到的说一点，但是只限于文学方面，因为我不明白其他的。

第一，是往往分不清文学和文章。甚至于已经来动手做批评文章的，也免不了这毛病。其实粗粗的说，这是容易分别的。研究文章的历史或理论的，是文学家，是学者；做做诗，或戏曲小说的，是做文章的人，就是古时候所谓文人，此刻所谓创作家。创作家不妨毫不理会文学史或理论，文学家也不妨做不出一句诗。然而中国社会上还很误解，你做几篇小说，便以为你一定懂得小说概论，做几句新诗，就要你讲诗之原理。我也尝见想做小说的青年，先买小说法程和文学史来看。据我看来，是即使将这些书看烂了，和创作也没有什么关系的。

事实上，现在有几个做文章的人，有时也确去做教授。但这是因为中国创作不值钱，养不活自己的缘故。听说美国小名家的一篇中篇小说，时价是二千美金；中国呢，别人我不知道，我自己的短篇寄给大书铺，每篇卖过二十元。当然要寻别的事，例如教书，讲文学。研究是要用理智，要冷静的，而创作须情感，至少总得发点热，于是忽冷忽热，弄得头昏，——这也是职业和嗜好不能合一的苦处。苦倒也罢了，结果还是什么都弄不好。那证据，是试翻世界文学史，那里面的人，几乎没有兼做教授的。

还有一种坏处，是一做教员，未免有顾忌；教授有教授的架子，不能畅所欲言。这或者有人要反驳：那么，你畅所欲言就是了，何必如此小心。然而这是事前的风凉话，一到有事，不知不觉地他也要从众来攻击的。而教授自身，纵使自以为怎样放达，下意识里总不免有架子在。所以在外国，称为“教授小说”的东西倒并不少，但是不大有人说好，至少，是总难免有令大发烦的炫学的地方。

所以我想，研究文学是一件事，做文章又是一件事。

第二，我常被询问：要弄文学，应该看什么书？这实在是一个极难回答的问题。先前也曾有几位先生给青年开过一大篇书目[①]。但从我看来，这是没有什么用处的，因为我觉得那都是开书目的先生自己想要看或者未必想要看的书目。我以为倘要弄旧的呢，倒不如姑且靠着张之洞的《书目答问》去摸门径去。倘是新的，研究文学，则自己先看看各种的小本子，如本间久雄[②]的《新文学概论》，厨川白村[③]的《苦闷的象征》，瓦浪斯基们的《苏俄的文艺论战》之类，然后自己再想想，再博览下去。因为文学的理论不像算学，二二一定得四，所以议论很纷歧。如第三种，便是俄国的两派的争论，——我附带说一句，近来听说连俄国的小说也不大有人看了，似乎一看见“俄”字就吃惊，其实苏俄的新创作何尝有人绍介，此刻译出的几本，都是革命前的作品，作者在那边都已经被看作反革命的了。倘要看看文艺作品呢，则先看几种名家的选本，从中觉得谁的作品自己最爱看，然后再看这一个作者的专集，然后再从文学史上看看他在史上的位置；倘要知道得更详细，就看一两本这人的传记，那便可以大略了解了。如果专是请教别人，则各人的嗜好不同，总是格不相入的。

第三，说几句关于批评的事。现在因为出版物太多了，——其实有什么呢，而读者因为不胜其纷纭，便渴望批评，于是批评家也便应运而起。批评这东西，对于读者，至少对于和这批评家趣旨相近的读者，是有用的。但中国现在，似乎应该暂作别论。往往有人误以为批评家对于创作是操生杀之权，占文坛的最高位的，就忽而变成批评家；他的灵魂上挂了刀。但是怕自己的立论不周密，便主张主观，有时怕自己的观察别人不看重，又主张客观；有时说自己

---

① 指胡适《一个最低限度的国学书目》、梁启超《国学入门书要目及其读法》和吴宓《西洋文学入门必读书目》等。

② 日本文艺理论家。

③ 日本文学评论家。

的作文的根柢全是同情，有时将校对者骂得一文不值。凡中国的批评文字，我总是越看越胡涂，如果当真，就要无路可走。印度人是早知道的，有一个很普通的比喻。他们说：一个老翁和一个孩子用一匹驴子驮着货物去出卖，货卖去了，孩子骑驴回来，老翁跟着走。但路人责备他了，说是不晓事，叫老年人徒步。他们便换了一个地位，而旁人又说老人忍心；老人忙将孩子抱到鞍鞒上，后来看见的人却说他们残酷；于是都下来，走了不久，可又有人笑他们了，说他们是呆子，空着现成的驴子却不骑。于是老人对孩子叹息道，我们只剩了一个办法了，是我们两人抬着驴子走。无论读，无论做，倘若旁征博访，结果是往往会弄到抬驴子走的。

不过我并非要大家不看批评，不过说看了之后，仍要看看本书，自己思索，自己做主。看别的书也一样，仍要自己思索，自己观察。倘只看书，便变成书厨，即使自己觉得有趣，而那趣味其实是已在逐渐硬化，逐渐死去了。我先前反对青年躲进研究室，也就是这意思，至今有些学者，还将这话算作我的一条罪状哩。

听说英国的培那特萧（Bernard Shaw）①，有过这样意思的话：世间最不行的是读书者。因为他只能看别人的思想艺术，不用自己。这也就是勖本华尔（Schopenhauer）②之所谓脑子里给别人跑马。较好的是思索者，因为能用自己的生活力了，但还不免是空想，所以更好的是观察者，他用自己的眼睛去读世间这一部活书。

这是的确的，实地经验总比看，听，空想确凿。我先前吃过干荔支，罐头荔支，陈年荔支，并且由这些推想过新鲜的好荔支。这回吃过了，和我所猜想的不同，非到广东来吃就永不会知道。但我对于萧的所说，还要加一点骑墙的议论。萧是爱尔兰人，立论也不免有些偏激的。我以为假如从广东乡下找一个没有历练的人，叫他从上海到北京或者什么地方，然后问他观察所

---

① 现译萧伯纳。

② 现译叔本华。

得，我恐怕是很有限的，因为他没有练习过观察力。所以要观察，还是先要经过思索和读书。

总之，我的意思是很简单的：我们自动的读书，即嗜好的读书，请教别人是大抵无用，只好先行泛览，然后决择而入于自己所爱的较专的一门或几门；但专读书也有弊病，所以必须和实社会接触，使所读的书活起来。

第六讲

读几本书[①]

鲁 迅

读死书会变成书呆子，甚至于成为书厨，早有人反对过了，时光不绝的进行，反读书的思潮也愈加彻底，于是有人来反对读任何一种书。他的根据是叔本华的老话，说是倘读别人的著作，不过是在自己的脑里给作者跑马[②]。

这对于读死书的人们，确是一下当头棒，但为了与其探究，不如跳舞，或者空暴躁，瞎牢骚的天才起见，却也是一句值得绍介的金言。不过要明白：死抱住这句金言的天才，他的脑里却正被叔本华跑了一趟马，踏得一榻胡涂了。

现在是批评家在发牢骚，因为没有较好的作品；创作家也在发牢骚，因为没有正确的批评。张三说李四的作品是象征主义，于是李四也自以为是象征

① 据 1981 年版《鲁迅全集》第 5 卷校订。

② 当时上海《人言》周刊刊登了胡雁《谈读书》一文，先引叔本华“脑子里给别人跑马”的话，然后说“看过一本书，是让人跑过一次马，看的书越多，脑子便变成跑马场，处处是别人的马的跑道，……我想，书大可不必读。”叔本华在《读书和书籍》等文中，反对读书，认为“读书时，我们的脑已非自己的活动地，这是别人的思想的战场了”，主张“由自己思想得来真理”。

主义，读者当然更以为是象征主义。然而怎样是象征主义呢？向来就没有弄分明，只好就用李四的作品为证。所以中国之所谓象征主义，和别国之所谓Symbolism是不一样的，虽然前者其实是后者的译语，然而听说梅特林①是象征派的作家，于是李四就成为中国的梅特林了。此外中国的法朗士②，中国的白璧德③，中国的吉尔波丁④，中国的高尔基……还多得很。然而真的法朗士他们的作品的译本，在中国却少得很。莫非因为都有了“国货”的缘故吗？

在中国的文坛上，有几个国货文人的寿命也真太长；而洋货文人的可也真太短，姓名刚刚记熟，据说是已经过去了。易卜生大有出全集之意，但至今不见第三本；柴霍甫⑤和莫泊桑的选集，也似乎走了虎头蛇尾运。但在我们所深恶痛疾的日本，《吉诃德先生》和《一千一夜》是有全译的；沙士比亚、歌德，……都有全集；托尔斯泰的有三种，陀思妥也夫斯基的有两种。

读死书是害己，一开口就害人；但不读书也并不见得好。至少，譬如要批评托尔斯泰，则他的作品是必得看几本的。自然，现在是国难时期，那有工夫译这些书，看这些书呢，但我所提议的是向着只在暴躁和牢骚的大人物，并非对于正在赴难或“卧薪尝胆”的英雄。因为有些人物，是即使不读书，也不过玩着，并不去赴难的。

---

① 现译梅特林克，比利时作家，象征派戏剧的代表作家。

② 阿纳托尔·法朗士，法国作家。

③ 欧文·白璧德，美国文学批评家。

④ 苏联批评家、文艺学家。

⑤ 现译契诃夫。

第七讲

我之于书[1]

夏丏尊

二十年来，我生活费中至少十分之一二是消耗在书上的。我的房子里比较贵重的东西就是书。

我向无对于任何一问题作高深研究的野心，因之所买的书范围较广，宗教，艺术，文学，社会，哲学，历史，生物，各方面差不多都有一点。最多的是各国文学名著的译本，与本国古来的诗文集，别的门类只是些概论等类的入门书而已。

我不喜欢向别人或图书馆借书，借来的书，在我好像过不来瘾似的，必要是自己买的才满足。这也可谓是一种占有的欲望。买到了几册新书，一册一册地加盖藏书印记，我最感到快悦的是这时候。

书籍到了我的手里以后，我的习惯是先看序文，次看目录。页数不多的往往立刻通读，篇幅大的，只把正文任择一二章节略加翻阅，就插在书架上。除小说外，我少有全体读完的大部的书，只凭了购入当时的记忆，知道某册书是何种性质，其中大概有些什么可取的材料而已。什么书在什么时候再去读再去翻，连我自己也无把握，完全要看一个时期一个时期的兴趣。关于这事，我常自比为古时的皇帝，而把插在架上的书，譬诸列屋而居的宫女。

我虽爱买书，而对于书却不甚爱惜。读书的时候，常在书上把我所认为要紧的处所标出。线装书大概用笔加圈，洋装书竟用红铅笔划粗粗的线。经我看

---

① 据开明书店 1941 年版《平屋杂文》校订。

过的书，统体干净的很少。

据说，任何爱吃糖果的人，只要叫他到糖果铺中去做事，见了糖果就会生厌。自我入书店以后，对于书的贪念，也已消除了不少了。可是仍不免要故态复萌，想买这种，想买那种。这大概因为糖果要用嘴去吃，往往摆存毫无意义，而书则可以买了不看，任其只管插在架上的缘故吧。

第八讲

读　书①

老　舍

若是学者才准念书，我就什么也不要说了。大概书不是专为学者预备的；那么，我可要多嘴了。

从我一生下来直到如今，没人盼望我成个学者；我永远喜欢服从多数人的意见。可是我爱念书。

书的种类很多，能和我有交情的可很少。我有决定念什么的全权；自幼儿我就会逃学，楞挨板子也不肯说我爱《三字经》和《百家姓》。对，《三字经》便可以代表一类——这类书，据我看，顶好在判了无期徒刑以后去念，反正活着也没多大味儿。这类书可真不少，不知道为什么；也许是犯无期徒刑罪的太多；要不然便是太少——我自己就常想杀些写这类书的人。我可是还没杀过一个，一来是因为——我才明白过来——写这样书的人敢情有好些已经死了，比如写《尚书》的那位李二哥。二来是因为现在还有些人专爱念这类书，我不便

① 此文发表于1934年12月《太白》杂志，据2008年版《老舍全集》第15卷校订。

得罪人太多了。顶好，我看是不管别人；我不爱念的就不动好了。好在，我爸爸没希望我成个学者。

第二类书也与咱无缘：书上满是公式，没有一个“然而”和“所以”。据说，这类书里藏着打开宇宙秘密的小金钥匙。我倒久想明白点真理，如地是圆的之类；可是这种书别扭，它老瞪着我。书不老老实实的当本书，瞪人干吗呀？我不能受这个气！有一回，一位朋友给我一本《相对论原理》，他说：明白这个就什么都明白了。我下了决心去念这本宝贝书。读了两个“配纸”，我遇上了一个公式。我跟它“相对”了两点多钟！往后边一看，公式还多了去啦！我知道和它们“相对”下去，它们也许不在乎，我还活着不呢？

可是我对这类书，老有点敬意。这类书和第一类有些不同，我看得出。第一类书不是没法懂，而是懂了以后使我更糊涂。以我现在的理解力——比上我七岁的时候，我现在满可以作圣人了——我能明白“人之初，性本善”。明白完了，紧跟着就糊涂了；昨儿个晚上，我还挨了小女儿——玫瑰唇的小天使——一个嘴巴。我知道这个小天使性本不善，她才两岁。第二类书根本就看不懂，可是人家的纸上没印着一句废话；懂不懂的，人家不闹玄虚，它瞪我，或者我是该瞪。我的心这么一软，便把它好好放在书架上；好打好散，别太伤了和气。

这要说到第三类书了。其实这不该算一类；就这么算吧，顺嘴。这类书是这样的：名气挺大，念过的人总不肯说它坏，没念过的人老怪害羞的说将要念。譬如说《元曲》，太炎“先生”的文章，罗马的悲剧，辛克莱的小说，《大公报》——不知是哪儿出版的一本书——都算在这类里，这些书我也都拿起来过，随手便又放下了。这里还就属那本《大公报》有点劲。我不害羞，永远不说将要念。好些书的广告与威风是很大的，我只能承认那些广告作得不错，谁管它威风不威风呢。

“类”还多着呢，不便再说；有上面的三项也就足所证明我怎样的不高明了。该说读的方法。

怎样读书，在这里，是个自决的问题；我说我的，没勉强谁跟我学。第一，我读书没系统。借着什么，买着什么，遇着什么，就读什么。不懂的放下，使我糊涂的放下，没趣味的放下，不客气。我不能叫书管着我。

第二，读得很快，而不记住。书要都叫我记住，还要书干吗？书应该记住自己。对我，最讨厌的发问是："那个典故是哪儿的呢？""那句书是怎么来着？"我永不回答这样的考问，即使我记得。我又不是印刷器养的，管你这一套！

读得快，因为我有时候跳过几页去。不合我的意，我就练习跳远。书要是不服气的话，来跳我呀！看侦探小说的时候，我先看最后的几页，省事。

第三，读完一本书，没有批评，谁也不告诉。一告诉就糟:"嘿，你读《啼笑因缘》？"要大家都不读《啼笑因缘》，人家写它干吗呢？一批评就糟："尊家这点意见？"我不惹气。读完一本书再打通儿架，不上算。我有我的爱与不爱，存在我自己心里。我爱念什么就念，有什么心得我自己知道，这是种享受，虽然显得自私一点。

再说呢，我读书似乎只要求一点灵感。"印象甚佳"便是好书，我没工夫去细细分析它，所以根本便不能批评。"印象甚佳"有时候并不是全书的，而是书中的一段最入我的味；因为这一段使我对这全书有了好感；其实这一段的美或者正足以破坏了全体的美，但是我不去管；有一段叫我喜欢两天的，我就感谢不尽。因此，设若我真去批评，大概是高明不了。

第四，我不读自己的书，不愿谈论自己的书。"儿子是自己的好"，我还不晓得，因为自己还没有过儿子。有个小女儿，女儿能不能代表儿子，就不得而知。"老婆是别人的好"，我也不敢加以拥护，特别是在家里。但是我准知道，书是别人的好。别人的书自然未必都好，可是至少给我一点我不知道的东西。自己的，一提都头疼！自己的书，和自己的运气，好像永远是一对儿累赘。

第五，哼，算了吧。

第九讲

谈读书[①]

老　舍

我有个很大的毛病：读书不求甚解。

从前看过的书，十之八九都不记得；我每每归过于记忆力不强，其实是因为阅读时马马虎虎，自然随看随忘。这叫我吃了亏——光翻动了书页，而没吸收到应得的营养，好似把好食品用凉水冲下去，没有细细咀嚼。因此，有人问我读过某部好书没有，我虽读过，也不敢点头，怕人家追问下去，无辞以答。这是个毛病，应当矫正！丢脸倒是小事，白费了时光实在可惜！

矫正之法有二：一曰随读随作笔记。这不仅大有助于记忆，而且是自己考试自己，看看到底有何心得。我曾这么办过，确有好处。不管自己的了解正确与否，意见成熟与否，反正写过笔记必得到较深的印象。及至日子长了，读书多了，再翻翻旧笔记看一看，就能发现昔非而今是，看法不同，有了进步。可惜，我没有坚持下去，所以有许多读过的著作都忘得一干二净。既然忘掉，当然说不上什么心得与收获，浪费了时间！

第二个办法是：读了一本文艺作品，或同一作家的几本作品，最好找些有关于这些作品的研究、评论等著述来读。也应读一读这个作家的传记。这实在有好处。这会使我们把文艺作品和文艺理论结合起来，把作品与作家结合起来，引起研究兴趣，尽管我们并不想作专家。有了这点兴趣，用不着说，会

① 此文发表于1960年12月11日《文艺报》，据2008年版《老舍全集》第16卷校订。

使我们对那些作品与那个作家得到更深刻的了解，吸取更多的营养。孤立地读一本作品，我们多半是凭个人的喜恶去评断，自己所喜则捧入云霄，自己所恶则弃如粪土。事实上，这未必正确。及至读了有关这本作品的一些著述，我们就会发现自己的错误。这并不是说我们应该采取人云亦云的态度，不便自作主张。不是的。这是说，我们看了别人的意见，会重新去想一想。这么再想一想便大有好处。至少它会使我们不完全凭感情去判断，减少了偏见。去掉偏见，我们才能够吸取营养，扔掉糟粕——个人感情上所喜爱的那些未必不正是糟粕。

在我年轻的时候，我极喜读英国大小说家狄更斯的作品，爱不释手。我初习写作，也有些效仿他。他的伟大究竟在哪里？我不知道。我只学来些耍字眼儿，故意逗笑等等“窍门”，扬扬得意。后来，读了些狄更斯研究之类的著作，我才晓得原来我所摹拟的正是那个大作家的短处。他之所以不朽并不在乎他会故意逗笑——假若他能够控制自己，减少些绕着弯子逗笑儿，他会更伟大！特别使我高兴的是近几年来看到些以马克思主义文艺观点写成的评论。这些评论是以科学的分析方法把狄更斯和别的名家安放在文学史中最合适的地位，既说明他们的所以伟大，也指出他们的局限与缺点。他们仍然是些了不起的巨人，但不再是完美无缺的神像。这使我不再迷信，多么好啊！是的，有关于大作家的著作有很多，我们读不过来，其中某些旧作读了也不见得有好处。读那些新的吧。

真的，假若（还暂以狄更斯为例）我们选读了他的两三本代表作，又去读一本或两本他的传记，又去读几篇近年来发表的对他的评论，我们对于他一定会得到些正确的了解，从而取精去粕地吸收营养。这样，我们的学习便较比深入、细致，逐渐丰富我们的文学修养。这当然需要时间，可是细嚼烂咽总比囫囵吞枣强得多。

此外，我想因地制宜，各处都成立几个人的读书小组，约定时间举行座谈，交换意见，必有好处。我们必须多读书，可是工作又很忙，不易博览群书。假若有读书小组呢，就可以各将所得，告诉别人；或同读一书，各抒己见；或一人读《红楼梦》，另一人读《曹雪芹传》，另一人读《红楼梦研究》，而后座谈，献宝取经。我想这该是个不错的方法，何妨试试呢。

第十讲

谈读书[①]

吴　晗

题目好像很奇怪，只要认识三五千汉字，便可读所有用汉字印刷的书了。书人人会读，何必谈？

然而问题并不如此简单，能读书是一回事，善于读书又是一回事，并不是所有认得若干汉字的人都善于读书，能与善，相差只是一个字，实际距离却不可以道里计，问题就在这里。

经常有些青年人，也有些中年人，其中有学生、教师，也有编辑工作者等等，他们提出问题，怎样做才能读好书，作好学术研究工作？特别是当前各个高等学校学生都在奋发读书的气氛中，这个问题也就显得很突出了。

要具体地谈各个学科，各个年级的学生该读什么书，或者研究什么题目，该读什么书，这是各个教研组和研究导师所应该答复的。这里只能谈一点基本的经验。

首先是方法问题，用老话说，有两种不同的方法。一种是寻章摘句式的，读得很细心，钻研每一段，以至每一句，甚至为了一个字，有的经师写了多少万字的研究论文。其缺点是见树木而不见森林，拣了芝麻绿豆却丢了西瓜，对

① 此文发表于 1961 年第 23 期《前线》杂志，据 2009 年版《吴晗全集》第 8 卷校订。

所读书的主要观点、思想却忽略了。另一种是观其大意，不求甚解式的，这种人读书抓住了书里的主要东西，吸收了并丰富、提高了自己，但是不去作寻章摘句的工作。明朝人曾经对这两种方法作了很好的譬喻，说前一种拥有一屋子散钱，却缺少一根绳子把钱拴起来。后一种呢，却好相反，只有一根绳子，缺少拴的钱。用现代的话说，这根绳子就是一条红线。这两种方法都有所偏，正确的方法是把两种统一起来，对个别的关键性的章节、词句要深入钻研，同时也必须领会书的大意，也就是主要的观点、立场，既要有数量极多的钱，也要有一条色彩鲜明的绳子。

在学习理论的时候，还必须联系实际，才能学得深，学得透。

其次是先后问题，先读什么，后读什么。是先读基础的书呢，还是先读专业的书呢？例如学习中国历史，是先学好中国通史，还是先学继代史或专门史呢？有不少人在这个问题上走了冤枉路，把先后次序颠倒了，不善于读书。其实道理极简单，要修一所房子，不打好基础，这房子怎么盖呢？你能把高楼大厦建筑在沙滩上吗？以此，要读好书，必须先打好基础，读好了基础书，才能在这基础上作个别问题的钻研。基础要求广，钻研则要求深，广和深也是统一的，只有广了才能深，也只有深了才要求更广。

“读书百遍，其义自见。”这话是有道理的。有的书必须多读，特别是学习古典文，那些范文最好是能够读到可以背诵的程度。除了多读之外，还得多抄，把重点、关键性的词句抄下来，时时翻阅，这样便可以记得牢靠，成为自己的东西了。多读多抄，这个二多是必须保证的。

第三是工具问题，认识了字并不等于完全了解这个名词的具体意义，有些专门术语随着时代的变化而具有不同的意义，并不是每一个人都容易理解的。解决的方法是善于利用工具书。也以学习历史作例，不懂得使用《辞源》，历史人名辞典，历史地名辞典，历史地图，历史年表和历史目录学，在研究历史科学的康庄大道上，也还是寸步难行的。

要多读书，用功读书，但是还得善于读书。

第十一讲

论青年读书风气①

朱自清

《大公报》图书副刊的编者在“卷头语”里慨叹近二十几年来中国书籍出版之少。这是不错的。但是他只就量说，没说到质上去。一般人所感到的怕倒是近些年来书籍出版之滥；有鉴别力的自然知所去取，苦的是寻常的大学生中学生，他们往往是并蓄兼收的。文史方面的书似乎更滥些；一个人只要能读一点古文，能读一点外国文（英文或日文），能写一点白话文，几乎就有资格写这一类书，而且很快地写成。这样写成的书当然不能太长，太详尽，所以左一本右一本总是这些“概论”“大纲”“小史”，看起来倒也热热闹闹的。

供给由于需要；这个需要大约起于五四运动之后。那时青年开始发现自我，急求扩而充之，野心不小。他们求知识像狂病；无论介绍西洋文学哲学的历史及理论，或者整理国故，都是新文化，都不迟疑地一口吞下去。他们起初拼命读杂志，后来觉得杂志太零碎，要求系统的东西；“概论”等等便渐渐地应运而生。杨荫深先生《编辑〈中国文学大纲〉的意见》（见《先秦文学大纲》）里说得最明白：

在这样浩繁的文学书籍之中，试问我们是不是全部都去研究它，如果我们是个欢喜研究中国文学的话。那自然是不可能的，从时间上与经济上，我们都不可能的。然而在另一方面说来，我们终究非把它全部研究一下不可，因为非如此，不足以满我们的欲望。于是其中便有聪明人出来了，他们用了简要的方

① 此文作于 1934 年 1 月 29 日，据 1990 年版《朱自清全集》第 4 卷校订。

法，把全部的中国文学做了一个简要的叙述，这通常便是所谓“文学史”。（杨先生说这种文学史往往是“点鬼簿”，他自己的书要“把中国文学稍详细地叙述，而成有一个系统与一个次序”。）

青年系统的趣味与有限的经济时间使他们只愿意只能够读这类“架子书”。说是架子书，因为这种书至多只是搭着的一副空架子，而且十有九是歪曲的架子。青年有了这副架子，除知识欲满足以外，还可以靠在这架子上作文、演说、教书。这便成了求学谋生的一条捷径。有人说从前读书人只知道一本一本念古书，常苦于没有系统；现在的青年系统却又太多，所有的精力都花在系统上，系统以外便没有别的。但这些架子是不能支持长久的；没有东西填进去，晃晃荡荡的，总有一天会倒下来。

从前人著述，非常谨慎。有许多大学者终生不敢著书，只写点札记就算了。印书不易，版权也不能卖钱，自然是一部分的原因；但他们学问的良心关系最大。他们穷年累月孜孜兀兀地干下去，知道的越多，胆子便越小，决不愿拾人牙慧，决不愿蹈空立说。他们也许有矫枉过正的地方，但这种认真的精神值得我们学习。现在我们印书方便了，版权也能卖钱了，出书不能像旧时代那样谨严，怕倒是势所必至；但像近些年来这样滥，总不是正当的发展。早先坊间也有“大全”“指南”一类书，印行全为赚钱；但通常不将这些书看作正经玩意儿，所以流弊还少，现在的“概论”“大纲”“小史”等等，却被青年当做学问的宝库，以为有了这些就可以上下古今，毫无窒碍。这个流弊就大了，他们将永不知道学问为何物。曾听见某先生说，一个学生学了“哲学概论”，一定学不好哲学。他指的还是大学里一年的课程；至于坊间的薄薄的哲学概论书，自然更不在话下。平心而论，就一般人看，学一个概论的课程，未尝无益；就是读一本像样的概论书，也有些好处。但现在坊间却未必有这种像样的东西。

说“概论”“大纲”“小史”，取其便于标举；有些虽用这类名字却不是这类书，也有些确不用这类名字而却是这类书——如某某研究，某某小丛书之类。这种书大概篇幅少，取其价廉，容易看毕；可是系统全，各方面都说到一点儿，看完了仿佛什么都知道。编这种书只消抄录与排比两种工夫，所以略有文字训练的人都能动手。抄录与排比也有几等几样，这里所要的是最简便最快当的办法。譬如编全唐诗研究罢，不必去看全唐诗，更不必看全唐文，唐代其他著述，以及唐以前的诗，只要找几本中国文学史，加上几种有评注的选本，抄抄编编，改头换面，好歹成一个系统（其实只是条理）就行了。若要表现时代精神，还可以随便检几句流行的评论插进去。这种转了好几道手的玩意，好像搀了好几道水的酒，淡而无味，自不用说；最坏的是让读者既得不着实的东西，又失去了接近原著的机会，还养成求近功抄小路的脾气。再加上编者照例的匆忙，事实，年代，书名，篇名，句读，字，免不了这儿颠倒那儿错，那是更误人了。其实，“概论”“大纲”“小史”也可以做得好。一是自己有心得，有主张，在大著作之前或之后，写出来的小书；二是融会贯通，博观约取的著作：虽无创见，却能要言不繁，节省一般读者的精力。这两种可都得让学有专长的人做去，而且并非仓卒可成。

第十二讲

我的读书经验[①]

蔡元培

我自十余岁起，就开始读书；读到现在，将满六十年了；中间除大病或其他特别原因外，几乎没有一日不读点书的，然而我没有什么成就，这是读书不

① 据1935年4月10日《文化建设》月刊校订，收入1997年版《蔡元培全集》第8卷。

得法的缘故。我把不得法的概略写出来，可以作前车之鉴。

我的不得法，第一是不能专心：我初读书的时候，读的都是旧书，不外乎考据词章两类。我的嗜好，在考据方面，是偏于诂训及哲理的，对于典章名物，是不大耐烦的；在词章上，是偏于散文的，对于骈文及诗词，是不大热心的。然而以一物不知为耻，种种都读；并且算学书也读，医学书也读，都没有读通。所以我曾经想编一部说文声系义证，又想编一本公羊春秋大义，都没有成书。所为文辞，不但骈文诗词，没有一首可存的，就是散文也太平凡了。到了四十岁以后我始学德文，后来又学法文，我都没有好好儿做那记生字练文法的苦工，而就是生吞活剥的看书，所以至今不能写一篇合格的文章，作一回短期的演说。在德国进大学听讲以后，哲学史、文学史、文明史、心理学、美学、美术史、民族学统统去听，那时候这几类的参考书，也就乱读起来了。后来虽勉自收缩，以美学与美术史为主，辅以民族学；然而他类的书终不能割爱，所以想译一本美学，想编一部比较的民族学，也都没有成书。

我的不得法，第二是不能动笔：我的读书，本来抱一种利己主义，就是书里面的短处，我不大去搜寻他，我止注意于我所认为有用的或可爱的材料。这本来不算坏，但是我的坏处，就是我虽读的时候注意于这几点，但往往为速读起见，无暇把这几点摘抄出来，或在书上做一点特别的记号，若是有时候想起来，除了德文书检目特详，尚易检寻外，其他的书，几乎不容易寻到了。我国现虽有人编“索引”“引得”等等，又专门的辞典，也逐渐增加，寻检自然较易，但各人有各自的注意点，普通的检目，断不能如自己记别的方便。我尝见胡适之先生有一个时期，出门时常常携一两本线装书，在舟车上或其他忙里偷闲时翻阅，见到有用的材料，就折角或以铅笔作记号。我想他回家后或者尚有摘抄的手续。我记得有一部笔记，说王渔洋读书时，遇有新隽的典故或词句，就用纸条抄出，贴在书斋壁上，时时览读，熟了就揭去，换上新得的。所以他记得很多。这虽是文学上的把戏，但科学上何尝不可以仿作呢？我因从来懒得动笔，所以没有成就。

我的读书的短处，我已经经验了许多的不方便，特地写出来，望读者鉴于我的短处，第一能专心，第二能动笔，这一定有许多成效。

第十三讲

随便翻翻[①]

鲁　迅

我想讲一点我的当作消闲的读书——随便翻翻。但如果弄得不好，会受害也说不定的。

我最初去读书的地方是私塾，第一本读的是《鉴略》[②]，桌上除了这一本书和习字的描红格，对字（这是做诗的准备）的课本之外，不许有别的书。但后来竟也慢慢的认识字了，一认识字，对于书就发生了兴趣，家里原有两三箱破烂书，于是翻来翻去，大目的是找图画看，后来也看看文字。这样就成了习惯，书在手头，不管它是什么，总要拿来翻一下，或者看一遍序目，或者读几页内容，到得现在，还是如此，不用心，不费力，往往在作文或看非看不可的书籍之后，觉得疲劳的时候，也拿这玩意来作消遣了，而且它也的确能够恢复疲劳。

倘要骗人，这方法很可以冒充博雅。现在有一些老实人，和我闲谈之后，常说我书是看得很多的，略谈一下，我也的确好像书看得很多，殊不知就为了常常随手翻翻的缘故，却并没有本本细看。还有一种很容易到手的秘本，是

① 据 1981 年版《鲁迅全集》第 6 卷校订。

② 清人编的一种四字韵语历史读物。

《四库书目提要》[1]，倘还怕繁，那么，《简明目录》[2]也可以，这可要细看，它能做成你好像看过许多书。不过我也曾用过正经工夫，如什么“国学”之类，请过先生指教，留心过学者所开的参考书目。结果都不满意。有些书目开得太多，要十来年才能看完，我还疑心他自己就没有看；只开几部的较好，可是这须看这位开书目的先生了，如果他是一位胡涂虫，那么，开出来的几部一定也是极顶胡涂书，不看还好，一看就胡涂。

我并不是说，天下没有指导后学看书的先生，有是有的，不过很难得。

这里只说我消闲的看书——有些正经人是反对的，以为这么一来，就“杂”！“杂”，现在又算是很坏的形容词，但我以为也有好处。譬如我们看一家的陈年账簿，每天写着“豆付三文，青菜十文，鱼五十文，酱油一文”，就知先前这几个钱就可买一天的小菜，吃够一家；看一本旧历本，写着“不宜出行，不宜沐浴，不宜上梁”，就知道先前是有这么多的禁忌。看见了宋人笔记里的“食菜事魔”[3]，明人笔记里的“十彪五虎”[4]，就知道“哦呵，原来‘古已有之’。”但看完一部书，都是些那时的名人轶事，某将军每餐要吃三十八碗饭，某先生体重一百七十五斤半；或是奇闻怪事，某村雷劈蜈蚣精，某妇产生人面蛇，毫无益处的也有。这时可得自己有主意了，知道这是帮闲文士所做的书。凡帮闲，他能令人消闲消得最坏，他用的是最坏的方法。倘不小心，被他诱过去，那就坠入陷阱，后来满脑子是某将军的饭量，某先生的体重，蜈蚣精和人面蛇了。

讲扶乩的书，讲婊子的书，倘有机会遇见，不要皱起眉头，显示憎厌之状，也可以翻一翻；明知道和自己意见相反的书，已经过时的书，也用一样的

---

① 即《四库全书总目提要》。

② 即《四库全书简明目录》。

③ 五代两宋时农民的秘密宗教组织明教，提倡素食，供奉摩尼（来源于古代波斯的摩尼教）为光明之神。因此在有关他们的记载中有“食菜事魔”的说法。

④《鲁迅全集》此条注为：疑应作“五虎五彪”。指《明史·魏忠贤传》中所载“五虎”“五彪”。

办法。例如杨光先的《不得已》是清初的著作，但看起来，他的思想是活着的，现在意见和他相近的人们正多得很。这也有一点危险，也就是怕被它诱过去。治法是多翻，翻来翻去，一多翻，就有比较，比较是医治受骗的好方子。乡下人常常误认一种硫化铜为金矿，空口是和他说不明白的，或者他还会赶紧藏起来，疑心你要白骗他的宝贝。但如果遇到一点真的金矿，只要用手掂一掂轻重，他就死心塌地：明白了。

“随便翻翻”是用各种别的矿石来比的方法，很费事，没有用真的金矿来比的明白，简单。我看现在青年的常在问人该读什么书，就是要看一看真金，免得受硫化铜的欺骗。而且一识得真金，一面也就真的识得了硫化铜，一举两得了。

但这样的好东西，在中国现有的书里，却不容易得到。我回忆自己的得到一点知识，真是苦得可怜。幼小时候，我知道中国在“盘古氏开辟天地”之后，有三皇五帝，……宋朝，元朝，明朝，“我大清”[①]。到二十岁，又听说“我们”的成吉思汗征服欧洲，是“我们”最阔气的时代。到二十五岁，才知道所谓这“我们”最阔气的时代，其实是蒙古人征服了中国，我们做了奴才。直到今年八月里，因为要查一点故事，翻了三部蒙古史，这才明白蒙古人的征服“斡罗思”[②]，侵入匈奥，还在征服全中国之前，那时的成吉思还不是我们的汗，倒是俄人被奴的资格比我们老，应该他们说“我们的成吉思汗征服中国，是我们最阔气的时代”的。

我久不看现行的历史教科书了，不知道里面怎么说；但在报章杂志上，却有时还看见以成吉思汗自豪的文章。事情早已过去了，原没有什么大关系，但也许正有着大关系，而且无论如何，总是说些真实的好。所以我想，无论是学文学的，学科学的，他应该先看一部关于历史的简明而可靠的书。但如果他专讲天王星，或海王星，虾蟆的神经细胞，或只咏梅花，叫妹妹，不发关于社会

---

① 旧时学塾初级读物《三字经》附加的句子。含有讽刺的意味。

② 即俄罗斯。

的议论，那么，自然，不看也可以的。

我自己，是因为懂一点日本文，在用日译本《世界史教程》[①]和新出的《中国社会史》[②]应应急的，都比我历来所见的历史书类说得明确。前一种中国曾有译本，但只有一本，后五本不译了，译得怎样，因为没有见过，不知道。后一种中国倒先有译本，叫作《中国社会发展史》，不过据日译者说，是多错误，有删节，靠不住的。

我还在希望中国有这两部书。又希望不要一哄而来，一哄而散，要译，就译他完；也不要删节，要删节，就得声明，但最好还是译得小心，完全，替作者和读者想一想。

第十四讲

致颜黎民[③]

鲁　迅

颜黎民君：

昨天收到十日来信，知道那些书已经收到，我也放了心。你说专爱看我的书，那也许是我常论时事的缘故。不过只看一个人的著作，结果是不大好的：你就得不到多方面的优点。必须如蜜蜂一样，采过许多花，这才能酿出蜜来，倘若叮在一处，所得就非常有限，枯燥了。

---

① 苏联波查洛夫（现译鲍恰罗夫）等人合编的一本教科书，原名《阶级斗争史课本》。

② 苏联沙发洛夫（现译萨法罗夫）著，原名《中国史纲》。《中国社会发展史》的中译本由李俚人译。

③ 据1981年版《鲁迅全集》第13卷校订。

专看文学书，也不好的。先前的文学青年，往往厌恶数学，理化，史地，生物学，以为这些都无足重轻，后来变成连常识也没有，研究文学固然不明白，自己做起文章来也胡涂，所以我希望你们不要放开科学，一味钻在文学里。譬如说罢，古人看见月缺花残，黯然泪下，是可恕的，他那时自然科学还不发达，当然不明白这是自然现象。但如果现在的人还要下泪，那他就是胡涂虫。不过我向来没有留心儿童读物，所以现在说不出哪些书合适，开明书店出版的通俗科学书里，也许有几种，让调查一下再说罢。

其次是可以看看世界旅行记，借此就知道各处的人情风俗和物产。我不知道你们看不看电影；我是看的，但不看什么“获美”“得宝”之类，是看关于非洲和南北极之类的片子，因为我想自己将来未必到非洲或南北极去，只好在影片上得到一点见识了。

说起桃花来，我在上海也看见了。我不知道你到过上海没有？北京的房屋是平铺的，院子大，上海的房屋却是直叠的，连泥土也不容易看见。我的门外却有四尺见方的一块泥土，去年种了一株桃花，不料今年竟也开起来，虽然少得很，但总算已经看过了罢。至于看桃花的名所，是龙华，也有屠场，我有好几个青年朋友就死在那里面，所以我是不去的。

我的信如果要发表，且有发表的地方，我可以同意。我们不是没有说什么不能告人的话么？如果有，既然说了，就不怕发表。

临了，我要通知你一件你疏忽了的地方。你把自己的名字涂改了，会写错自己名字的人，是很少的，所以这是告诉了我所署的是假名。还有，我看你是看了《妇女生活》里的一篇《关于小孩子》的，是不是？

就这样的结束罢。

祝：你们好。

第十五讲

论读书[1]

亚瑟·叔本华

……

读书时，作者在代我们思想，我们不过在追循着他的思绪，好像一个习字的学生在依着先生的笔迹描划。我们自己的思维在读书时大部分停止了，因此会有轻松的感觉。但就在读书的时候，我们的头脑实际上成了他人思绪驰骋的运动场了。所以读书甚多，或几乎整天在读书的人，虽然可以借此宽松脑筋，却渐渐失去自行思想的能力，就像时常骑马的人渐渐失去步行的能力一样。有许多学者就是这样，读书太多反而变得愚蠢。经常读书，稍有空闲就读书，这种做法比体力劳动更容易令人思维麻痹，因为我们在干体力活时还可以沉湎于自己的遐想，一条弹簧在久受外力的压迫之后会失去弹性，同样，我们的头脑如果经常处在他人的思想影响之下，也会失去自己的活力。

……

读书越多，使你的头脑就像一块重重叠叠书写的黑板，每一篇读过的东西能够留存的越少。读书而不思考，就不可能心领神会，得到的浅薄印象往往稍纵即逝。况且记录在纸上的思想就好像沙上行走者的足迹：我们也许能看到他所走过的路径，但如果要知道他在路上究竟看见了什么，则必须用我们自己的眼睛。

① 据1988年版《阅读的艺术》校订，略有删节。

作家们各有自己的风格特点，例如雄辩、豪放、华丽、优雅、简洁、纯朴、轻快、诙谐、精辟等等，并非阅读他们的作品就可以学到这些优点。但如果我们生来具有这方面的天赋，也许可因读书而受到启迪。看到别人的榜样而善于学习运用，我们才能获得同样的才干。这样的读书，能引导我们发挥自己的特长，培养写作的能力，但具有这方面的天赋是一个先决条件。否则我们在读书中除了学到一些陈词滥调，别无益处，只能成为浅薄的模仿者而已。

……对于善于读书的人，决不滥读是件很重要的事情。即使是时下正享盛名，大受欢迎的书，如一年数版的政治、宗教小册子、小说、诗歌等，也切勿贸然拿来就读。要知道，为愚民而写作的人反而常会大受欢迎，不如把宝贵的时间用来专心一致地阅读古今中外出类拔萃的名著，这些书才使人开卷有益。

坏书是灵魂的毒药，读得越少越好，而好书则多多益善。因为一般人通常只读最新的出版物，而不读各个时代最杰出的作品，所以作家也就拘囿在流行思潮的小范围中，时代也就在自己的泥泞中越陷越深了。

不读坏书，是读好书的一个条件：因为人生短促，时间和精力都是有限的。

一般人都喜欢读那些介绍或评论古今大思想家的书，却不去阅读原著，因为他们习惯于阅读新出版的东西，又因为物以类聚，人以群分，他们觉得现今庸人的浅薄平淡的语言比伟人的思想更容易理解。我很幸运，在童年时就读到了施莱格尔美妙的警句，并把它奉为圭臬：“你要常读古书，读古人的原著，今人对他们的论述没有多大意义。”

……“温习乃研究之母”，任何重要的书都应该立即再读一遍。一方面因为再次阅读能使你更清楚地了解书中发生的各种事情之间的联系，知其结尾，才能更深刻地理解开端；另一方面，第二次阅读时你会有不同的心情，得到不同的印象，就像在不同的照明中观察同一件东西。

……

第十六讲

谈读书方法[①]

梁启超

若问读书方法，我想向诸君上一个条陈。这方法是极陈旧的，极笨极麻烦的，然而实在是极必要的。什么方法呢？是抄录或笔记。

我们读一部名著，看见他征引那么繁博，分析那么细密，动辄伸着舌头说道："这个人不知有多大记忆力，记得许多东西，这是他的特别天才，我们不能学步了。"其实哪里有这回事。好记性的人不见得便有智慧，有智慧的人，比较的倒是记性不甚好。你所看见者是他发表出来的成果，不知他这成果，原是从铢积寸累困知勉行得来。大抵凡一个大学者平日用功，总是有无数小册子或单纸片，读书看见一段资料，觉其有用者即刻抄下（短的抄全文，长的摘要记书名卷数页数）。资料渐渐积得丰富，再用眼光来整理分析他，便成一篇名著。想看这种痕迹，读赵瓯北[②]的《二十二史札记》、陈兰甫[③]的《东塾读书记》最容易看出来。

这种工作，笨是笨极了，苦是苦极了，但真正做学问的人，总离不了这

① 这是《治国学杂话》的后半部分，据2015年版《饮冰室合集·专集》第15册校订。

② 赵翼（1727—1814），号瓯北，清代文学家、史学家。

③ 陈澧（1810—1882），字兰甫，号东塾，清末著名学者。

条路。做动植物的人，懒得采集标本，说他会有新发明，天下怕没有这种便宜事。

发明的最初动机在注意，抄书便是促醒注意及继续保存注意的最好方法。当读一书时，忽然感觉这一段资料可注意，把他抄下，这件资料自然有一微微的印象印入脑中，和滑眼看过不同。经过这一番后，过些时碰着第二个资料和这个有关系的，又把他抄下。那注意便加浓一度。经过几次之后，每翻一书，遇有这项资料，便活跳在纸上，不必劳神费力去找了。这是我多年经验得来的实况。诸君试拿一年工夫去试试，当知我不说谎。

先辈每教人不可轻言著述，因为未成熟的见解公布出来，会自误误人，这原是不错的。但青年学生“斐然当述作之誉”，也是实际上鞭策学问的一种妙用。譬如同是读《文献通考》的《钱币考》，各史《食货志》中钱币项下各文，泛泛读去，没有什么所得，倘若你一面读一面便打主意做一篇中国货币沿革考，这篇考做得好不好另一问题，你所读的自然加几倍受用。

譬如同读一部《荀子》，某甲泛泛读去，某乙一面读一面打主意做部《荀子学案》。读过之后，两个人的印象深浅，自然不同。所以我很奖励青年好著书的习惯，至于所著的书，拿不拿给人看，什么时候才认成功，这还不是你的自由吗?

每日所读之书，最好分两类，一类是精熟的，一类是涉览的。因为我们一面要养成读书心细的习惯，一面要养成读书眼快的习惯。心不细则毫无所得，等于白读；眼不快则时候不够用，不能博搜资料。诸经、诸子、四史、通鉴等书，宜入精读之部，每日指定某时刻读他，读时一字不放过，读完一部才读别部，想抄录的随读随抄；另外指出一时刻，随意涉览，觉得有趣，注意细看，觉得无趣，便翻次页，遇有想抄录的，也俟读完再抄，当时勿窒其机。

诸君勿因初读中国书，勤劳大而结果少，便生退悔。因为我们读书，并不是想专向现时所读这一本书里，讨现钱现货的，得多少报酬，最要紧的是涵养成好读书的习惯，和磨炼出善读书的脑力。青年期所读各书，不外借来做达这两个目的的梯子。我所说的前提倘若不错，则读外国书和读中国书当然都各有益处。外国名著，组织得好，易引起趣味，他的研究方法，整整齐齐摆出来，可以做我们模范，这是好处；我们滑眼读去，容易变成享现成福的少爷们，不知甘苦来历，这是坏处。中国书未经整理，一读便是一个闷头棍，每每打断趣味，这是坏处；逼着你披荆斩棘，寻路来走，或者走许多冤枉路（只要走路断无冤枉，走错了回头，便是绝好教训），从甘苦阅历中磨炼出智慧，得苦尽甘来的趣味，那智慧和趣味却最真切，这是好处。

还有一件，我在前项书目表中，有好几处写“希望熟读成诵”字样。我想诸君或者以为甚难，也许反对说我顽旧，但我有我的意思。我并不是奖励人勉强记忆，我所希望熟读成诵的有两种类：一种类是最有价值的文学作品，一种类是有益身心的格言。好文学是涵养情趣的工具，做一个民族的分子，总须对于本民族的好文学十分领略，能熟读成诵，才在我们的“下意识”里头，得着根柢，不知不觉会“发酵”。有益身心的圣哲格言，一部分久已在我们全社会上形成共同意识，我既做这社会的分子，总要彻底了解他，才不至和共同意识生隔阂。一方面我们应事接物时候，常常仗他给我们的光明，要平日摩得熟，临时才得着用。我所以有些书希望熟读成诵者在此，但亦不过一种格外希望而已，并不谓非如此不可。

……

第十七讲

怎样看书①

邹韬奋

“自修有许多的困难，这是实在的。但这些困难并不是不能克服的。第一，我们要有决心。学校的功课，就使它不是我们所高兴研究的，但我们怕考试不能及格，致不能升级或毕业……不得不勉强读它，至于自修，是没有这种外界的推动力的；是完全出于自动的努力。然而自动的努力所求得的智识，才是我们自己的智识，才能长久的保存着。为要通过考试而读的书，考试一过去，就忘得干干净净了！因受教师之督促而读的书，一离开了学校，就完全抛弃了！只有为自己和出于自己的努力的，才能永续地研究下去……”

这一段话是在《怎样研究新兴社会科学》（柯百年编）一书里面看见的，这似乎是平淡无奇的话，但凡是在社会上服务后感觉到智识上的饥荒的人，对于这几句话想来没有不引起特殊感触的。我们感觉到智识上的饥荒吗？只有下决心，自动的努力于自修，永续的研究下去。一天如至少能勉强抽出时间看一小时的书，普通每小时能看二十页，一年便可看完三四百页一本的书二十几本，四五年便是百余本了，倘能勉强抽出两小时，那就要加倍了。记者最近正在编译《革命文豪高尔基》一书，全书约十五万字，已写完了三分之二，其中最令我感动的是高尔基艰苦备尝中的无孔不钻的看书热，我执笔时常独自一人对着他的故事失笑。

不过看书也要辨别什么书，有的书不但不能使人的思想进步，反而使人思

① 据1933年1月7日《生活》杂志校订。

想落伍！有位老友从美国一个著名大学留学回来，他是专研政治学的，有一次来看我很诧异地说道："我近来看到一两本书，里面的理想和见解完全是另一套，和我在学校里所读的完全两样，真是新奇已极。"原来这位仁兄从前所读的都不外乎是为资产阶级捧场或拥护不平等的社会制度的学说，受了充分的麻醉，他的这种"诧异"和"新奇已极"，未尝不是他的幸运，他也许从此可从狗洞里逃出来！

此外关于看书这件事，还有两点可以谈谈。第一点是以我国出版界之幼稚贫乏，能看西文原书的当然愉快，如看译本，糟的实在太多，往往书目很好听，买来看了半天，佶屈聱牙，生吞活剥，莫名其妙！钱是冤花了，时间精神更受了无法追回的莫大的损失！我们要诚恳的希望译书的先生们稍稍为读书的人设身处地想想，就是不能使人看了感到愉快，感到读书之乐，至少也要让人看得懂。第二点是在这个言论思想自由的空调尽管唱得响彻云霄的年头儿，看书也有犯罪的可能，常语谓"书中自有颜如玉"，如今"书中"大可引出"铁窗风味"来！什么时候没有这种蛮不讲理的举动，便是什么时候望见了社会的曙光。

第十八讲

读书忌[1]

鲁　迅

记得中国的医书中，常常记载着"食忌"，就是说，某两种食物同食，是

---

① 据 1981 年版《鲁迅全集》第 5 卷校订。

于人有害，或者足以杀人的，例如葱与蜜，蟹与柿子，落花生与王瓜之类。但是否真实，却无从知道，因为我从未听见有人实验过。

读书也有“忌”，不过与“食忌”稍不同。这就是某一类书决不能和某一类书同看，否则两者中之一必被克杀，或者至少使读者反而发生愤怒。例如现在正在盛行提倡的明人小品，有些篇的确是空灵的。枕边厕上，车里舟中，这真是一种极好的消遣品。然而先要读者的心里空空洞洞，混混茫茫。假如曾经看过《明季稗史》[①]，《痛史》[②]，或者明末遗民的著作，那结果可就不同了，这两者一定要打起仗来，非打杀其一不止。我自以为因此很了解了那些憎恶明人小品的论者的心情。

这几天偶然看见一部屈大均[③]的《翁山文外》，其中有一篇戊申（即清康熙七年）八月做的《自代北入京记》。他的文笔，岂在中郎之下呢？可是很有些地方是极有重量的，抄几句在这里——

“……沿河行，或渡或否。往往见西夷毡帐，高低不一，所谓穹庐连属，如冈如阜者。男妇皆蒙古语；有卖干湿酪者，羊马者，牦皮者，卧两骆驼中者，坐奚车者，不鞍而骑者，三两而行，被戒衣，或红或黄，持小铁轮，念《金刚秽咒》者。其首顶一柳筐，以盛马粪及木炭者，则皆中华女子。皆盘头跣足，垢面，反被毛袄。人与牛羊相枕藉，腥膻之气，百余里不绝。……”

我想，如果看过这样的文章，想像过这样的情景，又没有完全忘记，那么，虽是中郎的《广庄》或《瓶史》[④]，也断不能洗清积愤的，而且还要增加愤怒。因为这实在比中郎时代的他们互相标榜还要坏，他们还没有经历过扬州十日，嘉定三屠！

---

① 即《明季稗史汇编》，清代留云居士辑。

② 乐天居士编，汇印明末清初野史二十余种，总题为《痛史》。

③ 屈大均（1630—1696），字翁山。明末清初学者、诗人。

④ 袁宏道（1568—1610），字中郎。《广庄》是他援引儒、佛思想解读《庄子》的著作。《瓶史》是他讲述花瓶、瓶花的闲书。

明人小品，好的；语录体也不坏，但我看《明季稗史》之类和明末遗民的作品却实在还要好，现在也正到了标点，翻印的时候了：给大家来清醒一下。

第十九讲

国文科课外应读些什么[①]

夏丏尊

一、引言

本年《中学生》杂志关于中学科目，登载过许多介绍课外阅读书的文字，国文一科，尚付缺如（关于文学和修辞学原早已有别位先生写了登载过），于是有许多读者来函要求登载此项稿件，而且读者之中还有人用了“点将”的法子，把这职务交给了我，要我写一些。不瞒大家说，当本年本志决定分科介绍课外阅读书的时候，我也曾打算对于整个国文科写一篇东西的；可是终于未曾写，实在因为国文科的性质太复杂太笼统了，差不多凡是用中国文字写成的东西都可以叫做国文，使我无法着笔的缘故。后来乃变更计划，把文学与修辞学当作国文的一分支先特别提出，请别的先生写了登载。还想继续登载一篇关于文法及语法的介绍文字，意思是想把整个的国文科拆作几个小部分，来分别介绍可读的书。不料读者尚认为未能满足，纷纷来函要求介绍关于整个国文科的课外阅读书籍。不得已，就由我来勉强应命，贡献些意见吧。

先要声明：方才说过，国文科的性质太复杂太笼统了，差不多凡是用中国文字写成的东西都可以叫做国文。故我的书籍介绍，不能如别科的一一举出名

① 据1932年第29期《中学生》杂志校订。

称，说那一本书该读，那一本不必读。我只能依了若干大纲，来说些话而已。

让我先来下一个中学校国文科的定义，把讨论的范围加以限制。我认为：中学校的国文科的内容不是什么《古文观止》，什么《中国国文教本》，也不是教师所发的油印文选讲义，所命的课题，所批改的文卷；乃是整个的对于本国文字的阅读与写作的教养。课本和讲义等等只是达教养目的的材料，并非就是国文科的正体。物理、化学、算术、代数等等的教本，小说、唱本、报纸、章程、契约以及日常的书信，无一不在白纸上印得有本国文字，或写得有本国文字。如果那些课本与讲义等等叫做“国文”，那末凡是有中国文字的东西也都该叫做“国文”。这理由原很正当，也极显然，可是实际上却有许多人不理会。教师与学生都常常硬把印成的文选或“国文课本”当作“国文”，把其余的一切摈斥于“国文”之外。例如《虞初新志》[①]中的《圆圆传》可以被抄印了成“国文”，而全部的《虞初新志》却被认为闲书，《水浒传》中《景阳冈打虎》可以被挑选了成“国文”，而全部的《水浒传》却被认为小说。学生读《景阳冈打虎》，读《圆圆传》，自以为在用功“国文”，而读《虞初新志》，读《水浒传》，却自以为在看闲书、小说。更推而广之，看报、看章程、看契约，与“国文”无关，就教本复习历史、地理，与“国文”也无关，国文自国文，其余自其余，于是“国文”科就成了一种奇妙神秘的科目了。以上是就了阅读方面说的，至于写作方面，也同样有此奇怪的误解。照理说，凡用本国文字写记什么，都应该是“国文”。可是实际情形却不然，平常的人会写信、记日记，可是不自认能作文章；他们把作文章认为了不得的大事。即使自命会作文章的文人，也常把作文章与写信记日记分别看待，一提起“作文章”三个字，往往就现出非常的矜持的神情来。至于学校的教学上，不消说这矛盾更甚。国文科中的所谓“作文”，在中学校里通常只是每月二次，其余如日常的写作笔记、日记、通告、书信之类，全不算在“国文”的账上。真所谓“骑驴寻驴”了。

---

① 清初张潮编辑的短篇小说集。

因了上述的理由，我主张把“国文科”解释得抽象一些，解作“整个的对于本国文字的阅读与写作能力的教养”。以下介绍书籍，也即由此观点出发。我所介绍的书籍可分为三大种类：（1）关于文字理法的书籍；（2）理解文字的工具书籍；（3）文字值得阅读，内容有益于写作的书籍。

二、关于文字理法的书籍

国文科所处理的是文字，文字的理法犹之规矩准绳，当然应该首先知道。文字理法于写作阅读双方都大有关系，我们所以能理解他人的文字，我们的文字所以能使他人理解，都全仗有共认的理法。词与词的关系，句与句的联结，以及文章的体裁，藻饰的方式，都有一个难以随便改易的约束。这约束就是文字的理法了。可分下列诸项来说。

甲，语法或文法

这是讲词与词的关系和句与句的联结的。关于一个一个的单词的如：《助字辨略》（刘淇）、《经传释词》（王引之）、《古书疑义举例》（俞樾）、《词诠》（杨树达）之类。至于按照西洋文法的系统，编成词与词及句与句的通则的，则有《马氏文通》（马建忠）、《初等国文典》（章士钊）、《国语文法》（黎锦熙）等几种。二者之中，就单词讲述者，不重系统，而搜罗颇富，适于临时检查；先取后者择一二读之，收得系统的知识，较为急务。《马氏文通》为中国第一部有系统的文法书，唯篇幅太繁重，不便初学，章氏《初等国文典》脱胎于《马氏文通》，头绪颇明简，可以一读。语法则黎氏之《国语文法》较完全（唯分类太琐屑，是其缺点）。语法初步，在高小时理应略已学得，中学时代须注意于语法与文法的比较与联络。最好有一本文言与语体混合的文法书，可惜现在还没有人着手编写。黎氏的《国语文法》，初中一二年级生可读，章氏的《初等国文典》，初中二三年级可读。《词诠》搜罗字的用例颇富，可补文法书的不足。《古书疑义举例》罗列古代文句变式甚多，读古书时可随时参考。

乙，修辞学

这是讲求使用辞类的一般的法式的，消极方面注意写作上的疵病，积极方面论到各种藻饰的方法。关于修辞学的书籍，熊昌翼先生已在本志二十六号（本年七月号）介绍过两本书[①]：《修辞格》（唐钺）、《修辞学发凡》（陈望道）。我对于熊先生的介绍，很表赞同。唐著只列修辞格，内容较简单，初中三年或高中一年级生可以先阅。陈著组织严密，搜罗详尽，因之篇幅亦较多，可供详密的钻研之用。

丙，作文法

这是论文章的体式及其他写作上一般的方法的。这类知识，从前散见于他书者很多，古人集子中论文字的零篇，都可归入此类。近来颇有专为初学者编述的专书，如:《作文法讲义》（陈望道）、《作文论》（叶绍钧）、《文章作法》（夏丏尊、刘薰宇）、《作文讲话》（章衣萍）之类。这类书籍，所能教示初学者的只是文章的体式与写作上的普通的心得，在对于文章体式写作方法尚未得门径的中学初年级生原可有些帮助，可任取一种阅之，唯不可一味的当做法宝。老实说，这些书并不是十分有价值的东西。（别人的书我原不敢武断，至于《文章作法》，我自己就是著者，敢这样说。）据我所知，颇有一些人在迷信这类书，故顺便告诉大家一声。

三、理解文字的工具书籍

所谓理解文字的工具书籍范围很狭小，只指字典、辞书等而言。阅读时遇到未解的字或辞，写作时遇到恐有错误的字或辞，都可乞灵于这些工具。字典是解释单字的，辞书是解释辞与成语的。二者都有用部首排列及用韵排列的两种，如:《康熙字典》（字典，用部首排）、《经籍籑诂》（字典，用韵排）、《佩文韵府》（辞书，用韵排）、《辞源》（辞书，用部首排）。最近更有用四角号码排列者，如《王云五辞典》就是。《王云五辞典》兼具字典辞书两种用途，颇

---

① 指 1932 年第 26 期《中学生》杂志发表的熊昌翼《推荐两本修辞学书籍》一文。

为便利。

《康熙字典》为字典之最古者，性质普通，解释精当，价值不因其旧而减损，宜购备一册。《经籍籑诂》则多搜古义，为读古书的锁钥，高中学生可购备。《佩文韵府》卷帙较巨，可让图书室购置，个人只须预知其用法，于必要时去翻检就够了。

翻检字典辞书，因了熟习与否，巧拙迟速殊异，宜及早练习。部首位次的记忆固然很要紧，四声的辨别最好也稍加学习，能辨别某字大略在何声、属何韵，就方便得多了。

四、文字值得阅读，内容有益于写作的书籍

我在上面曾说，“国文”的范围很笼统，凡是用本国文字写成的都可叫做“国文”。从别一方面说，文字只是一种形式的东西，什么内容都可填充。我国古今的书籍，就其形式说，都是用本国文字写的，都可以叫做国文，若就其内容说，或属于历史，或属于哲学，或属于地理，或属于政治，或属于艺术，鲜有无所属的。大家都说对于国文要用功，其实纯粹的所谓“国文”，根本就没有这样东西。所谓“用功国文”者，只是把普通一般的书籍，当作文字来用功，把它作为阅读的练习与写作的范例而已。

一种书有种种的读法。例如《史记》本来是历史，但自古就有人把它当文章读，认作文章的模范。《水经注》是一部地理书，因为其中时有描写风景的辞藻，就有人把它当美文读。（我于数年前见到一册谭复堂[①]圈点过的《水经注》。他在卷端自定阅读纲领，用种种符号标记各项。水道用＝号，河流沿革用△号，描写风景的美文用〇号，论断精当处用——号。这是把一部书从各方面阅读的方法，可以为范。）此外如《周礼》的《考工记》可以作状物的范例，《左氏传》可以作叙事的法式。都是很明白的事。这种的利用，推广开去

① 即谭献（1832—1901），原名廷献，字仲修，号复堂。

真是说不尽言。我有一位朋友，写字很有工夫，他所作的尺牍，文字都简雅高古，没有俗气，不类近人，自成一格。我问他从何学得这种文字，他的回答出乎我的意料之外，说是从晋唐人的字帖上学来的。原来晋唐人的书法（如《淳化阁法帖》《三希堂法帖》之类）流传者大概是尺牍，普通临帖的人只注意到书法，我这位朋友却能于书法之外，利用了去学文章，可谓多方面学习的了。

读到一部书，收得其内容，同时欣赏玩味其文字，遇有疑难时，就利用了上项的工具书去解索。所收得的内容，成了自己的知识，其效力等于实际体验。积久起来，不但可为写作的材料，而且还可为以后读他书的补助知识。所欣赏玩味过的文字的方式，则可以应用于写作上。能如此打成一片，读书就会有显著的功效了。仅仅留心内容，或只注意于文字的模效，都不是最好的方法。

至于读些什么，我无法作限定的介绍，只好提出几个选择的目标。最近教育部重订课程标准，关于中学国文科的“阅读”一项，分“精读”与“略读”二门。“精读”属于课内，“略读”属于课外。据闻这次新课程标准所定的“略读”的范围如下：

（甲）初中

（子）中外名人传记及有系统之历史记载；

（丑）有注释之名著节本；

（寅）古代语录及近人演讲集；

（卯）古今人书牍；

（辰）古今名人游记日记及笔记；

（巳）有注释之诗歌选本；

（午）古今小品文及短篇小说集；

（未）歌剧话剧之脚本及民众文艺之有价值者；

（申）适合学生程度之定期刊物。

（乙）高中

学生各就其资性及兴趣，由教员指导，选读整部或选本之名著，散见各书之单篇作品及有价值之定期刊物。

新课程标准对于初中的“略读”教材，有较具体的分项规定，而对于高中，则只作概括的指示而已。我个人对于中学生读书的范围，曾有些意见，在本志第十一号《关于国文的学习》一文中发表过（该文现已收入单行本《中学各科学习法》中）。现在也别无新的意见可说，就把那文中关于读书的范围的一段文字重行摘录于下，当作本文的结束吧。

（1）因课堂所习的选文而旁及的。如因在选文中读了《桃花源记》而去读《陶集》，读《无何有乡见闻记》（威廉·马列斯[①]著）；因读司马谈的《论六家要旨》而去读《论语》《老子》《韩非子》《墨子》等等。

（2）中国普通人该知道的。如“四书”、“四史”、“五经”、周秦诸子、著名的唐人的诗、宋人的词、元人的曲、著名的旧小说、时下的名作。

（3）全世界所认为常识的。如基督教的《旧约》《新约》，希腊的神话，各国近代的代表文艺名作。

不消说，上列的许多书，要一一全体阅读，在中学生是不可能的。但无论如何要当作课外读物尽量加以涉猎，有的竟须全阅或精读。举例来说，“四书”须全体阅读，诸子则可选读几篇，诗与词可读前人选本，《旧约》可选读《创世记》《约伯记》《雅歌》《箴言》诸篇，《新约》可就《四福音》中择一阅读。无论全读或略读，一书到手时，最好先读序，次看目录，瞭解该书的组织，知道有若干篇，若干卷，若干分目，然后再去翻阅全书，明白其大概的体式，择要读去。例如读《春秋左传》，先须知道什么叫经，什么叫传，从什么公起至什么公止。读《史记》，先须知道本纪、世家、列传、书、表等等的体式。

近来有一种坏风气，大家读书不喜欢努力于基本的修习，而好做空泛工夫。普通的学生案头有胡适的《中国哲学史大纲》《白话文学史》，顾颉刚的

① 今译威廉·莫里斯，著有《乌有乡消息》。

《古史辨》，有《欧洲文学史》，有《印度哲学概论》。问他读过“四书”、“五经”、周秦诸子的书吗，不曾。问他读过若干唐宋人的诗词集子吗，不曾。问他读过古代历史吗，不曾。问他读过各派代表的若干小说吗，不曾。问他读过欧洲文艺中重要的若干作品吗，不曾。问他读过若干小乘大乘的经典吗，不曾。这种空泛的读书法，觉得大有纠正的必要。胡适的《中国哲学史大纲》原是好书，但未读过《论语》《孟子》《老子》《庄子》《墨子》等原书的人去读，实在不能得很大的利益。知道了《春秋左传》《论语》等原书的大概轮廓，然后去读《哲学史》中的关于孔子的一部分，读过几篇《庄子》，然后再去翻阅《哲学史》中关于庄子的一部分，才会有意义，才会有真利益。先得了孔子、庄子思想的基本的概念，再去讨求关于孔子、庄子思想的评释，才是顺路。用譬喻说，《论语》《春秋》《诗经》《礼记》是一堆的有孔的小钱，《哲学史》的孔子一节是把这些小钱贯串起来的钱索子。《庄子》中《逍遥游》《大宗师》等一篇一篇的文字也是小钱，《哲学史》中庄子一节是钱索子。没有钱索子，不能把一个一个的零乱的小钱加以贯串整理，固然不愉快，但只有了一根钱索子，而没有许多可贯串的小钱，究竟也觉无谓。我敢奉劝大家，先读些中国关于哲学的原书，再去读《哲学史》；先读些《诗经》及汉以下的诗集词集，再去读《文学史》；先读些古代历史书籍，再去读《古史辨》。万一必不得已，也应一壁读《哲学史》《文学史》，一壁翻原书，以求知识的充实。钱索子原是用以串零零碎碎的小钱的，如果你有了钱索子而没有可串的许多小钱，那末你该反其道而行之，去找寻许多的小钱来串才是。

第二十讲

青年必读书——应《京报副刊》的征求[①]

鲁　迅

青年必读书：

从来没有留心过，所以现在说不出。

附注：

但我要趁这机会，略说自己的经验，以供若干读者的参考——

我看中国书时，总觉得就沉静下去，与实人生离开；读外国书——但除了印度——时，往往就与人生接触，想做点事。

中国书虽有劝人入世的话，也多是僵尸的乐观；外国书即使是颓唐和厌世的，但却是活人的颓唐和厌世。

我以为要少——或者竟不——看中国书，多看外国书。

少看中国书，其结果不过不能作文而已。但现在的青年最要紧的是“行”，不是“言”。只要是活人，不能作文算什么大不了的事。

① 原文初刊于1925年2月21日《京报副刊》，是表格形式。据1981年版《鲁迅全集》第3卷校订。

第二十一讲

国学入门书要目及其读法①

梁启超

序

两月前《清华周刊》记者以此题相属，蹉跎久未报命。顷独居翠微山中，行箧无一书，而记者督责甚急，乃竭三日之力，专凭忆想所及草此篇。漏略自所不免，且容有并书名篇名亦忆错误者，他日当更补正也。

中华民国十二年四月二十六日，启超作于碧摩岩揽翠山房。

（甲）修养应用及思想史关系书类

○《论语》《孟子》

《论语》为两千年来国人思想之总源泉。《孟子》自宋以后势力亦与相埒。此二书可谓国人内的外的生活之支配者，故吾希望学者熟读成诵。即不能，亦须翻阅多次，务略举其辞，或摘记其身心践履之言以资修养。

《论语》《孟子》之文，并不艰深，宜专读正文，有不解处，方看注释。注释之书，朱熹《四书集注》，为其生平极矜慎之作，可读。但其中有堕入宋儒理障处，宜分别观之。清儒注本，《论语》则有戴望《论语注》，《孟子》则有焦循《孟子正义》最善。戴氏服膺颜习斋之学，最重实践，所注似近孔门真际，其训诂亦多较朱注为优，其书简洁易读。焦氏服膺戴东原之学，其《孟子

① 据2015年版《饮冰室合集·专集》第15卷校订。

正义》清儒诸经新疏中为最佳本，但文颇繁。宜备置案头，遇不解时，或有所感时则取供参考。

戴震《孟子字义疏证》，乃戴氏一家哲学，并非专为注释《孟子》而作。但其书极精辟，学者终须一读。最好是于读《孟子》时并读之，既知戴学纲领，亦可以助读《孟子》之兴味。

焦循《论语通释》，乃摹仿《孟子字义疏证》而作，将全部《论语》拆散，标准重要诸义，如言仁，言忠恕……等，列为若干目，通观而总诠之，可称治《论语》之一良法，且可应用其法以治他书。

右两书篇页皆甚少，易读。

陈澧《东塾读书记》中读《孟子》之卷，取孟子学说分项爬梳，最为精切。其书不过二三十页，宜一读以观前辈治学方法，且于修养亦有益。

〇《易经》

此书为孔子以前之哲学书。孔子为之注解，虽奥衍难究，然总须一读。吾希望学者将《系辞传》《文言传》熟读成诵。其《卦象传》六十四条，则用别纸抄出，随时省览。

后世说《易》者，言人人殊。为修养有益起见，则程颐之《程氏易传》差可读。

说《易》最近真者，吾独推焦循。其所著《雕菰楼易学三书》(《易通释》《易图略》《易章句》)，皆称精诣。学者如欲深通此经，可取读之。否则可以不必。

〇《礼记》

此书为战国及西汉之“儒家言”丛编，内中有极精纯者，亦有极破碎者。吾希望学者将《中庸》《大学》《礼运》《乐记》四篇熟读成诵。《曲礼》《王制》《檀弓》《礼器》《学记》《坊记》《表记》《缁衣》《儒行》《大传》《祭义》《祭法》《乡饮酒义》诸篇，多浏览数次，且摘录其精要语。

若欲看注解，可看《十三经注疏》内郑注孔疏。

《孝经》之性质与《礼记》同，可当《礼记》之一篇读。

○《老子》

道家最精要之书。希望学者将此区区五千言熟读成诵。

注释书未有极当意者。专读白文自行寻索为妙。

○《墨子》

孔、墨在先秦时，两圣并称，故此书非读不可。除《备城门》以下各篇外，余篇皆宜精读。

注释书以孙诒让《墨子间诂》为最善，读《墨子》宜即读此本。《经上》《下》《经说上》《下》四篇[①]，有张惠言《墨子经说解》及梁启超《墨经》两书可参观，但皆有未精惬处。《小取》篇[②]有胡适《新诂》[③]可参观。梁启超《墨子学案》，属通释体裁，可参观助兴味；但其书为临时讲义，殊未精审。

○《庄子》

《内篇》七篇及《杂篇》中之《天下》篇[④]最当精读。注释有郭庆藩之《庄子集释》差可。

○《荀子》

《解蔽》《正名》《天论》《正论》《性恶》《礼论》《乐论》诸篇，最当精读。余亦须全篇浏览。注释书王先谦《荀子注》[⑤]甚善。

○《尹文子》《慎子》《公孙龙子》

今存者皆非完书。但三子皆为先秦大哲，虽断简亦宜一读；篇帙甚少，不费力也。《公孙龙子》之真伪尚有问题。三书皆无善注。《尹文子》《慎子》易解。

---

① 指《墨子》卷十《经上第四十》《经下第四十一》《经说上第四十二》《经说下第四十三》四篇。

② 指《墨子》卷十一《小取第四十五》。

③ 指胡适《〈墨子·小取〉篇新诂》，载《胡适文存》第一集卷二。

④ 指《庄子·杂篇·天下第三十三》。

⑤ 指王先谦《荀子集解》。

○《韩非子》

法家言之精华。须全部浏览。（其特别应精读之诸篇，因手边无原书，胪举恐遗漏，他日补列。）注释书王先谦《韩非子集释》[①]差可。

○《管子》

战国末年人所集著者，性质颇杂驳，然古代各家学说存其中者颇多，宜一浏览。注释书戴望《管子校正》甚好。

○《吕氏春秋》

此为中国最古之类书。先秦学说存其中者颇多，宜浏览。

○《淮南子》

此为秦汉间道家言荟萃之书，宜稍精读。注释书闻有刘文典《淮南鸿烈集解》颇好。

○《春秋繁露》

此为西汉儒家代表的著作。宜稍精读。注释书有苏舆《春秋繁露义证》颇好。康有为之《春秋董氏学》，为通释体裁，宜参看。

○《盐铁论》

此书为汉代儒家法家对于政治问题对垒抗辩之书，宜浏览。

○《论衡》

此书为汉代怀疑派哲学，宜浏览。

○《抱朴子》

此书为晋以后道家言代表作品，宜浏览。

○《列子》

晋人伪书，可作魏晋间玄学书读。

右所列为汉晋以前思想界之重要著作。六朝隋唐间思想界著光彩者为佛学，其书目当别述之。以下举宋以后学术之代表书。但为一般学者节啬精力

---

① 应为王先慎《韩非子集解》。

计，不愿多举也。

○《近思录》，朱熹著，江永注。

读此书可见程朱一派之理学其内容何如。

○《朱子年谱》，附《朱子论学要语》[①]，王懋竑著。

此书叙述朱学全面目最精要，有条理。若欲研究程朱学派，宜读《二程遗书》及《朱子语类》，非专门斯业者可置之。

南宋时与朱学对峙者尚有吕东莱之文献学一派，陈龙川、叶水心之功利主义一派，及陆象山之心学一派。欲知其详，宜读各人专集。若观大略，可求诸《宋元学案》中。

○《传习录》，王守仁语，徐爱、钱德洪等记。

读此可知王学梗概。欲知其详，宜读《王文成公全书》。因阳明以知行合一为教，要合观学问事功，方能看出其全部人格。而其事功之经过，具见集中各文。故《阳明集》之重要，过于朱、陆诸集。

○《明儒学案》，黄宗羲著。

○《宋元学案》，黄宗羲初稿，全祖望、王梓材两次续成。

此二书为宋、元、明三朝理学之总记录，实为创作的学术史。《明儒学案》中，姚江、江右王门、泰州、东林、蕺山诸案最精善。《宋元学案》中，象山案最精善，横渠、二程、东莱、龙川、水心诸案亦好。晦翁案不甚好。百源（邵雍）、涑水（司马光）诸案失之太繁，反不见其真相。末附荆公（王安石）《新学略》最坏。因有门户之见，故为排斥。欲知荆公学术，宜看《王临川集》。

此二书卷帙虽繁，吾总望学者择要浏览，因其为六百年间学术之总汇，影响于近代甚深。且汇诸家为一编，读之不甚费力也。

清代学术史，可惜尚无此等佳著。唐鉴之《国朝学案小识》，以清代最不

① 应为附《朱子论学切要语》。

振之程朱学派为立脚点，褊狭固陋，万不可读。江藩之《国朝汉学师承记》《国朝宋学渊源记》，亦学案体裁，较好。但江氏学识亦凡庸，殊不能叙出各家独到之处。万不得已，姑以备参考而已。启超方有事于《清儒学案》，汗青尚无期也。

〇《日知录》《亭林文集》，顾炎武著。

顾亭林为清学开山第一人。其精力集注于《日知录》，宜一浏览。读文集中各信札，可见其立身治学人概。

〇《明夷待访录》，黄宗羲著。

黄梨洲为清初大师之一。其最大贡献在两学案。此小册可见其政治思想之大概。

〇《思问录》，王夫之著。

王船山为清初大师之一。非通观全书，不能见其精深博大。但卷帙太繁，非别为系统的整理，则学者不能读。聊举此书发凡，实不足以代表其学问之全部也。

〇《颜氏学记》，戴望编。

颜习斋为清初大师之一。戴氏所编《学记》，颇能传其真。徐世昌之《颜李学》[1]，亦可供参考。但其所集《习斋语要》《恕谷（李塨）语要》，将攻击宋儒语多不录，稍失其真。

顾黄王颜四先生之学术，为学者所必须知。然其著述皆浩博，或散佚，不易寻绎。启超行将为系统的整理记述，以饷学者。

〇《东原集》，戴震著。

〇《雕菰楼集》，焦循著。

戴东原、焦理堂为清代经师中有精深之哲学思想者。读其集可知其学，并知其治学方法。启超所拟著之《清儒学案》东原、里堂两学案，正在属稿中。

---

① 此指徐世昌著《颜李师承记》，徐还编有《颜李丛书》。

〇《文史通义》，章学诚著。

此书虽以文史标题，实多论学术流别，宜一读。胡适著《章实斋年谱》，可供参考。

〇《大同书》，康有为著。

南海先生独创之思想在此书。曾刊于《不忍杂志》中。

〇《国故论衡》，章炳麟著。

可见章太炎思想之一斑。其详当读《章氏丛书》。

〇《东西文化及其哲学》，梁漱溟著。

有偏宕处，亦有独到处。

〇《中国哲学史大纲》（上卷），胡适著。

〇《先秦政治思想史》，梁启超著。

将读先秦经部、子部书，宜先读此两书，可引起兴味，并启发自己之判断力。

〇《清代学术概论》，梁启超著。

欲略知清代学风，宜读此书。

（乙）政治史及其他文献学书类

〇《尚书》

内中惟二十八篇是真书，宜精读。但其文佶屈聱牙，不能成诵亦无妨。余篇属晋人伪撰，一浏览便足。（真伪篇目，看启超所著《古书真伪及其年代》，日内当出版。）

此书非看注释不能解，注释书以孙星衍之《尚书今古文注疏》为最好。

〇《逸周书》

此书真伪参半。宜一浏览。注释书有朱右曾《逸周书集训校释》颇好。

〇《竹书纪年》

此书现通行者为元明人伪撰。其古本，清儒辑出者数家。王国维所辑最善。

○《国语》《春秋左氏传》

此二书或本为一书，由西汉人析出，宜合读之。《左传》宜选出若干篇熟读成诵，于学文甚有益。读《左传》宜参观顾栋高《春秋大事表》，可以得治学方法。

○《战国策》

宜选出若干篇熟读，于学文有益。

○《周礼》

此书西汉末晚出。何时代人所撰，尚难断定。惟书中制度，当有一部分为周代之旧；其余亦战国秦汉间学者理想的产物。故总宜一读。注释书有孙诒让《周礼正义》最善。

○《考信录》，崔述著。

此书考证三代史事实最严谨，宜一浏览，以为治古史之标准。

○《资治通鉴》

此为编年政治史最有价值之作品。虽卷帙稍繁，总希望学者能全部精读一过。若苦干燥无味，不妨仿《春秋大事表》之例，自立若干门类，标治摘记，作将来著述资料。（吾少时曾用此法，虽无成书，然增长兴味不少。）

王船山《读通鉴论》，批评眼光，颇异俗流，读《通鉴》时取以并读，亦助兴之一法。

○《续资治通鉴》，毕沅著。

此书价值远在司马光原著之下，自无待言；无视彼更优者，姑以备数耳。

或不读《正续资治通鉴》，而读《九种纪事本末》亦可。要之非此则彼，必须有一书经目者。

○《文献通考》《续文献通考》《皇朝文献通考》

三书卷帙浩繁。今为学者摘其要目：《田赋考》《户口考》《职役考》《市籴考》《征榷考》《国用考》《钱币考》《兵考》《刑考》《经籍考》《四裔考》，必读[1]；《王礼考》《封建考》《象纬考》，绝对不必读。其余或读或不读随人。（手边无原书，不能具记其目，有漏略当校补。）

各人宜因其所嗜，择类读之。例如，欲研究经济史、财政史者，则读前七考。余仿此。

马氏《文献通考》，本依仿杜氏《通典》而作，若尊创作，应举《通典》。今舍彼取此者，取其资料较丰富耳。吾辈读旧史，所贵者惟在原料炉锤组织，当求之在我也。

《两汉会要》《唐会要》《五代会要》，可与《通考》合读。

〇《通志二十略》

郑渔仲史识史才皆迈寻常。《通志》全书卷帙繁，不必读。二十略则其精神所聚，必须浏览。其中与《通考》门类同者或可省。最要者，《氏族略》《六书略》《七音略》《校雠略》等篇。

〇二十四史

《通鉴》《通考》，已浩无涯涘，更语及庞[2]大之二十四史，学者几何不望而却走。然而二十四史终不可不读，其故有二：（一）现在既无满意之通史，不读二十四史，无以知先民活动之遗迹。（二）假令虽有佳的通史出现，然其书自有别裁，二十四史之原料，终不能全行收入。以故，二十四史终久仍为国民应读之书。

书既应读，而又浩瀚难读，则如之何？吾今试为学者拟摘读之法数条。

一曰就书而摘。《史记》《汉书》《后汉书》《三国志》，俗称四史。其书皆大史学家一手著述，体例精严，且时代近古，向来学人诵习者众，在学界之势力与六经诸子埒。吾辈为常识计，非一读不可。吾希望学者将此四史之列传，全体浏览一过，仍摘出若干篇稍为熟诵，以资学文之助。因四史中佳文最多也。（若欲举其目亦可，但手边无原书，当以异日。）四史之外，则《明史》

① 此处原文为“不必读”，据文义径改。

② 此处原文误为“彪”，据1931年启智书局版蔡尚思《中国学术大纲》第25页引文改。

共认为官修书中之最佳者，且时代最近，亦宜稍为详读。

二曰就事分类而摘读《志》。例如欲研究经济史财政史，则读《平准书》《食货志》；欲研究音乐，则读《乐书》《乐志》；欲研究兵制，则读《兵志》；欲研究学术史，则读《艺文志》《经籍志》，附以《儒林传》；欲研究宗教史，则读《北魏书·释老志》（可惜他史无之）。每研究一门，则通各史此门之《志》而读之，且与《文献通考》之此门合读。当其读时，必往往发见许多资料散见于各传者，随即跟踪调查其传以读之。如此引申触类，渐渐便能成为经济史、宗教史……等等之长编，将来荟萃整而理之，便成著述矣。

三曰就人分类而摘读《传》。读名人传记，最能激发人志气，且于应事接物之智慧增长不少，古人所以贵读史者以此。全史各《传》既不能遍读（且亦不必），则宜择伟大人物之《传》读之，每史亦不过二三十篇耳，此外又可就其所欲研究者而择读：如欲研究学术史，则读《儒林传》及其他学者之专《传》；欲研究文学史，则读《文苑传》及其他文学家之专《传》。用此法读去，恐只患其少，不患其多矣。

又各史之《外国传》《蛮夷传》《土司传》等，包含种族史及社会学之原料最多，极有趣，吾深望学者一读之。

〇《廿二史札记》，赵翼著。

学者读正史之前，吾劝其一浏览此书。《记》称“属辞比事，《春秋》之教”，此书深得“比事”之诀，每一个题目之下，其资料皆从几十篇《传》中零零碎碎觅出，如采花成蜜。学者能用其法以读史，便可养成著述能力。（内中校勘文字异同之部约占三分之一，不读亦可。）

〇《圣武记》，魏源著。

〇《国朝先正事略》，李元度著。

清朝一代史迹，至今尚无一完书可读，最为遗憾。姑举此二书充数。魏默深有良史之才，《圣武记》为纪事本末体裁，叙述绥服蒙古、戡定金川、抚循西藏……诸役。于一事之原因结果，及其中间进行之次序，若指诸掌，实罕见之名著也。李次青之《先正事略》，道光以前人物略具，文亦有法度，宜一浏览，以知最近二三百年史迹大概。

日本人稻叶君山所著《清朝全史》尚可读（有译本）。

〇《读史方舆纪要》，顾祖禹著。

此为最有组织的地理书。其特长在专论形势，以地域为经，以史迹为纬，读之不感干燥。此书卷帙虽多，专读其叙论（至各府止），亦不甚费力，且可引起地理学兴味。

〇《史通》，刘知几著。

此书论作史方法，颇多特识，宜浏览。章氏《文史通义》性质略同，范围较广，已见前。

〇《中国历史研究法》，梁启超著。

读之可增史学兴味，且知治史方法。

（丙）韵文书类

〇《诗经》

希望学者能全部熟读成诵。即不尔，亦须一大部分能举其词。注释书，陈奂《诗毛氏传疏》最善。

〇《楚辞》

屈、宋作，宜熟读，能成诵最佳。其余可不读。注释书，朱熹《楚辞集注》较可。

〇《文选》

择读。

〇《乐府诗集》，郭茂倩编。

专读其中不知作者姓名之汉古辞，以见魏六朝乐府风格。其他不必读。

魏晋六朝人诗宜读以下各家：曹子建、阮嗣宗、陶渊明、谢康乐、鲍明远、谢玄晖。无单行集者，可用张溥《汉魏百三家集》[①]本或王闿运《五代诗选》[②]本。

〇《李太白集》《杜工部集》《王右丞集》《孟襄阳集》《韦苏州集》《高常侍集》《韩昌黎集》《柳河东集》《白香山集》《李义山集》《王临川集》（诗宜用李壁注本）《苏东坡集》《元遗山集》《陆放翁集》

以上唐宋人诗文集。

〇《唐百家诗选》，王安石选。

〇《宋诗抄》，吕留良抄。

以上唐宋诗选本。

〇《清真词》（周美成）。《醉翁琴趣》（欧阳修）。《东坡乐府》（苏轼）。《屯田集》（柳永）。《淮海词》（秦观）。《樵歌》（朱敦儒）。《稼轩词》（辛弃疾）。《后村词》（刘克庄）。《白石道人歌曲》（姜夔）。《碧山词》（王沂孙）。《梦窗词》（吴文英）。

以上宋人词集。

〇《西厢记》《琵琶记》《牡丹亭》《桃花扇》《长生殿》

以上元明清人曲本。

本门所列书，专资学者课余讽诵，陶写情趣之用，既非为文学专家说法，尤非为治文学史者说法，故不曰文学类，而曰韵文类。文学范围，最少应包含古文（骈、散文）及小说。吾以为苟非欲作文学专家，则无专读小说之必要。至于古文，本不必别学。吾辈总须读周秦诸子、《左传》《国策》《四史》《通鉴》及其关于思想、关于记载之著作，苟能多读，自能属文，何必格外举一种，名曰古文耶？故专以文鸣之文集不复录（其余学问有关系之文集，散见各门），《文选》及韩、柳、王集聊附见耳。学者如必欲就文求文，无已，则姚鼐之《古文辞类纂》、李兆洛之《骈体文抄》、曾国藩之《经史百

① 正书名《汉魏六朝百三家集》。

② 正书名《八代诗选》。

家杂抄》可用也。

清人不以韵文见长，故除曲本数部外，其余诗词皆不复列举。无已，则于最初期与最末期各举诗词家一人，吴伟业之《梅村诗集》与黄遵宪之《人境庐诗集》，成德之《饮水词》与文焯之《樵风乐府》也。

（丁）小学书及文法书类

〇《说文解字注》，段玉裁著。

〇《说文通训定声》，朱骏声著。

〇《说文释例》，王筠著。

段著为《说文》正注，朱注明音与义之关系，王著为《说文》通释。读此三书，略可通《说文》矣。

〇《经传释词》，王引之著。

〇《古书疑义举例》，俞樾著。

〇《文通》，马建忠著。

读此三书，可知古人语法文法。

〇《经籍纂诂》，阮元书。

此书汇集各字之义训，宜置备检查。

文字音韵，为清儒最擅之学，佳书林立。此仅举入门最要之数种。若非有志研究斯学者，并此诸书不读亦无妨耳。

（戊）随意涉览书类

学问固贵专精，又须博涉以辅之。况学者读书尚少时，不甚自知其性所近者为何。随意涉猎，初时并无目的，不期而引起问题，发生趣味，从此向某方向深造研究，遂成绝业者，往往而有也。吾固杂举有用或有趣之各书，供学者自由翻阅之娱乐。读此者不必顺页次，亦不必求终卷也。（各书亦随忆想所及杂举，无复诠次。）

〇《四库全书总目提要》

清乾隆间四库馆，董其事者皆一时大学者，故所作提要，最称精审，读之可略见各书内容（中多偏至语，自亦不能免）。宜先读各部类之叙录，其各书条下则随意抽阅。有所谓存目者，其书被屏，不收入四库者也。内中颇有怪书，宜稍注意读之。

〇《世说新语》

将晋人谈玄语分类纂录，语多隽妙，课余暑假之良伴侣。

〇《水经注》，郦道元撰，戴震校。

六朝人地理专书。但多描风景，记古迹，文辞华妙，学作小品文最适用。

〇《文心雕龙》，刘勰著。

六朝人论文书。论多精到，文亦雅丽。

〇《大唐三藏慈恩法师传》，慧立撰。

此为玄奘法师详传。玄奘为第一位留学生，为大思想家，读之可以增长志气。

〇《徐霞客游记》

霞客晚明人，实一大探险家，其书极有趣。

〇《梦溪笔谈》，沈括。

宋人笔记中含有科学思想者。

〇《困学纪闻》，王应麟撰，阎若璩注。

宋人始为考证学者，顾亭林《日知录》颇仿其体。

〇《通艺录》，程瑶田撰。

清代考证家之博物书。

〇《癸巳类稿》，俞正燮撰。

多为经学以外之考证，如考棉花来历，考妇女缠足历史，辑李易安事迹等。又多新颖之论，如论妒非妇人恶德等。

〇《东塾读书记》，陈澧撰。

此书仅五册，十余年乃成。盖合数十条笔记之长编，乃成一条笔记之定稿，用力最为精苦，读之可识搜集资料及驾驭资料之方法。书中论郑学、论朱学、论诸子、论三国诸卷最善。

○《庸盦笔记》，薛福成。

多记清咸丰同治间掌故。

○《张太岳集》，张居正。

江陵为明名相，其信札益人神智，文章亦美。

○《王心斋先生全书》，王艮。

吾常名心斋为平民的理学家，其人有生气。

○《朱舜水遗集》，朱之瑜。

舜水为日本文化之开辟人，唯一之国家输出者，读之可见其人格。

○《李恕谷文集》，李塨。

恕谷为习斋门下健将，其文劲达。

○《鲒埼亭集》，全祖望。

集中记晚明掌故甚多。

○《潜研堂集》，钱大昕。

竹汀为清儒中最博洽者，其对伦理问题亦颇有新论。

○《述学》，汪中。

容甫为治诸子学之先登者，其文格在汉晋间，极遒美。

○《洪北江集》，洪亮吉。

北江之学长于地理，其小品骈体文描写景物，美不可言。

○《定盦文集》，龚自珍。

吾少时心醉此集，今颇厌之。

○《曾文正公全集》，曾国藩。

○《胡文忠公集》，胡林翼。

右二集信札最可读，读之见其治事条理及朋友风义。曾涤生文章尤美，桐城派之大成。

○《苕溪渔隐丛话》，胡仔。

诗话中资料颇丰富者。

○《词苑丛谈》，徐釚。

惟一之词话，颇有趣。

○《语石》，叶昌炽。

以科学方法治金石学，极有价值。

○《书林清话》，叶德辉。

论刻书源流及藏书掌故，甚好。

○《广艺舟双辑》，康有为。

论写字，极精博，文章极美。

○《剧说》，焦循。

○《宋元戏曲史》，王国维。

二书论戏剧，极好。

即谓之涉览，自然无书不可涉，无书不可览，本不能胪举书目；若举之，非累数十纸不可。右所列不伦不类之寥寥十余种，随杂忆所及当坐谭耳。若绳以义例，则笑绝冠缨矣。

第二十二讲

最低限度之必读书目[①]

梁启超

右所列五项，倘能依法读之，则国学根柢略立，可以为将来大成之基矣。惟青年学生校课既繁，所治专门别有在，恐仍不能人人按表而读。今再为拟一真正之最低限度如下：

《四书》《易经》《书经》《诗经》《礼记》《左传》《老子》《墨子》《庄子》《荀子》《韩非子》《战国策》《史记》《汉书》《后汉书》《三国志》《资治通鉴》（或《通鉴纪事本末》）《宋元明史纪事本末》[②]《楚辞》《文选》《李太白集》《杜工部集》《韩昌黎集》《柳河东集》《白香山集》。其他词曲集，随所好选读数种。

以上各书，无论学矿、学工程学……皆须一读。若并此未读，真不能认为中国学人矣。

① 此为前文附录，据2015年版《饮冰室合集·专集》第15卷校订。

② 此为合称，指《宋史纪事本末》《元史纪事本末》《明史纪事本末》三书。

第二章 说文学

第二十三讲

什么是文学——答钱玄同[1]

胡　适

我尝说："语言文字都是人类达意表情的工具；达意达的好，表情表的妙，便是文学。"

但是怎样才是"好"与"妙"呢？这就很难说了。我曾用最浅近的话说明如下："文学有三个要件：第一要明白清楚，第二要有力能动人，第三要美。"

因为文学不过是最能尽职的语言文字，因为文学的基本作用（职务）还是"达意表情"，故第一个条件是要把情或意，明白清楚的表出达出，使人懂得，使人容易懂得，使人决不会误解。请看下例：

蘖坞芝房，一点中池，生来易惊。笑金钗卜就，先能断决；犀株镇后，才得和平。楼响登难，房空怯最，三斗除非借酒倾。芳名早，唤狗儿吹笛，伴取歌声。

沉忧何事牵情？悄不觉人前太息轻。怕残灯枕外，帘旌蝙拂；幽期夜半，窗户鸡鸣。愁髓频寒，回肠易碎，长是心头苦暗并。天边月，纵团圞如镜，难照分明。

这首《沁园春》是从《曝书亭集》[2]卷二十八，页八抄出来的。你是一位大学的国文教授，你可看得懂他"咏"的是什么东西吗？若是你还看不懂，那么，他就通不过这第一场"明白"（"懂得性"）的试验。他是一种玩意儿，连

---

① 据亚东图书馆 1921 年版《胡适文存》第 1 集第 1 卷校订。

② 清初词人朱彝尊（1629—1709）的词集，所引是集中一首描写身体器官"胆"的词。

"语言文字"的基本作用都够不上，哪配称为"文学"！

懂得还不够，还要人不能不懂得；懂得了，还要人不能不相信，不能不感动。我要他高兴，他不能不高兴；我要他哭，他不能不哭；我要他崇拜我，他不能不崇拜我；我要他爱我，他不能不爱我。这是"有力"。这个，我可以叫他做"逼人性"。

我又举一个例：

《血府》当归生地桃，
红花甘草壳赤芍，
柴胡芎桔牛膝等，
血化下行不作劳。

这是"血府逐瘀汤"的歌诀。这一类的文字，只有"记账"的价值，绝不能"动人"，绝没有"逼人"的力量，故也不能算文学。大多数的中国旧"文学"，如碑版文字，如平铺直叙的史传，都属于这一类。

我读齐镈文，书阙乏左证。独取圣祉字，古谊藉以正。亲殁偁考妣，从女疑非敬。《说文》有祉字，乃训祀司命。此文两皇祉，配祖义相应。幸得三代物，可与汶长诤……（李慈铭《齐子中姜镈歌》）

这一篇你（大学的国文教授）看了一定大略明白，但他决不能感动你，决不能使你有情感上的感动。

第三是"美"。我说，孤立的美，是没有的。美就是"懂得性"（明白）与"逼人性"（有力）二者加起来自然发生的结果。例如"五月榴花照眼明"一句，何以"美"呢？美在用的是"明"字。我们读这个"明"字不能不发生一树鲜明逼人的榴花的印象。这里面含有两个分子：（1）明白清楚。（2）明白之至，有逼人而来的"力"。

再看《老残游记》的一段：

那南面山上，一条白光，映着月色，分外好看。一层一层的山岭，却分辨不清；又有几片白云在里面，所以分不出是云是山。及至定睛看去，方才看出那是云那是山来。虽然云是白的，山也是白的，云有亮光，山也有亮光；只因为月在云上，云在月下，所以云的亮光从背后透过来。那山却不然的：山的亮光由月光照到山上，被那山上的雪反射过来，所以光是两样了。然只稍近的地方如此。那山望东去，越望越远，天也是白的，山也是白的，云也是白的，就分辨不出来。

这一段无论是何等顽固古文家都不能不承认是“美”。美在何处呢？也只是两个分子：第一是明白清楚；第二是，明白清楚之至，故有逼人而来的影象。除了这两个分子之外，还有什么孤立的“美”吗？没有了。

你看我这个界说怎样？我不承认什么“纯文”与“杂文”。无论什么文（纯文与杂文、韵文与非韵文）都可分作“文学的”与“非文学的”两项。

第二十四讲

什么是文学①

朱自清

什么是文学？大家愿意知道，大家愿意回答，答案很多，却都不能成为定论。也许根本就不会有定论，因为文学的定义得根据文学作品，而作品是随时代演变随时代堆积的。因演变而质有不同，因堆积而量有不同，这种种不同都影响到什么是文学这一问题上。比方我们说文学是抒情的，但是像宋代说理的诗，十八世纪英国说理的诗，似乎也不得不算是文学。又如我们说文学是文学，跟别的文章不一样，然而就像在中国的传统里，经史子集都可以算是文

① 据文光书店 1948 年版《标准与尺度》校订。

学。经史子集堆积得那么多，文士们都钻在里面生活，我们不得不认这些为文学。当然，集部的文学性也许更大些。现在除经史子集外，我们又认为元明以来的小说戏剧是文学。这固然受了西方的文学意念的影响，但是作品的堆积也多少在逼迫着我们给它们地位。明白了这种种情形，就知道什么是文学这问题大概不会有什么定论，得看作品看时代说话。

新文学运动初期，运动的领导人胡适之先生曾答复别人的问，写了短短的一篇《什么是文学》。这不是他用力的文章，说的也很简单，一向不曾引起多少注意。他说文字的作用不外达意表情，达意达得好，表情表得妙就是文学。他说文学有三种性：一是懂得性，就是要明白。二是逼人性，要动人。三是美，上面两种性联合起来就是美。这里并不特别强调文学的表情作用，却将达意和表情并列，将文学看作和一般文章一样，文学只是“好”的文章、“妙”的文章、“美”的文章罢了。而所谓“美”就是明白与动人，所谓三种性其实只是两种性。“明白”大概是条理清楚，不故意卖关子；“动人”大概就是胡先生在《谈新诗》里说的“具体的写法”。当时大家写作固然用了白话，可是都求其曲，求其含蓄。他们注重求暗示，觉得太明白了没有余味。至于“具体的写法”，大家倒是同意的。只是在《什么是文学》这一篇里，“逼人”“动人”等语究竟太泛了，不像《谈新诗》里说的“具体的写法”那么“具体”，所以还是不能引人注意。

再说当时注重文学的型类，强调白话诗和小说的地位。白话新诗在传统里没有地位，小说在传统里也只占到很低的地位。这儿需要斗争，需要和只重古近体诗与骈散文的传统斗争。这是工商业发展之下新兴的知识分子跟农业的封建社会的士人的斗争，也可以说是民主的斗争。胡先生的不分型类的文学观，在当时看来不免历史癖太重，不免笼统，而不能鲜明自己的旗帜，因此注意他这一篇短文的也就少。文学型类的发展从新诗和小说到了散文——就是所谓美的散文，又叫做小品文的。虽然这种小品文以抒情为主，是外来的影响，但是跟传统的骈散文的一部分却有接近之处。而文学包括这种小说以外的散文在内，也就跟传统的文的意念包括骈散文的有了接近之处。小品文之后有杂文。杂文可以说是继承“随感录”的，但从它的短小的篇幅看，也可以说是小品文的演变。小品散文因应时代的需要从抒情转到批评和说明上，但一般还认为是文学，和长篇议论文说明文不一样。这种文学观就更跟那传统的文的意念接近了。而胡先生说的什么是文学也就值得我们注意了。

传统的文的意念也经过几番演变。南朝所谓“文笔”的文，以有韵的诗赋为主，加上些典故用得好，比喻用得妙的文章，《昭明文选》里就选的是这些。这种文多少带着诗的成分，到这时可以说是诗的时代。宋以来所谓“诗文”的文，却以散文就是所谓古文为主，而将骈文和辞赋附在其中。这可以说是到了散文时代。现代中国文学的发展，虽只短短的三十年，却似乎也是从诗的时代走到了散文时代。初期的文学意念近于南朝的文的意念，而与当时还在流行的传统的文的意念，就是古文的文的意念，大不相同。但是到了现在，小说和杂文似乎占了文坛的首位，这些都是散文，这正是散文时代。特别是杂文的发展，使我们的文学意念近于宋以来的古文家而远于南朝。胡先生的文学意念，我们现在大概可以同意了。

英国德来登①早就有知的文学和力的文学的分别，似乎是日本人根据了他的说法而仿造了“纯文学”和“杂文学”的名目。好像胡先生在什么文章里不赞成这种不必要的分目。但这种分类虽然好像将表情和达意分而为二，却也有方便处。比方我们说现在杂文学是在和纯文学争着发展。这就可以见出这时代文学的又一面。杂文固然是杂文学，其他如报纸上的通讯、特写，现在也多数用语体而带有文学意味了，书信有些也如此。甚至宣言，有些也注重文学意味了。这种情形一方面见出一般人要求着文学意味，一方面又意味着文学在报章化。清末古文报章化而有了“新文体”，达成了开通民智的使命。现代文学的报章化，该是德先生和赛先生的吹鼓手罢。这里的文学意味就是“好”，就是

① 今译约翰·德莱顿（John Dryden，1631—1700），英国桂冠诗人。

“妙”，也就是“美”；却决不是卖关子，而正是胡先生说的“明白”“动人”。报章化要的是来去分明，不躲躲闪闪的。杂文和小品文的不同处就在它的明快，不大绕弯儿，甚至简直不绕弯儿。具体倒不一定。叙事写景要具体，不错。说理呢，举例子固然要得，但是要言不烦，或简截了当也就是干脆，也能够动人。使人威固然是动人，使人信也未尝不是动人。不过这样解释着胡先生的用语，他也许未必同意罢？

第二十五讲

怎样认识文学①

老　舍

我们要想批评文学，必先认识文学。

过去一般人往往以为文字就是文学，这一是个极大的误会。这种误会致成的原因，是由于文字是文学的工具，实际讲来，文字与文学悬然不同，最明显的如《康熙字典》《辞源》等等，我们只能说它是些解析文字的书，而不说它是一种讲明文学的书，其他历史哲学等书籍，也不能称为文学书籍，虽然它们都是用文字写的，这是从书籍本身来讲的。再从作者方面来看，那些研究文字者，如研究文法、字意、字形等专家，他们也只可说是研究文字者；而不能称为文学家。那么文学到底是一种什么东西呢？须具备着什么条件呢？我虽然不敢予文学下一个定义，但可以找出几点特质来，现在让我分述如下：

（一）理智——文学可以启发我们的思想，增进我们的智识，所以说文学

---

① 此文 1934 年 12 月 16 日刊于李村中学校刊，据 2008 年版《老舍全集》第 17 卷校订。

是含着理智的成分。文学虽含有理智的成分，但理智并不在最高地位，因为科学哲学是最可以增进我们的理智的。不过科学书籍是有严格之时代性。例如，我们买物理化学等书，总喜其最近出版者。文学书籍则否，例如，我们去买《诗经》，并不能说要最近出版者，更没有人说要一本白话文的《离骚》。所以在科学书籍中，理智占最重要的成分，因此含有严格之时代性，而文学则不然，由此可见理智在文学中的地位。

（二）道德——文学不只含有理智，而且能提高人格。换句话说，文学不只是告诉人去改造人生，而且告诉我们如何去创造人生，就是告诉我们如何去做人。儒家所说之礼义廉耻几乎把全部文学做成道德的教训。现在很多文学家也都说文学里面含有道德的成分。但事实告诉我们，很多的文学书籍，并没有什么道德的教训，也被称为巨著，而含有大量道德教训的书，也不见得称为什么大作。所以道德也不是文学的主要条件。而且道德也含有时代性，例如，林琴南所译之《黑奴吁天录》，在当时本来是了不得的大作，但在现在看起来，并没有什么。这种原因就是由于道德的时代性所致。

（三）感情——我们已经说过，理智道德只是文学组成的原子，而不是文学的最重要的条件。我们所要说的这感情乃是文学的唯一特质。任何书籍，尽管理智道德的价值如何高，但不能激动我们的感情，便算不得真正文学。科学书籍之不能称为文学原因就在此，随时代而转移的原因也在此。《红楼梦》在现在看起来，思想固然很旧，但人们并不因其思想旧而不读，这种原因，就是由于它含有丰富的感情。我们读一首诗，往往为之数读不倦，这就是因为它有丰富的感情。文学里面并没有什么特殊的事情，热闹的事情，但它能使人乐读不倦，这完全是感情的作用。但是感情也可以变动。例如，从前爱缠足，现在爱天足，这就是感情的变动。黑格尔说多少年以后，可以没有文学，也就是人类没有了感情，所以说感情是文学的唯一特质。哲学告诉我们真理，报纸告诉我们事实，因为没有感情的作用，所以不能称为文学。无论哪种书籍，只要它有感情，我们就称它为文学。

从上面看起来，哪是真正的文学创作，我们就可以一见了然了。我们看过《水浒传》以后，合目一想，便似乎有一个黑面大汉手持斧头的李逵，在我们的面前出现。实际上有无其人还是疑问，但读者被感情所冲动，便不顾其有无而确信其实在了，这就是真正的文学作品。

以上理智道德感情，这只可说是文学的内容，其次我们便说到文学的形式：

文学假设只有内容上感情的成分，而没有形式上的艺术的排列，这还算不了真正的文学。譬如：今天你喝醉了酒，觉得感情冲动得了不得，遂提笔写起文章来，结果感情倒是有了，但使人看了觉得乱七八糟，这就是因为缺乏形式上的排列。所谓真正的文学创作，是把你的丰富感情，将一件事的全体，用艺术的手腕，想象的排列出来，使人读了不只是感到内容上的充实，同时并感到结构上的完密。所谓文学上的艺术，是指能在茫无涯际之中，而找出它共同的一点来，这一点的结晶，使人看了能知其描写的所在。所谓想象的排列，是凭着我们的经验，把数种相同事的共同点累积起来，来说明那一件事。譬如我们描写一个体育家，一定要把我们经验里，所有种种体育家的特征，如胸部的挺出，行动的敏捷等等，来描写一个体育家。普通一般人往往以为想象的排列，是闭门造车，这是一个极大的谬误。

总括所说，内容上理智，道德，感情，形式上所谓想象，艺术，都是构成文学的要素。我们拿起一本文学书籍去批评的时候，就是要根据这几点。

最后我敢说，假设今天在座的各位同学，都能照着我所说的去检定一些文学书籍，拿来多读，进一步来多写，那么李村中学是不难出几个文学家的，完了！

第二十六讲

中国文学过去与来路[①]

胡 适

诸位！近四十年来，在事实上，中国的文学，多半偏于考据，对于新文学殊少研究。以我专从事研究学术与思想的人去讲文学，颇觉不当，但“既来之，则安之”，所以也不得不说几句话。我觉得文学有三方面：一是历史的，二是创造的，三是鉴赏的。历史的研究固甚重要，但创造方面更其要紧，而鉴赏与批评也是不可偏废的。马幼渔先生在中国文学系设文学讲演一科，可谓开历来的新纪元，如有天才的人，再加以指导、批评，则其天才当有更大的进展。马先生本来是约我和徐志摩先生作第一次讲演的，不幸得很，志摩死了，只好我来作第一次讲演，以后当讲一讲徐先生的作品。今天讲的题目是“中国文学过去与来路”。这好像是店家看看账一样，究竟是货物的来路如何，再去结算一下总账。过去大约有四条来路——来路也就是来源。

第一，来源于实际的需要。譬如吾人到研究室里去，看看甲骨文字，上面有许多写着某月某日祭祀等等。巴比伦之砖头，上面写信，写着某某人。我们中国以前也用竹简或木简，近来在西北所发现的竹简很多，像这些祭祀、通信、卜辞、报告等等，都是因为实际的需要才有的，这些是记事的体裁。如《墨子》《庄子》……等书，也都是为着实际的需要才逼出来的。

第二，来源于民间。人的感情在各种压迫之下，就不免表现出各种劳苦与哀怨的感情，像匹夫匹妇、旷男怨女的种种抑郁之情，表现出来，或为诗歌，

① 本文初刊于1932年1月5日天津《大公报》，据2003年版《胡适全集》第12卷校订。

或为散文，由此起点，就引起后来的种种传说故事，如《三百篇》[①]大都民间匹夫匹妇、旷男怨女的哀怨之声，也就是民间半宗教半记事的哀怨之歌。后来五言诗、七言诗，以至公家的乐府，它们的来源也都是由此而起的。如今之舞女，所唱的歌，或为文人所作给她们唱的。又如诗词、小说、戏曲，皆民间故事之重演，像《诗经》、《楚辞》、五言诗、七言诗，这都是由民间文学而来。

第三，来源于国家所规定的考试。国家规定一种考试的体裁，拿这种文章的体裁去考试人材，这是一种极其机械的办法。如唐朝作赋，前八字一定为破题，以后就变为八股了。这是机械的，愈机械愈好，像五言律诗，七言律诗，都是这一种的东西，这没有什么价值。但是它的影响却很大，中国五六百年来，均受此种影响，这也可说是一条来路。

第四，来源于外国文学。中国不幸得很，因为处的地势与环境的关系，没有那一国给中国以新的体裁。只有一条路，即是印度。中国受了印度不少的影响，如小说、诗歌、记事之故事等等，都是受了她的熏染与陶冶的。我们中国不受她的影响，也许会有小说、诗歌、戏曲，但没有她，绝不能给我们以绝大之力量的进展。吾人相信受她的影响，比自身当有五六百倍之大，因为我们先人给与我们不过是一些简单之文字，如“子曰……诗云……”等是，而想像力又很薄弱，吾民族可谓极简单极朴实之民族。如《离骚》之想像力，尚称较为丰富，但其思想充其量亦不过想到上天下地而已。印度就大不然了，如《般若经》等等，不惟想到天上有天，以至三十三重天，而且想到大千世界，以至无数的天。又如《维摩诘经》不过为一简单之小说，吾人却当一经典，到处风行。又如《法华经》，以及其他各种经典，讲佛家的故事，讲释迦牟尼成佛的故事……能给与吾人以有兴趣的深切的感觉，不知不觉也随之到了一种佛的境界，这种力量是何等的重大，思想是何等的高深啊！像《西游记》《封神榜》这一类的书，都是受了它们绝大的影响的。譬如俗语说：“看了《西游记》，到

---

① 《诗经》的代称。

老不成器；看了《封神榜》，到老不像样。”这些话都足以证明此二书风行之普遍，与灌输民间思想之深入。其实这两种书描写的不受事实之拘束，与想像力之解放，都是受了印度佛教的思想，他们这种想像力之解放与奔腾，实为吾思想简单朴实之民族所不能及。前在敦煌石室，发现种种佛家文学，亦甚重要。总之如无印度文学，绝不会产生像《西游记》《封神榜》这一类有价值的东西。她实在直接间接的给与吾人以各种丰富的想像，吾人才会产生好的文学来。

这四条路，第三条虽是与中国文学影响很大；但是有害的，没有什么价值，最重要的还是第二条路的民间文学，占一个綦[①]重要的位置，中国文学史没有生气则已，稍有生气者皆自民间文学而来。前与傅斯年先生在巴黎时谈起民间文学有四个时期：第一个时期，是诗词、歌谣，本身的自然风行民间。第二个时期，是由民间的体裁传之于文人，一些文人们也仿着这种体裁做起民间的文学来。第三个时期，是他们自己在文学里感觉着无能，于是第一流的文学家的思想也受了影响，他们的感情起了冲动，也以民间的文学作为体裁而产生出一种极伟大的文学，这可以说是一个很纯粹的时期。第四个时期，是公家以之作成乐府，此时期可谓最出风头了。但是到了极高峰，后来又慢慢的低落下来了。如乐府《陌上桑》是顶好的文学作品，后来就有人摹仿着作《陌上桑》，例如胡适之又摹仿那个摹仿作《陌上桑》的人作《陌上桑》，后来又有人摹仿胡适之作起来，这样以至无穷无穷，才慢慢的变为下流。如词曲、小说，都是这样，先有王实甫、曹雪芹、施耐庵等，后来就有人摹仿他们，以至低落下去，这样一来，是很危险的。

民间文学，一般士大大（外国所谓之Gentleman）向来看不起它们，这是因为第一缺陷，来路不高明，他们出身微贱，故所产生的东西，士大夫们就视作雕虫小技。《诗经》，他们所不敢轻视的，因为是圣人所订。《楚辞》为半恋

---

① 音qí。极、很。

爱半爱国的热烈的沉痛的感情奔放作品，故站得住。五七言诗为曹氏所扶植，因他们为帝王，故亦站得住。词曲、小说，不免为小道，皆为其出身微贱的缘故。第二缺陷，因为这些是民间细微的故事，如婆婆虐待媳妇啰，丈夫和妻子吵了架啰……那些题目、材料，都是本地风光，变来变去，都是很简单的，如五七言诗、词曲等也是极简单不复杂的，这是因为匹夫匹妇、旷男怨女思想的简单和体裁的幼稚的原故，来源不高明，这也是一个极大的缺陷。第三缺陷为传染，如民间浅薄的荒唐的迷信的思想互相传染是。第四缺陷，为不知不觉之所以作，凡去写文艺的，是无意的传染与摹仿，并非有意的去描写，这一点甚关重要。中国二千五百年的历史，可谓无一人专心致意的来研究文学，可谓无一人专心致意的来创造文学！这种缺陷是不可以道里计的。到了唐朝，韩退之、白香山等深感觉骈文流行之不便，才把他们认为古文的改为散文，这种运动，可说是一种文学运动，两千五百年无一人有此种运动。十四年前有新文学运动，亦为此一种，这是由无意的传染一变而为有意的研究。

新文学的来路，也有两条：

一，就是民间文学，如现今大规模的搜集民间歌谣故事等；帮助新文学的开拓，实非浅鲜。

二，除印度外，即为欧洲文学，我们新的文学，受欧洲的影响极大。欧洲文学，最近两三百年如诗歌、小说等皆自民间而来，第一流人物把这种文学看作专门事业、当成是一种极高贵的极有价值的终身职业。他们倡导文学的是极有名的人，如华茨华斯（William Wordsworth，1770—1850）[1]、莫泊霜（Maupassant，1850—1893）[2]等等都是倡导文学的第一等人材。他们的文学并非由外传染，而是由内心的创造，他们是重视文学的，有这种种原故，所以才能产生出伟大的作品。我们的新文学，现在我们才知道有所谓自然主义、浪漫主义、写实主义、象征主义、心理分析……种种派别之不同，并非小道可比，

① 现译华兹华斯，英国浪漫主义诗人。

② 现译莫泊桑。

这是我们受了西洋文学的洗礼的结果。

今日替诸位算一算旧账，现在当教授的也提倡民间文学，以新的眼光和新的方法去看待它，也许从两千五百年以来要开辟一条新的道路。

第二十七讲

为什么要读文学[①]

朱　湘

科学在英国气焰正盛的时候，提倡科学极力的赫胥黎，他作过一篇文章《论博习教育》（*On Liberal Education*），在一个完美的大学课程中，将文学列为一主要的项目；这是值得我们深思的。文学是文化形成中的一种要素——就古代的文化说来，如同中国的，希腊的，文学简直就是文化的代名词。我们不要作已经开化的人，那便罢了，如其要作，文学我们便要读。生为一个中国人，如其，只是就诗来说罢，不曾读过《诗经》里的《国风》，屈原的《离骚》，李白的长短句，杜甫的时事诗，那便枉费其为一个中国人；要作一个世界人，而不能认悉亚吉里士（Achilles）[②]的一怒，犹立西士（Ulysses）[③]的漫游，但丁（Dante）的地狱[④]，莎士比亚的《哈孟雷特》（*Hamlet*）[⑤]，以及浮士

① 据北新书局 1934 年版《文学闲谈》校订。

② 现译阿喀琉斯，又译阿克琉斯。是荷马史诗《伊利亚特》中的英雄。

③ 现译尤利西斯，又译俄底修斯。是罗马神话中的英雄。

④ 《地狱》是但丁《神曲》的第一部分，描写地狱各种恐怖场景和罪人。

⑤ 现译《哈姆雷特》。

德的契约[1]，那也是永远无望的。在从前的教育中，不仅中国，外国也是一样，文学占了最重要的位置，这种畸重的弊病当然是要蠲除的；不过在如今这个科学横行一世的时代，我们也不能再蹈入畸轻的弊病，我们要牢记着文学在文化中所占有的位置，如同那个科学的向导赫胥黎一样。

这是要读文学的第一层理由，完成教育。

人类的情感好像一股山泉，要有一条正当的出路给它，那时候，它便会流为一道灌溉田亩的江河，有益于生命，或是汇为一座气象万千的湖泽，点缀着风景；否则奔放溃决，它便成了洪水为灾，或是积滞腐朽，它便成了蚊蚋、瘴疠、污秽、丑恶的贮藏所。只说性欲罢。舞蹈本是发泄性欲的正道；在中国，乐经久已失传，舞蹈，那种与音乐有密切的关系的艺术，因之也便衰废了，久已不复是一种大众的娱乐了，到了如今，虽是由西方舶来了跳舞，它又化成了一种时髦的点缀品，并不曾像张竞生[2]先生所希望的那样，恢复到舞蹈的原本的立场，那便是，凭了这种大众的娱乐，在露天的场所，节奏的发泄出人类的身体中所含有的过剩的精力。因此之故，本来是该伴舞的乐声洋溢于全国之内的，一变而为全国的田亩中戊盛着罂粟花，再变而为全国的无大无小的报纸上都充斥着售卖性病药品的广告。

在末期的旧文学中，亦复呈露着类似的现象：浮夸与猥亵，除此之外，还有什么？浮夸岂不便等于向鸦片烟灯上去索求虚亢的兴奋；猥亵的文字，那个俏皮的（$x+y$）^{2}，岂不是在实质上毫无以异于妓院中猥亵的言词，那个委琐的$x^2+2xy+y^2$？这便是文学离开了正道之时所必有的现象，换一句话说，这便是文学没有指示出正道来让情感去发抒之时所必有的现象。

发抒情感的正道是什么？亚里斯多德所说的Katharsis[3]便是中国所说的陶冶性情（在文学方面）与正人心（在音乐方面）；那便是教内在于心的一切情

---

① “浮士德的契约”，出自歌德《浮士德》，形容与魔鬼签订的出卖灵魂的契约。

② 张竞生（1888—1970），留法博士，曾任北大哲学教授，著有《性史》《美的人生观》等。

③ 曾译为“卡塔西斯”，亚里士多德在《诗学》中提出的一个有关悲剧的概念。

感发抒于较高的方式之内，同时，因为方式是较高的，这些发抒出了的情感便自然而然地脱离了那种同时排泄出的渣滓，凝炼成了纯粹的、优美的新体。像辜勒律己（Coleridge）[①]的《古舟子咏》内那个赴喜筵的宾客，在听完了舟子的一番自述之后，成为一个愁思增加了、同时智慧也增加了的人那样一个人，在读完了一本文学书以后，也会得有同样的体验——这是说这本书是一本好文学的话。

中国人许久以来对于文学（诗是例外）是轻视的，因之，只有少数的几种情感能在文学中寻得发抒的途径，而这少数之中还有大半是较为低级的情感；这是受了宋代儒家一尊的恶影响，正如欧洲中古时代的文学之所以不盛，是受了当代的罗马教堂的教旨一尊的恶影响那样。战国文学与唐代文学，与希腊文学一样，是不自觉的兴盛起来的；那是文学的青年时代。中国的文学与欧洲的都已经度过了那给青年时代作结束的烦闷期；如今，欧洲文学的壮年时代，由文艺复兴一直到现代，已经是结成壮硕的果了，中国文学的壮年时代则尚在一个花瓣已落，果实仍未长大的期间。要一切的情感都在文学内能寻得优美的发抒的道路，新文学的努力方能成为有意义的，伟大的。一千年来，中国人的情感受尽了缠足之害，以致发育为如今的这种畸形；解放与再生这许多任是较为高级的或是较为低级的情感，再创造一座千门万户的艺术之宫，使得人类的每种内在的情感都愿意脱离了蛰眠的洞穴，来安居于宫殿之上，嬉游于园囿之间，歌唱于庭际房中，拨剌[②]于池上湖内：这种伟大、光荣、而同时是艰难的建设，是要诵读文学的与创作文学的中国人来共勉于事的。

要发抒情感，这所以要读文学的第二层，最重大的一层理由，在中国的现状之内，便附带着有一种先决的工作——那便是，再生起来那蛰伏于中国人的内心中的一切人类所有的情感；这种工作是要读者与作者来分担责任的。

所以要读文学的第三层理由是扩大体验，增长见闻。

---

① 现译柯勒律治，英国诗人、评论家。

② 象声词，引申为欢腾义。

一个人的外界体验是极力有限的。不说那种驴子转磨一般的农民，整世之内，便只是黏附在几亩的土地之上；就是拿阅历最广的人来说，他所经验的社会的各相，一比起各种社会的全相来，那也只是九牛一毛。局促于自我经验范围之内，有许多人反而沾沾自喜，那是“夏虫不可以语冰”，由他们去笑冰好了；还有许多人，他们是不甘于自囿的，不过环境与生活牢笼着他们，不容许他们跳出那单调的类型的生活之外。这一般人的好奇心，如其社会不愿意它踏上堕落或是委琐的路，社会最好是让它去在文学之内寻得满足。文学是一切的伟大、奇特、繁复的体验的纪载的总和，无论何人，只要识字，便能由文学中取得他的好奇心所渴望的，一个充量的满足——一个优美的充量的满足，远强似那种不道德的去刺探邻家的隐情，远强似那种既不全真亦不甚美的报纸上的新闻。

这种给予好奇心以满足的文学并且是有功于人民福利的增进的。远一点说，狄更司（Dickens）[①]的小说中描写私立学校内的各种腐败、暴虐的实情，引起了社会的以及政府的注意，促成了英国的私立学校的改良；司徒夫人（Stowe）[②]作《黑奴吁天录》，痛陈当时美国的黑奴所受的非人道的待遇，将社会上一般人士对于这个问题的态度由漠视一转而为热烈的同情，以致局部的酿成那次解放黑奴的南北之战；近一点说，有高尔斯倭绥（Galsworthy）[③]的《正义》（*Justice*）一篇戏剧，它促成了英国监狱的改良。

---

① 现译狄更斯。

② 现译斯托夫人，美国作家，其代表作品《汤姆叔叔的小屋》又译作《黑奴吁天录》。

③ 今译高尔斯华绥，英国现实主义作家，1932 年获诺贝尔文学奖。

第二十八讲

文学的力量[①]

夏丏尊

文学的有力量是事实。在几千年前，我们中国就知道拿文学来做移风易俗、改革社会的工具，这用现在的用语来说，就是所谓文艺政策。足见文学的力量，自古就已经大家承认的了。到了现在，因了印刷与交通的进步，识字者的增多，文学的力量愈益加增。我们可以说，文学的力量是非常之大的，只要看《黑奴吁天录》一书使黑奴得到解放，青年人读《少年维特的烦恼》有因而致自杀者，便可以明了。所以文学之有力量已是明白的事实，无须费词。今天所要讲的是以下三点：第一，文学的力量从何而来；第二，文学力量的特点；第三，文学对于读者发生力量需要什么条件。

一、文学的力量从何而来

我以为要讲文学的力量发生，应先讲文学的本身。文学的作品如诗歌小说之类，和“等因奉此”的公文，“天地元黄、宇宙洪荒”的千字文性质不同。文学的特性第一是“具象”。我们平常说话不一定是文学的，但如果用文学的方法来说，便成为文学的了。譬如我们说：“日子过得很快。”这句话语不足称为文学。如果我们要使它文学化，第一就应当使其能够使人感觉到，既是使其具象化。于是我们便说：“流光容易把人抛，红了樱桃，绿了芭蕉。”这样

① 原载1933年8月31日出版《上海市教育局无线电广播演讲集》，据1992年版《夏丏尊散文全编》校订。

便成为文学的说法了。为什么？因为后边的一句是具象化的:“抛”,“红”,“绿”,“樱桃”，“芭蕉”，都是可用感觉机关来捉摸的事象，比“日子过得很快”的说法有声有色得多。再好像我们听见人家说某某地方打仗，死了很多人。这句话当然使我们感动，但若我们果然亲身到了那个地方，眼睛看见累累的尸身，狰狞可怖，那我们所得的印象一定更深了。可见愈具象的事情愈能使人感动。文学的力量也是同样发生的。通常说，中国人胆子小，爱面子，爱虚荣，因为了这些劣根性，于是中国人到处吃亏。但是只讲我们中国人有这些不良的品性，我们听了感动甚少。经鲁迅氏在《阿Q正传》中，假了名叫阿Q的一个人，加以一番具体的描写，便深刻多了。

文学的力量是从“具象”来的，不具象就没有力量。

文学的特性，第二是情绪的。这情绪也是使文学有力的一个条件。大凡告诉人家一件事情使他去做，有好几种的方法，或是用知识，或是诉之于情感。知识能够使人知道“如此这般”，但是很不容易使人实行。如果用情感就不同了。我们用情感使人做一件事，若是能使对方动情，对方自然便去做了。所谓“情不自禁”者，就是指这现象的话。文学的作品并不告诉人家如何如何，只把客观的事实具象的写下来，使人自己对之发生一种情绪，取得其预期的效果。

以上是讲文学本身发生力量的缘由。次之，文学的力量还可以从文学作者发生。文学作者的敏感，也是使文学有力量的原因。所谓文学作者，便是那些感情和观察力比较常人来得敏捷的写作的人：普通人看不见的，他们能够看见；普通人感觉不到的，他们感觉得到；普通人想不到的，他们也想得到。因为文学作者对于社会、对于事物的观感，比常人特别强，所以社会有变动时，先觉者往往是文学作者。世间事件所含奥秘，一般人往往不能见到，经文学作者提醒以后，方才注意及之。譬如讲到妇女解放问题，最初发动的是文学作者易卜生，他的名剧《娜拉》便是妇女解放的先声。美洲的黑奴解放，普通人都归功于《黑奴吁天录》一书。因为人生很微细的地方，文学作者都能看得到，因而把他的敏感观察得到的东西发为创作，自然会使人佩服，对读者有力量了。

所以，文学的力量的来源，可以分做两部分：第一从文学本质而来的，由于具象，由于情绪；第二是从文学作者方面来的，便是由于作者的敏感。

二、文学力量的特点

文学的力量是感染的力量，不是教训。教训的力量是带有强迫性的，文学的力量是没有强迫性的，是自由的。近来常有一种作品，带着浓厚的教训性，露骨地显露着某种的教训。这些作品往往缺乏具象与真实的情绪，与其说是文学作品，不如说是口号的改装。口号是一种号令，具有强烈的强迫性，真正的文学的力量，性质决非如此。文学并非全没教训，但是文学所含的教训乃系诉之于情感。文学对于世界，显然是负有使命的。文学之收教训的结果，所赖的不是强制力，而是感染力。良师对于子弟，益友对于知己，当施行教训的时候，常极力避用教训的方式，而用感化的方法，结果往往得到更大的功效。文学的力量亦正如此。

三、文学对读者发生力量的条件

文学的力量是不普遍的。文学需要着读者，某作家做了一本小说，如果国内读的人有了一万万，这一万万人也许都受了这本小说的感动，而还有三万万人没读这本小说的，是无法直接感动的。并且，一种文学作品并非对于任何读者都能发生效力。文学作品要对于读者发生效力，其主要条件是作者和读者之间的“共鸣”。作品对于读者有共鸣作用的便有力量，没有共鸣作用便无力量。这共鸣作用因空间时间而不同，因人的思想环境有别而各异。譬如讲失恋故事的作品，在我这个未曾尝过恋爱滋味的人读了，是不甚会发生共鸣的；西洋小说里面讲基督教的部分，在不懂基督教的人看来是不会发生兴趣的。一个作品里所表现的东西常有一般的与特殊的两种，大概描写一般的人性的东西，容易使多数人感动，对多数人发生有力量；至于叙写特殊的境遇的东西，如失恋的痛苦、孤儿的悲哀之类的东西，非孤儿和未曾尝过恋爱的滋味的人看了，感动要比较少。《红楼梦》是一部著名的小说，写林黛玉有许多动人的地方，但是这书在一百年前的闺秀眼中，和在现今的“摩登”小姐眼中，情形便不一样，她们的感受一定不大相同。某种作品有某种读者，《啼笑因缘》的读者和《阿Q正传》的读者，根本上是不同的人。

把上面的话归纳起来，就是：文学是有力量的。文学的力量由具象、情绪和作者的敏感而来；文学的力量，其性质是感染的，不是强迫的；文学作品对于读者发生力量，要以共鸣作用为条件。

第二十九讲

文学的美——读Puffer的《美之心理学》①

朱自清

美的媒介是常常变化的，但它的作用是常常一样的。美的目的只是创造一种“圆满的刹那”；在这刹那中，“我”自己圆满了，“我”与人，与自然，与宇宙，融合为一了，“我”在鼓舞、奋兴之中安息了。（Perfect moment of unity and self completeness and repose in excitement）我们用种种方法，种种媒介，去达这个目的：或用视觉的材料，或用听觉的材料……文学也可说是用听觉的材料的；但这里所谓“听觉”，有特殊的意义，是从“文字”听受的，不是从

① 据1925年3月30日《文学旬刊》校订。Puffer，即美国心理学家、女权主义活动家埃塞尔·帕弗尔（Ethel D. Puffer，1872—1950），《美之心理学》（*The Psychology of Beauty*）是她写的一本通俗读物。

"声音"听受的。这也是美的媒介之一种，以下将评论之。

一

文学的材料是什么呢？是文字？文字的本身是没有什么的，只是印在纸上的形，听在耳里的音罢了。它的效用，在它所表示的"思想"。我们读一句文，看一行字时，所真正经验到的是先后相承的，繁复异常的，许多视觉的或其他感觉的影像（Image），许多观念，情感，论理的关系——这些一一涌现于意识流中。这些东西与日常的经验或不甚相符，但总也是"人生"，总也是"人生的网"。文字以它的轻重疾徐，长短高下，调节这张"人生的网"，使它紧张，使它松弛，使它起伏或平静。但最重要的还是"思想"——默喻的经验；那是文学的材料。

现在我们可以晓得，文字只是"意义"（Meaning）；意义是可以了解，可以体验（Lived through）的。我们说"文字的意义"，其实还不妥当；应该说"文字所引起的心态"才对。因为文字的表面的解说是很薄弱的，近似的；文字所引起的经验才是整个的，活跃的。文字能引起这种完全的经验在人心里，所以才有效用；但在这时候，它自己只是一个机缘，一个关捩[①]而已。文学是"文字的艺术"（Art of words）；而它的材料实是那"思想的流"，换句话说，实是那"活的人生"。所以Stevenson[②]说，文学是人生的语言（Dialect of Life）。

有人说，"人生的语言"，又何独文学呢？眼所见的诸相，也正是"人生的语言"。我们由所见而得了解，由了解而得生活；见相的重要，是很显然的。一条曲线，一个音调，都足以传无言的消息；为什么图画与音乐便不能做传达经验——思想——的工具，便不能叫出人生的意义，而只系于视与听呢？持这种见解的人，实在没有知道言语的历史与价值。要知道我们的视与听是在我们的理解（Understanding）之先的，不待我们的理解而始成立的；我们常为视

---

① 捩，音 liè。关捩，即关键，机关。

② 史蒂文森（Robert Louis Stevenson，1850—1894），英国著名文学家。

与听所左右而不自知，我们对于视与听的反应，常常是不自觉的。而且，当我们理解我们所见时，我们实已无见了；当我们理解我们所闻时，我们实已无闻了：因为这时是只有意义而无感觉了。虽然意义也需凭着残留的感觉的断片而显现，但究非感觉自身了。意义原是行动的关捩，但许多行动却无需这个关捩；有许多熟练的，敏速的行动，是直接反应感觉，简截不必经过思量的。如弹批亚娜[①]、击剑、打弹子，那些神乎其技的，挥手应节，其密如水，其捷如电，他们何尝不用视与听，他们何尝用一毫思量呢？他们又那里来得及思量呢？他们的视与听，不曾供给他们以意义。视与听若有意义，它们已不是纯正的视与听，而变成了或种趣味了。表示这种意义或趣味的便是言语；言语是弥补视与听的缺憾的。我们创造言语，使我们心的经验有所托以表出；言语便是表出我们心的经验的工具了。从言语进而为文字，工具更完备了。言语文字只是种种意义所构成；它的本质在于"互喻"。视与听比较的另有独立的存在，由它们所成的艺术也便大部分不须凭借乎意义，就是，有许多是无"意义"的，价值在"意义"以外的。文字的艺术便不然了，它只是"意义"的艺术，"人的经验"的艺术。

还有一层，若一切艺术总须叫出人生的意义，那么，艺术将以所含人生的意义的多寡而区为高下。音乐与建筑是不含什么"意义"的，和深锐、宏伟的文字比较起来，将沦为低等艺术了？然而事实决不如是，艺术是没有阶级的！我们不能说天坛不如《离骚》，因为它俩各有各的价值，是无从相比的。因此知道，各种艺术自有其特殊的材料，决不是同一的，强以人生的意义为标准，是不合式的。音乐与建筑的胜场，决不在人生的意义上。但各种艺术都有其材料，由此材料以达美的目的，这一点却是相同的。图画的材料是线，形，色；以此线线，形形，色色，将种种见相融为一种迷人的力，便是美了。这里美的是一种力，使人从眼里受迷惑，以渐达于"圆满的刹那"。至于文学，则有

① 钢琴。

"一切的思想，一切的热情，一切的欣喜"作材料，以融成它的迷人的力。文学里的美也是一种力，用了"人生的语言"，使人从心眼里受迷惑，以达到那"圆满的刹那"。

二

由上观之，文字的艺术，材料便是"人生"。论文学的风格的当从此着眼。凡字句章节之所以佳胜，全因它们能表达情思，委曲以赴之，无微不至。斯宾塞论风格哲学（Philosophy of style），有所谓"注意的经济"（Economy of Attention），便指这种"文词的曲达"而言；文词能够曲达，注意便能集中了。裴德（Pater）[①]也说，一切佳作之所以成为佳作，就在它们能够将人的种种心理曲曲达出；用了文词，凭了联想的力，将这些恰如其真的达出。凡用文词，若能尽意，使人如接触其所指示之实在，便是对的，便是美的。指示简单感觉的字，容易尽意，如说"红"花，"白"水，使我们有浑然的"红"感，"白"感，便是尽意了。复杂的心态，却没有这样容易指示的。所以莫泊桑论弗老贝尔[②]说，在世界上所有的话（Expressions）之中，在所有的说话的方式和调子之中，只有"一种"——一种方式，一种调子——可以表出我所要说的。他又说，在许多许多的字之中，选择"一个"恰好的字以表示"一个"东西，"一个"思想；风格便在这些地方。是的，凡是"一个"心态或心象，只有"一"字，"一"句，"一"节，"一"篇，或"一"曲，最足以表达它。

文字里的思想是文学的实质。文学之所以佳胜，正在它们所含的思想。但思想非文字不存，所以可以说，文字就是思想。这就是说，文字带着"暗示之端绪"（Fringe of suggestion），使人的流动的思想有所附着，以成其佳胜。文字好比月亮，暗示的端绪——即种种暗示之意——好比月的晕；晕比月大，暗示也比文字的本义大。如"江南"一词，本意只是"一带地方"；但是我们见此

① 沃尔特·佩特（Walter Patter，1839—1894），英国文艺理论家。

② 即福楼拜（1821—1930），法国作家。

二字，所想到的决不止“一带地方，在长江之南”而已，我们想到“草长莺飞”的江南，我们想到“落花时节”的江南，我们或不胜其愉悦，或不胜其怅惘。——我们有许多历史的联想，环境的联想与江南一词相附着，以成其佳胜。言语的历史告诉我们，言语的性质一直是如此的。言语之初成，自然是由摹仿力（Imitative power）而来的。泰奴（Talne）[①]说得好：人们初与各物相接，他们便模仿它们的声音；他们撮唇，拥鼻，或发粗音，或发滑音，或长，或短，或作急响，或打胡哨。或翕张其胸膛，总求声音之毕肖。

文字的这种原始的摹仿力，在所谓摹声字（Onomatopoetic words）里还遗存着；摹声字的目的只在重现自然界的声音。此外还有一种摹仿，是由感觉的联络（Associations of sensations）而成。各种感觉，听觉，视觉，嗅觉，触觉，运动感觉，有机感觉，有许多公共的性质，与他种更复杂的经验也相同。这些公共的性质可分几方面说：以力量论，有强的，有弱的；以情感论，有粗暴的，有甜美的……如清楚而平滑的韵，可以给人轻捷和精美的印象（仙、翩、旋、尖、飞、微等字是）；开阔的韵可以给人提高与扩展的印象（大、豪、茫、翛、张、王等字是）。又如难读的声母常常表示努力、震动、猛烈、艰难、严重等（刚、劲、崩、敌、窘、争等字是）；易读的声母常常表示平易、平滑、流动、温和、轻隽等（伶俐、富、平、袅、婷、郎、娈、娘等字是）。

以上列举各种声音的性质，我们要注意，这些性质之不同，实由发音机关动作之互异。凡言语文字的声音，听者或读者必默诵一次，将那些声音发出的动作重演一次——这种默诵，重演是不自觉的。在重演发音动作时，那些动作本来带着的情调，或平易，或艰难，或粗暴，或甜美，同时也被觉着了。这种“觉着”，是由于一种同情的感应（Sympathetic induction），是由许多感觉联络而成，非任一感觉所专主；发音机关的动作也只是些引端而已。和摹声只系于外面的听觉的，繁简迥殊。但这两种方法有时有联合为一，如“吼”字，一面

① 即《艺术哲学》的作者丹纳（1828—1893），一译泰纳。

是直接摹声，一面引起筋肉的活动，暗示“吼”动作之延扩的能力。

文字只老老实实指示一事一物，毫无色彩，像代数符号一般；这个时期实际上是没有的。无论如何，一个字在它的历史与变迁里，总已积累着一种暗示的端绪了，如一只船积累着螺蛳一样。瓦特劳来（Water Raleigh）①在他的风格论里说，文字载着它们所曾含的一切意义以行；无论普遍说话里，无论特别讲演里，无论一个微细的学术的含义，无论一个不甚流行的古义，凡一个字所曾含的，它都保留着，以发生丰富而繁复的作用。一个字的含义与暗示，往往是多样的。且举以“褐色”（Gray）一词为题的佚名论文为例，这篇文是很有趣的！

褐色是白昼的东西的宁静的颜色，但是凡褐色的东西，总有一种不同的甚至奇异的感动力。褐色是氄②毛的颜色，魁克派（Quaker 教派名）长袍的颜色，鸠的胸脯的颜色，褐色的日子的颜色，贵妇人头发的颜色；而许多马一定是褐色的……褐色的又是眼睛，女巫的眼睛，里面有绿光，和许多邪恶。褐色的眼睛或者和蓝眼睛一般温柔，谦让而真实；荡女一定有褐色的眼睛的。

文字没“有”意义，它们因了直接的暗示力和感应力而“是”意义。它们就是它们所指示的东西。不独字有此力，文句、诗节（Verse）皆有此力；风格所论，便在这些地方。有字短而音峭的句，有音响繁然的句，有声调圆润的句；这些句形与句义都是一致的。至于韵律、节拍，皆以调节声音，与意义所关也甚巨，此地不容详论。还有“变声”（Breaks）和“语调”（Variations）的表现的力量，也是值得注意的。（“变声”疑是句中声音突然变强或变弱处；“语调”疑是同字之轻重异读。此两词是音乐的术语；我不懂音乐，姑如是解，待后改正。）

---

① 即沃尔特·雷利（Walter Raleigh，1861—1922），英国作家，曾任牛津大学教授。所著《风格》（*Style*）出版于 1897 年。

② 音 rǒng。鸟兽细软而茂密的毛。

第三十讲

文学的形式[①]

老　舍

我们曾经夸奖过萧统[②]的选文方法，因为它给文与非文划出一条界限。但是，我们不满意他的分类法。他把所选的文章分成：赋，诗，骚，七，诏，册，令，教，表，上书，启，弹事，笺，奏记，书，檄，对问，设论，辞，序，颂，赞，符命，史论，史述赞，论，连珠，箴，铭诔，哀，碑文，墓志，行状，吊文，祭文等类。这样的分类法是要给"随时变改，难以详悉"的文艺作品一个清楚的界划，逐类列文，以便后学对各体都有所本。但是，诗，七，赋等，因为有一定的形式，可以提出些模范作品；至于序，史论，论等，是没有一定结构与形式的，怎能和诗、七等对立呢？设若不论是诗赋，是序论，全以内容的好坏为入选的标准，不管它们的形式，那就无须分这么多类。可是不分类吧，诗赋等不但是内容不同，形式也是显然的有分别，而且忽略了这形式之美即失去许多对它们的欣赏。这个混乱从何而起呢？因为根本没弄清诗与散文的分别。不弄清这个分别永远不能弄清文学的形式。文学的形式只能应用于诗，因为诗是在音节上，长短上，有一定的结构的。泛言诗艺，诗的内容与形式便全该注意；严格的谈诗的组织便有诗形学（Prosody）。诗形学不足以使人明白了诗，但它确是独立的一种知识。散文中可有与诗形学相等的东西没有

① 据 2008 年版《老舍全集》第 16 卷校订。

② 萧统（501—531），南朝梁武帝萧衍长子，文学家。谥号昭明。曾主持编辑《文选》，世称《昭明文选》。

呢？没有。那就是说，诗与散文遇到一处的时候，诗可以列阵以待，而散文总是一盘散沙。那么，在形式上散文既不能整起队伍来，而要强把它像诗一样的排好，怎能不混乱呢？

后来，姚鼐的《古文辞类纂》，把文章分为十三类：论辩，词赋，序跋，诏令，奏议，书说，哀祭，传志，杂记，赠序，颂赞，铭箴，碑志。这虽然比萧统的分法简单了，知道以总题包括细目；可是又免不了脱落的毛病，如林语堂先生所说："……姚鼐想要替文学分十三体类，而专在箴铭赞颂奏议序跋钻营，却忘记了最富于个性的书札，及一切想象的文学（小说、戏曲等）。"（《新的文评序》）不过，林先生所挑剔的正是这种分类法必然的结果：强把没有一定形式的东西插上标签，怎能不发生错误呢？再退一步讲，就是这种分类不是专顾形式，而以内容为主，也还免不了混乱：到底文艺作品的内容只限于所选的这些题目呢，还是不止于此？况且这十三类中分明有词赋一类，词赋是有定形的。

曾国藩更比姚鼐的分类法简单些，他把文艺分成三门十一类。他对于选择文章确有点见识，虽与萧统相反，而各有所见。萧是大胆的把经史抛开；曾是把经史中具有文学价值的东西拉出去交给文学——《经史百家杂抄》。他似乎也看到韵文与散文的分别，不过没有彻底的明白。对论著类他说：著作之无韵者。对词赋类他说：著作之有韵者。以有韵无韵分划，似乎有形式可寻，但这形式是属于一方面的，以无形式对有形式——以词赋对论著。但是无论怎么说吧，他似乎是想到了形式方面。至于到了序跋类，他便没法维持这有韵与无韵的说法，而说：他人之著作序述其意者。这是由形式改为内容了。以内容分类可真有点琐碎了：传志类是所以记人者，叙记类是所以记事者，典志类是所以记政典者……那么，那记人记事兼记政典者又该分列在哪里呢？有一万篇文章便有一万个内容，怎能把文艺分成一万类呢？况且以内容分类是把那有形式的诗赋也牵扯在泥塘里，不拿抒情诗史诗等分别，而拿内容来区划，这连诗形学也附带着拆毁了。

那么，以文人的观点为主，把文学分为主观的与客观的，妥当不妥当呢？像：

（主观的）

散文——议论文

韵文——抒情诗

（客观的）

叙记文

叙事诗

（主观的客观的）

小说

戏剧

这还是行不通。主观与客观的在文章里不能永远分划得很清楚的，在抒情诗里也有时候叙述，在戏剧里也有抒情的部分——这在古代希腊戏剧与元曲中都是很显明的。况且，这还是以散文与韵文对立，我们在前面已说过散文在形式上是没有与韵文对立的资格。

有人又以言情，说理，记事等统系各体，如诗歌颂赞哀祭等是属于言情的，议论奏议序跋等是属于说理的，传志叙记等是属于记事的。这还是把诗歌与散文搀混在一处说，势必再把诗歌分成言情，说理，记事的。这样越分越多，而且一定越糊涂。

那么，我们应当怎样研究文学的形式呢？这很简单，诗形学是专研究诗的形式的，由它可以认识诗的形式，它是诗形的科学。散文呢？没有一定的形式，无从研究起。自然小说与戏剧的结构比别种散文作品较为固定，但是，它们的形式仍永远不会像诗那样严整，永远不会有绝对的标准（此处所说的戏剧是近代的，不是诗剧）。

我们为什么一定要研究形式呢？有的人愿对于这个作一种研究。但是这不足说明它的重要。我们应提出研究形式对于认识文学有什么重要：

一、文学形式的研究足以有助于看明文学的进展。请看Richard Green Moulton[①]的最有意思的表解（见下）。

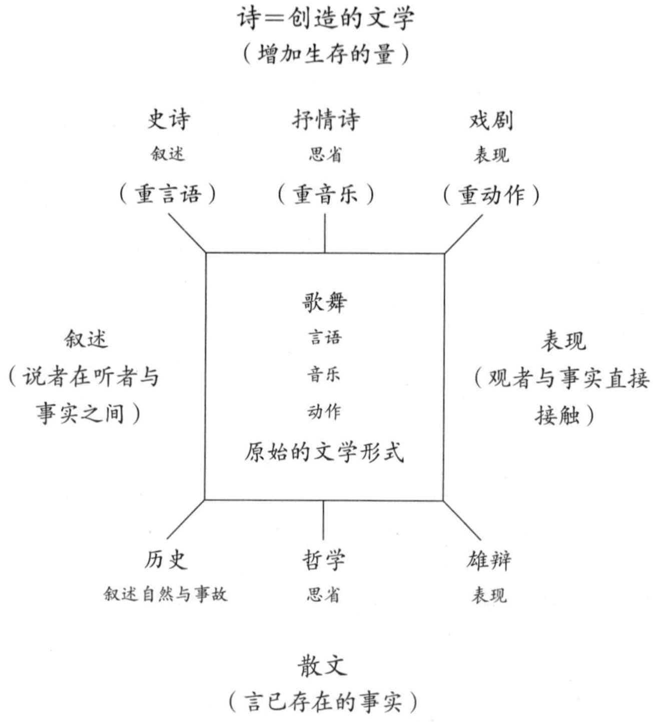

由上表我们看出文学的起源是歌舞，其余的文艺品都是由此分化出来的。这足以使我们看清文艺各枝的功能在哪里：戏剧是重动作的，抒情诗是重音乐的……而且还足以说明文学形式虽不同，可是并非界划极严，因为文艺都是一母所生的儿女，互有关联，不能纯一。

二、由文学形式可以认识文艺作品。Moulton说：清楚的明白外形是深入一切文艺内容与精神的最重要的事。他又说：假如一个人读一本戏剧，而他以为是念一篇文章，一定是要走入迷阵的。他并且举出证据，说明文艺形式的割裂足以损失内容的含义，如《圣经》中的主祷文，原来的形式是：

① 理查德·格林·莫尔顿（1849—1924），美国学者。曾在芝加哥大学任教。

我们在天上的父：

　愿人尊你的名为圣，

　愿你的国降临，

　愿你的旨意实现，

在地上如同在天上。

可是在英译本中，“在地上如同在天上”只与“愿你的旨意实现”联结起来。这样割裂了原来的形式，意思也就大不同了。按着原来的形式，这最后的一句原是总承上三句的。

我们因此可以想到，不按着词的形式而读词要出多少笑话。

三、形式有时是创造的启示。形式在一种意义之下是抒情诗，史诗，诗剧等的意思。在创造的时候，心中当然有个理想的形式，是要写一首抒情诗呢，还是一出戏剧？这个理想的形式往往是一种启示。只有内容永远不能成为诗，诗的思想，精神，音乐，故事，必须装入（化入或炼入较好一些）诗的形式中，没有诗的形式便没有诗；只记住诗的内容而谈诗总不会谈到好处的。因此，要把思想、故事等化入什么形式中，有时是诗人的先决问题。东坡的摹陶，白居易的乐府，和其余的大诗人的拟古，便多半受了形式的启示。诗的体裁格架不是诗的一切，但是它确有足以使某种思想故事在某种体格之下更合适更妥当的好处。我们不能因为旧的形式而限制新形式的发展。但是新也好，旧也好，诗艺必须有形式。胡适之先生的新诗是显然由词变化出来的，就是那完全与旧形式无关属的新诗，也到底是有诗的形式，不然便不能算作诗。新诗的形式是作新诗的一种启示。新诗可以不要韵，不管平仄的规矩，但是总得要音乐，总得要文字的精美排列；这样，在写作之前，诗人必先决定诗的形式，不然，作出来的便不成为诗。他可以自己创造一种形式，可是不能不要形式。反对新诗的是不明白形式不是死定的，他们多半以诗形当作了诗艺。新诗人呢，为打破旧的形式而往往忽略了创造美好的新形式，因而他们的作品每缺乏了音乐与美好排列之美。这不是说要求新诗人们共同决定一种新的格律，是说形式之美是缺乏不得的。

四、形式与内容的关系。什么是内容？诗中的事实。什么是形式？诗的怎样表现。这样看，诗人的文字便是形式。

另有一种看法：事实的怎样排列是形式，诗人的字句是内容。这是把上一段的说法颠倒了一下。在上一段里，以《长恨歌》说吧，《长恨歌》的事实是内容，白居易的文字是形式。这里说，白居易的文字是内容，《长恨歌》的排列方法是形式。前者是要说明事实是现成的，唐明皇与杨玉环的事实是人人知道的，而白居易怎样诉说这件故事，给这件事一个诗的形式。后者是要说明诗人怎样把事实排列成一个系统，一个艺术的单位，便是诗的形式。假如他未能艺术的把事实排列好，东边多着一块，西边短着一块，头太大或脚太小，便是破坏了形式之美。前者是注重表现，后者是注重排列。后者似乎以诗完全当作形式，和看雕刻的法子差不多了。

这两种看法在应用于文学批评的时候似乎有些不易调和，因为一个是偏重表现的字句，一个偏重故事的穿插。但是它们都足以说明形式的重要，并且都足以说明形式不仅是体格规律，而且应由诗人自由设计；怎样说，怎样排列，是诗人首当注意的。格式是死的，在这死板的格式中怎样述说，怎样安排，是专凭诗人的技能。格式不错而没有独创的表现与艺术的排列还不能成为诗。

可是，这两种看法好似都有点危险：重表现的好似以为内容是不大重要的，随便挑选哪个事实都可以，只要看表现得美好与否。这好似不注重诗的感情与思想。重穿插的好似以为文字是不大要紧的，只要把事实摆列得完美便好了。这好似不注重诗的表现力。在这里我们应当再提到诗是创造的；文字与内容是分不开的，专看内容而抛弃了文字是买椟还珠，专看文字不看内容也是如此。诗形学是一种研究工夫；要明白诗必须形式与内容并重：音乐，文字，思想，感情，美，合起来才成一首诗。

我们决不是提倡恢复旧诗的格式，我们根本没有把形式只解释作格式；我们是要说明形式的重要，而引起新诗人对于它的注意。专研究形式是与文艺创作无关的；知道注重形式是足以使诗更发展得美好一些的。新的形式在哪里？从文字上，从音节上，从事实的排列上，都可以找到的。这样找到的不是死板的格式，是诗的形式。今日新诗的缺点不在乎没格式，而在乎多数的作品是没形式——不知道怎样的表现，不知道怎样的安排，不知道怎样的有音节。我们不要以为创作的时候，形式与内容是两个不相同的进程：美不是这二者的黏合者。“自然的一切形象与一些心象相交，这种心象的描写只能由以自然的形象为其图画。”（Emerson[①]）在一切美中必有个形式，这个形式永远是心感的表现。无表现力的感情，无形式之美的心境，是野蛮人的；打磨光滑而无情感的韵语是艺术的渣滓！形式之美离了活力便不存在。艺术是以形式表现精神的，但拿什么形式来表现？是凭美的怎样与心相感应。形式与内容是分不开的。形式成为死板的格式便无精力，精神找不到形式不能成为艺术的表现。

第三十一讲

文学的分类[②]

朱　湘

替文学来分类，是多事；不过，为了便利起见，文学可以分为诗歌、散文、小说、剧本、文学批评、传记、文章。

诗歌是诗加歌的意思。诗可以说是有三种：剧体诗、叙事诗、抒情诗。歌便是歌词。

剧体诗——第一步，分类者便碰上了绊脚的石头。把它列入剧本一类之

① 爱默生（1803—1882），美国作家。

② 此文原名《分类》，据北新书局 1934 年版《文学闲谈》校订。

中，不也是一样么？元曲，“莎士比亚”，这些都是剧体诗，不过同时，它们都是作来排演，并且必得要排演出来才能把优点全体的发挥出来的；那么，叫它们作剧本，或者还妥切些。只是习惯——习惯将它们列在诗歌这一类之中；所以，分类者只好替它们起一个便利的名字——剧体诗。自然，诗剧有两种，台上的与案上的；不过，明清两代的案上诗剧不也是排演了么，虽说观众只是文士与“雅人”，英国的Closet Plays[①]，好像丁尼生[②]与白朗宁[③]的，不也是排演了么，虽说它们在剧台上的寿命并不长久，好像夭折的颜回那样。在“开尔忒文艺复兴”运动之内，夏芝（Yeats）[④]还特意的要作诗剧，结果虽是成为案上的而本意仍是台上的。小剧院的兴起，使得诗剧在现代也有了排演的机会，即使是案上的诗剧。所以，无论是由那一方面看来，诗剧照理是应该列入剧本这文学类型之内的。也可以说是，并非戏剧的诗人要作诗剧，或是基于个性的，或是基于人性的需要，因之剧体诗便立定脚跟于诗歌之内了。白朗宁的案上诗剧虽是在剧院中失败了，他的剧体抒情诗，剧体浪漫事仍然是诗歌上的成功，并且，有合格的吟诵者之时，也能成功于正式的与非正式的小剧院内……吟诵，戏剧岂不便是由此发源的么？

在古代，一切的叙事诗都是预备吟诵或是歌唱的——史诗、罗曼司[⑤]、乐府（ballad）、弹词（Chant-fable——如《阿迦珊与尼各来特》[⑥]）。在当时，叙事诗与戏剧，与音乐是关系密切的：吟诵叙事诗的是一个人，戏剧在开端时也是那样；吟诵（recital）中的唱诵（chant），到现在仍然存在于音乐之内。一

① 案头戏，指只供阅读的剧本。

② 丁尼生（1809—1892），英国维多利亚时代诗人。

③ 现译勃朗宁，英国维多利亚时期代表诗人之一。

④ 现译叶芝，爱尔兰诗人、剧作家和散文家。

⑤ 英语Romance的音译，现通常译为罗曼史。指欧洲资产阶级革命以前流行的一种传奇文学，多以吟唱诗歌的方式出现。

⑥ 又译《屋卡珊和尼各莱特》（法文 *Aucassin et Nicolette*），有戴望舒译本；《何侃新与倪珂兰》，有邢鹏举译本。

直到近代，节奏的显明仍然是叙事诗内，写来阅读的叙事诗内，一种普遍的现象。

《阿迦珊与尼各来特》（*Aucassin et Nicolette*）这一类的弹词之内，有散文——唐宋小说不便是这样的么？到后来，散文的部分膨胀起来，韵文的部分萎缩下去。小说（散文的）便产生了。一直到现代，中国小说内那种排比体的章回名目，以及西方小说中那些章端所征引的诗行，仍然是弹词的韵文部分的遗迹。

抒情诗与歌在古代本是二合一的；所以要分开，是为了不得已的便利。例如，彭斯（Burns）所作的抒情诗都是预备谱入歌调的，同代的勃莱克（Blake）[①]所作的抒情诗都是不能谱入歌调的。绝句与词，无疑的，是歌。律诗，我推测，原来也是歌词。长短句想必是唱诵的。

只能讲散文小说——要是讲小说，那么，史诗，浪漫事（原是韵文），乐府都是小说了，叙事诗简直是整体的要取消了。便是散文小说，其中，除去上述的韵文遗留以外，也有各种的“文章”掺合着——例如，“爱琐”文（Essay），散文诗。中国小说有那些发议论的地方，它们都是“爱琐”文；西方小说，尤其是英国小说，内也有。费尔丁（Fielding）[②]、萨克雷（Thackeray）都在他们的小说里写有一些“爱琐”文，并且拿它们作为书内的章回，好像是作者自视为书内的人物、牧师，在那里宣读他们的布道文一样——辩护的说来，古代的小说都是由全知的立场写成的，这些布道文，技术的说来，并没有可以否定它们的存在的理由。现代的英国小说的滥觞者，孛特勒（Butler），在他的代表著作《凡肉之路》（*The Way of All Flesh*）内，也曾经利用过这种特象，结果是，他的一番议论成了这篇小说的内体的一部分，毫无赘瘤之弊。小说的对话内，作者有时也艺术的插入“爱琐”文，例如高尔斯华绥（Galsworthy）的代表著作《福西脱传说》（*The Forsyte Saga*）。至于散文诗存在

① 现译布莱克，英国第一位重要的浪漫主义诗人、版画家。

② 现译菲尔丁，英国作家。

于小说之内这一层——爱伦·坡的短篇小说，它们不是有一些便是散文诗么？

长篇小说之内可以有短篇小说，例如司各德（Scott）[①]的多种罗曼司；长篇小说也可以是由一些中篇小说，一些短篇小说聚拢而成的，例如史维夫特（Swift）[②]的《格里佛游记》,《镜花缘》《儒林外史》，以及多种的中国小说。

同样的，多幕剧内可以包括有独幕剧，古代的例如多种的《莎士比亚》，现代的例如高尔斯华绥的《正义》(*Justice*)（就中有一出哑剧）。不仅小说，剧本中也可以发议论。在易卜生的《傀儡之家》中，娜拉不是坐了下来，向她的丈夫、观众大发了一番议论么？便是由这一番不戏剧的议论之中，产生下来了现代的戏剧！

戏剧向文学宣布了独立，只留下了剧本给它。（在现代，编剧者吝于将剧本印行，文学还得要等。）文学批评也将要脱离文学了，它要去改隶于“批评学”了——如其门肯（Mencken）[③]在他的《偏见》(*Prejudices*）内所鼓吹的主张实行了的话。

至于传记，它本来便是一个两面的监诺司（Janus）[④]；历史与文学都可以据为己有。

有一种最重要的“文章”：“爱琐”文。这便是普通称为“小品文”的那种文章；不过我个人不满意于“小品文”这个名称，因为孟坦（Montaigne）[⑤]，在西方文学内是正式的写这种文章的第一人，他有许多Essays在篇幅上一毫不小，有的甚至大到数万字的篇幅，至于在品格上，他的Essays的整体是伟大的，更是公认的事实。他，以及西方的另一个伟大的“爱琐”文作家蓝姆

① 现译斯科特，英国诗人、小说家。

② 现译斯威夫特，爱尔兰作家、政论家。

③ 亨利·路易斯·门肯，美国作家、编辑。

④ 现译雅努斯。罗马人的门神，有两副面孔。

⑤ 现译蒙田，法国思想家、作家。

（Lamb）[1]，都是喜欢说琐碎话的。至于培根（Bacon），他的Essays，在文笔上，自然没有那种母亲式的琐碎，不过，在题材上，它们岂不也有一种父亲式的琐碎么？

第三十二讲

文学的标准与尺度[2]

朱自清

我们说“标准”，有两个意思。一是不自觉的，一是自觉的。不自觉的是我们接受的传统的种种标准。我们应用这些标准衡量种种事物种种人，但是对这些标准本身并不怀疑，并不衡量，只照样接受下来，作为生活的方便。自觉的是我们修正了的传统的种种标准，以及采用的外来的种种标准。这种种自觉的标准，在开始出现的时候大概多少经过我们的衡量；而这种衡量是配合着生活的需要的。本文只称不自觉的种种标准为“标准”，改称种种自觉的标准为“尺度”，来显示这两者的分别。“标准”原也离不了尺度，但尺度似乎不像标准那样固定；近来常说“放宽尺度”，既然可以“放宽”，就不是固定的了。这种“标准”和“尺度”的分别，在一个变得快的时代最容易觉得出；在道德方面在学术方面如此，在文学方面也如此。

中国传统的文学以诗文为正宗，大多数出于士大夫之手。士大夫配合君主掌握着政权。做了官是大夫，没有做官是士；士是候补的大夫。君主士大夫合为一个封建集团，他们的利害是共同的。这个集团的传统的文学标准，大概可

① 现译兰姆，英国散文家。

② 据文光书店1948年版《标准与尺度》校订。

用“儒雅风流”一语来代表。载道或言志的文学以“儒雅”为标准，缘情与隐逸的文学以“风流”为标准。

有的人“达则兼济天下，穷则独善其身”，表现这种情志的是载道或言志。这个得有“正其谊不谋其利，明其道不计其功”的抱负，得有“怨而不怒”“温柔敦厚”的涵养，得用“镕经铸史”“含英咀华”的语言。这就是“儒雅”的标准。有的人纵情于醇酒妇人，或寄情于田园山水，表现这种种情志的是缘情或隐逸之风。这个得有“妙赏”“深情”和“玄心”，也得用“含英咀华”的语言。这就是“风流”的标准。（关于“风流”的解释，用冯友兰先生语，见《论风流》一文中。）

在现阶段看整个的传统的文学，我们可以说“儒雅风流”是标准。但是看历代文学的发展，中间还有许多变化。即如诗本是“言志”的，陆机却说“诗缘情而绮靡”。“言志”其实就是“载道”，与“缘情”大不相同。陆机实在是用了新的尺度。“诗言志”这一个语在开始出现的时候，原也是一种尺度；后来得到公认而流传，就成为一种标准。说陆机用了新的尺度，是对“诗言志”那个旧尺度而言。这个新尺度后来也得到公认而流传，成为又一种标准。又如南朝文学的求新，后来文学的复古，其实都是在变化；在变化的时候也都是用着新的尺度。固然这种新尺度大致只伸缩于“儒雅”和“风流”两种标准之间，但是每回伸缩的长短不同，疏密不同，各有各的特色。文学史的扩展从这种种尺度里见出。

这种尺度表现在文论和选集里，也就是表现在文学批评里。中国的文学批评以各种形式出现。魏文帝的“论文”是在一般学术的批评的《典论》里，陆机《文赋》也许可以说是独立的文学批评的创始，他将文作为一个独立的课题来讨论。此后有了选集，这里面分别体类，叙述源流，指点得失，都是批评的工作。又有了《文心雕龙》和《诗品》两部批评专著。还有史书的文学传论，别集的序跋和别集中的书信。这些都是比较有系统的文学批评，各有各的尺度。这些尺度有的依据着“儒雅”那个标准，结果就是复古的文学，有的依据着“风流”那个标准，结果就是标新的文学。但是所谓复古，其实也还是求变化求新异；韩愈提倡古文，却主张务去陈言，戛戛独造[①]，是最显著的例子。古文运动从独造新语上最见出成绩来。胡适之先生说文学革命都从文字或文体的解放开始，是有道理的，因为这里最容易见出改变了的尺度。现代语体文学是标新的，不是复古的，却也可以说是从文字或文体的解放开始；就从这语体上，分明的看出我们的新尺度。

这种语体文学的尺度，如一般人所公认，大部分是受了外国的影响，就是依据着种种外国的标准。但是我们的文学史中原也有这样一股支流，和那正宗的或主流的文学由分而合的相配而行。明代的公安派和竟陵派自然是这支流的一段，但这支流的渊源很古久，截取这一段来说是不正确的。汉以前我们的言和文比较接近，即使不能说是一致。从孔子“有教无类”起，教育渐渐开放给平民，受教育的渐渐多起来。这种受了教育的人也称为“士”，可是跟从前贵族的士不同，这些只是些“读书人”。士的增多影响了语言和文体，话要说的明白，说的详细，当时的著述是说话的纪录，自然也是这样。这里面该有平民语调的参入，虽然我们不能确切的指出。汉代辞赋发达，主要的作为宫廷文学；后来变为远于说话的骈俪的体制，士大夫就通用这种体制。可是另一方面，游历了通都大邑名山大川的司马迁，却还用那近乎说话的文体作《史记》，古里古怪的扬雄跟《问孔》《刺孟》的王充，也还用这种文体作《法言》和《论衡》；而乐府诗来自民间，不用问更近于说话。可见这种文体是废不掉的。就是骈俪文盛行的时代，也还有《世说新语》，记录那时代的说话。到了唐代的韩愈，提倡“气盛言宜”的古文，“气盛言宜”就是说话的调子，至少是近于说话的调子，还有语录和笔记，起于唐而盛于宋，还有来自民间的词，这些也都用着说话或近于说话的调子。东汉以来逐渐建立起来的门阀，到了唐代中叶垮了台，“寻常百姓”的士又增多起来，加上宋代印刷和教育的发达，所以

① 形容文章别出心裁，富有独创精神。

那种详明如话的文体就大大的发达了。到了元明两代，又有了戏曲和小说，更是以说话体就是语体为主。公安派竟陵派接受了这股支派，努力想将它变成主流，但是这一个尝试失败了。直到现代，一个新的尝试才完成了语体文学，新文学，也就是现代文学。

从以上一段语体文学发展的简史里可以看出种种伸缩的尺度。这些尺度大体上固然不出乎“儒雅”和“风流”那两个标准，可是像语录和笔记，有些恐怕只够“儒”而不够“雅”，有些恐怕既不够“儒”也不够“雅”，不够“雅”因为用俗语或近乎俗语，不够“儒”因为只是一些细事，无关德教，也与风流不相干。汉乐府跟《世说新语》也用俗语，虽然现在已将那些俗语看作了古典。戏曲和小说有的别忠奸，寓劝惩，叙风流，固然够得上标准，有的却不够儒雅，不算风流。在过去的文学传统里，这两种本没有地位，所谓不在话下。不过我们现在得给这些不够格的分别来个交代。我们说戏曲和小说可以见人情物理，这可以叫做“观风”的尺度,《礼记》里说诗可以“观民风”；可以观风，也就拐了弯儿达到了“儒雅”那个标准。戏曲和小说不但可以观民风，还可以观士风，而观风就是写实，就是反映社会，反映时代。这是社会的描写，时代的纪录。在我们看来，用不着再绕到“儒雅”那个标准之下，就足够存在的理由了。那些无关政教也不算风流的笔记，也可以这么看。这个“人情物理”或“观风”的尺度原是依据了“儒雅”那个标准定出来的，可是唐代中叶以后，这个尺度似乎已经暗地里独立运用，这已经不是上德化下的尺度而是下情上达的尺度了。人民参加着定了这个尺度，而俗语的参入文学，正与这个尺度配合着。(后略)

第三十三讲

文学的严肃性[①]

朱自清

严肃这个观念在我们现代文学开始发展时是认为很重要的。当时与新文学的创造方面对抗的是鸳鸯蝴蝶派，礼拜六派的小说。他们的态度，不论对文学、对人生，都是消遣的。新文学是严肃的。这严肃与消遣的对立中开始了新文学运动，尤其是新文学的创作方面。

本来在传统的文学里，所谓“文”的地位是不很高的。文章，小道也。在宋朝还有人说作文害道。作文对道学有害，这是一种极端的看法，作文至少是小道。这里面的小说，更是小而又小了，在新文学运动开始时，对人生先有一个严肃的态度。对文学，也有一个新的文学观念，这观念包括文学不是专门只为消遣，茶余酒后的消遣；他们认为文学有重大的使命和意义，这是一层。第二，文学并非小道，有其独立的地位。从前向来是不承认的，就是诗与文在文学中的地位很高，比起道来，仍然很差。五四运动开始时，反对“文以载道”，因为这样一说，文便成为一种无足轻重的东西，主要的是道。道把文压下来，所以要反对。但当时新文学运动如何表现这两个观念呢？这还得和鸳鸯蝴蝶派对比着来看。

鸳鸯蝴蝶派的小说，写的多是恋爱故事，但不是当作一件严肃的事情（有时也有为恋爱而恋爱），总带点把恋爱当游戏的态度。看小说的，也是茶余酒后，躺在床上看看。虽然看到悲哀的时候，也流几滴眼泪，但总不认真似的。

① 据1988年版《朱自清全集》第4卷校订。

他们的文学大部分是文言，就是用白话，也是从旧小说里抄来的，不免油腔滑调。新文学在文字方面的态度很认真，教你不能不认真的看。有的人看惯了旧的，看新的作品觉得太正经，不惯，在内容方面，注重攻击礼教，讽刺社会，发掘中国社会的劣根性而表现出来，在这方面见出认真的态度。

鸳鸯蝴蝶派的小说，倒合乎中国小说的传统，中国小说本来是着重在"奇"的。如唐朝的"传奇"，明朝的短篇集叫"拍案惊奇"。奇就是不正经，小说就要为的奇。我们幼时，看小说还叫看闲书。小说自身就以不正经自居。明朝虽有《警世通言》《醒世恒言》《喻世明言》，名称上似乎注重社会的作用。但这三种书被选出编成《今古奇观》，足见仍然也是以"奇"为主。鸳鸯蝴蝶派的小说就在满足好奇的趣味，所以能得到许多读众。新文学却不要奇。奇对生活的关系较少。要正，要正视生活。反礼教，反封建，发掘社会病根，正视社会国家人生，因此他们在写作上是写实的，即如犯人日记[①]，里面虽然是象征意义，但却用写实笔法来写，这种严肃的态度，维持不断。直到后来，社会比较安定些，知识阶级的生活也安定下来，于是严肃的态度改变了，产生言志载道的问题。

新文学初期反对载道，这时候便有人提倡言志。所谓言志，实在是玩世不恭，追求趣味。趣味只是个人的好恶，这也是环境的反映，当时政治上还是混乱，这种态度是躲避。他们喝酒，喝茶，谈窄而又窄的身边琐事。当时许多人如此，连我也在内，但这种情形经过的时间很短，从言志转到了幽默。好像说酒要一口一口地喝，还不成，一直要幽默到没有意义，为幽默而幽默，一面要说话，一面却要没有意义，这也是一种极端。生活的道路，越走越窄，一切都没有意义，变成要贫嘴，说俏皮话，这明明白白回到了消遣。

人生原是两方面的，时代的压迫稍松，便走到这一边来。但中国的情形不允许许多人消遣。结果，消遣的时间很短，又回过头来，大家认为这种态度要

---

① 此处全集本为《犯人日记》，据 1947 年第 34 期《书报精华》杂志转载的这篇文章，犯人日记应为《狂人日记》。

不得。于是更明白的提出严肃的口号，鲁迅先生介绍了一句话：“一方面是严肃的工作，一方面是荒淫与无耻。”这两者相对比严肃和消遣相对更尖锐，这表示时代要求严肃更迫切了。

这里应该补充一点。创造社的浪漫和伤感成为一时的风气，那是那个时代个人求解放的普遍趋势。个人生活中灵肉的冲突是生死问题，是严肃的问题，民国十四年五卅以后，反封建、反帝更是迫切。大家常提起鲁迅先生介绍的那句话，并且从工作扩大到行动。于是文学运动又回到严肃。

现在更是严肃的时期。新文学开始时反对文以载道，但反对的是载封建的道。到现在快三十年了，看看大部分作品其实还是在载道，只是载的是新的道罢了。三十年间虽有许多变迁，文学大部分时间是工具，努力达成它的使命和责任，和社会的别的方面是联系着的。

第三十四讲

文学与语言①

朱自清

关于这个问题，今天讲的只是常识方面的几句话，打算分作五项讲：

（一）口语与写作

大家都知道，口语在前，写作在后，就是说先有语言，后有文字。口语记录便成功文字。口语跟文字不过是两种工具，用来发表思想表示感情。这两种

① 据 1993 年版《朱自清全集》第 8 卷校订。

工具有许多不同的地方，文言跟口语固然差别很多，白话跟口语也不尽同，言文一致只是一种理想，因为口语跟文言、白话的规则有差别，我们有所谓文法句法，应当还有语法。拿口语来讲：“他没有来偕？”这句话在文字上须写成“他还没有来？”又如“你吃饭过吗？”，要写成“你吃过饭吗？”才通。

在写作上散文与诗的句法也不相同。譬如“竹喧归浣女”，意思就是“竹喧浣女归”。有些人往往把诗看得很神秘，以为诗不合逻辑就越好，诗人的态度应该是蓄长发穿破皮鞋的。其实诗并无神秘，不过写法不同罢了。最近死去的陈之原，他在张之洞幕府里的时候，有一次伴着张之洞重九登高，做了一首七言律诗，第七句是“作健逢辰领元老”，张之洞看了很不高兴，他以为元老怎么会被人领呢？一被人领了便不元不老了。这句诗的本意就是“作健逢辰元老领”。张之洞也是个诗人，但是他把诗法与文法混在一块了。

其次说到口语，口语的好处，活泼、亲切、自然，说时有姿态、手势来帮助表情。如中国人的眨眨眼，摇摇头，洋人的耸耸肩膀，都表示一种感情。声调语气也有种种变化，有轻重快慢的不同。但说话只能对少数人，广播的说话可以对多数人，不过姿势表情没有了，又少修饰，很使人听得不耐烦。还是不能代替文字的写作。

写作的好处在条理清楚。它没有声调姿势的帮助，便利用条理。文字的简洁或增加，是经过一种选择的。这种选择便是修饰功夫。写作不但条理清楚，而且比说话经济。说五分钟话，写成文字，两分钟就看完了。

（二）白话与文言

白话与文言可说是两种语言。这两种语言的分别，弄清楚了有很多好处。一般人以为文言的阅读须经过脑筋翻译成白话才能明了。写文言文要把白话翻译成文言而后能写成文字。这是一种错误观念。这种观念大概是从学习外国语而来的。因为初学外国语时，须先经过一种翻译才能阅读和写作。其实写文言不必翻译，正如精通外国文的人写作和阅读不需要翻译一样。英文学得不好的人，写作时要先打中文稿子，结果便写成中国英文了。拿白话翻成文言，也就不能成真正文言。

有人说文言的好处在简单，白话太繁。这也是不对的，两者都有繁简。博士卖驴，写完三纸，不见驴字。这不是文言的繁吗？繁简只是写作艺术上的问题，不是文言和白话的分别。

就语汇和字汇来分别也不好，白话文中免不了有用文言字的。但就方式说，白话和文言就大不相同了。譬如说，“听父亲的话”，听来很顺耳，说“接受父亲的意见”，在一般年纪老一些的人听来便不大舒服了。五四以后，青年人的地位渐渐增高了，说“接受父亲的意见”便不觉怎样不对。“接受父亲的意见”这方式文言中是没有的。生活的改变，语言方式有了新的增加。

韩愈讲文气，他说：“气，水也；言，浮物也，水大而物之浮者，小大毕浮，气之与言犹是也。”这里所谓气，应该是新的语式，韩愈讲究文气，就是用新的语式加入文章。有人说韩愈复古，作古文，我以为他是革新，作新文体。明清的古文家，描写人的对话时，也极力想接近当时说话的口气。原因是当时的生活渐渐改变了，旧文体不能胜任，不得不有变化。最明显的改变是清末梁启超所倡的新文体。

五四提倡白话到现在，就文学说，刚立好基础。应用则已很广。至于公文等的应用，仍旧用文言。因为其中好多语式未改变，用文言写来比较方便。譬如：文言中的“尊著”，用白话写就是“你的著作”。这似乎太不客气。写作“你的大作”，便客气些，但就带着文言的味道了。再如“仁兄”这个称呼也不易改变。固然，直呼名字，在五四时认为前进；“你我”相称，可以表示亲热，若用于尊长，便见得太亲热了。也可说不大庄敬。

语言是有许多阶层的，正如社会有许多阶层一样。语汇和谈话方式各阶层自成一套。因为教育和环境的不同，所以对语言的了解力也不同。此是纵的方面。横的方面看，散文与诗有着差别，前面已经说过了，而骈文散文也不一样。例如：“远迹曹爽，洁身懿师。”这句子，依散文的观点来看，像是说阮籍追随着曹爽，其实这是远避的意思。因为骈文与散文在组织与文法上有很大的差别。

专就散文而论，桐城派的古文与从前的《大公报》的社评也不同。后者可称为新文言或变质的文言，其中夹上许多的新名词，而没有声调之美。古文读起来是可以摇头摆尾的，但读《大公报》的社评，头摇不起来，尾也摇不出来。所以我们必须用不同的眼光去观察，把它们看成两种东西。

（三）文字与文学

说到文字与文学，最好先从语言上着眼，语言可分表情的与达意的两种。譬如，你在食堂门口碰见朋友，问他“吃饭了没有？”不吃饭怎么到食堂里来呢？又如问外面进来的朋友，“有太阳没有？”太阳当然不会没有的。意思是说看没看见太阳。这些话都是没有什么意思的，不过表示一种对朋友的关心。目的不是达意而是表情。

文学大多是偏重在表示感情的，有人说文字使人知，文学使人感。有把文字的功用分为四种的。一表达意思，二表达感情，三表示口气，四表示目的。其实严格分别是不可能的。大概说来，文字要注重条理，文学更要注重具体描写。例如“五月榴花照眼明”;“枯藤老树昏鸦，小桥流水人家，古道西风瘦马。夕阳西下，断肠人在天涯”。都是凑合许多形象，如给人一幅画图一样。这是文学，不是文字。

诗是最文学的，所表示的感情特别强烈。有人以为诗与散文的不同，是在韵脚和节奏的有无，但骈文有节奏，赋有韵脚，这并不是诗。用诗意来分别也不好，散文中也有富于诗意的。就形式来分也很难，现在的分行的新诗有许多并不像诗。我看，比较保险的分法就是诗的表情比文更强烈一点。

（四）比喻与文学

比喻在口语中我们常常用到它，但在文学中，比喻尤其重要。山头，山脚，都是比喻，用惯了便不觉得。这种比喻是死的，还有活的比喻，如："这个人的舌头像刀一样"，"眼睛像星一样"，"日本人的泥脚"等等。

比喻是文学的重要的一部分，它的来源有二：改变旧的，或创造新的。诗人与文人必须常常制造比喻，改造比喻。典故也是一种比喻。放着许多典不用也觉可惜。不过典应有新的用法，偏僻的典不可用。

（五）组织与排列

这可分三节讲：

一、颠倒：为了文字的经济，有时要改变普通的组织排列。如韦应物的诗："独夜忆秦关，听钟未眠客。"意思上的次序是说一个孤独的旅人，夜里听着钟声，想念秦关而不能入眠。小说中也常有颠倒的写法，劈空而来，再转头说回去，这样更见得有力。

二、重复与夸张：重复就是兜着圈子说，表示加重意思。如古诗："行行重行行，与君生别离。相去万余里，各在天一涯。道路阻且长，会面安可知……"

再如："东边一棵杨柳树，西边一棵杨柳树。南边一棵杨柳树，北边一棵杨柳树。任他千万杨柳树，怎能挽得离情住？"说来说去，只是一个别离而已。

至于夸张，例子多不胜举。就说四川的山歌罢："你的山歌没得我的多，我的山歌比牛毛多。唱了三年六个月，没有唱完一只牛耳朵。"

三、声律与排比：声律是使文学美化的一个要素，旧诗中的音调都是很美的。新诗则利用节奏。

排比在古文学中甚占地位，白话文也少不了它。胡适之先生的文章大家说好，他就是喜欢用排比的，例如："写字的要笔好，杀猪的要刀好。"

今天讲的只是个大概，至于证例，诸位在阅读时常可找到的。

第三十五讲

文学与年龄[①]

朱　湘

电影院里，如其这次是开映着一种刺激力特别强烈的片子，总是悬起一块牌来，阻止十五岁以下的儿童入内观看。文学内也有不宜于“意志未坚”的少年的一种，虽说无从挂起禁止阅览的牌子。社会上对于这类的文学，也自有它的各种对付的办法：禁止发售；检查；家庭中，大人绝口不提《金瓶梅》，或是，晚辈提起了的时候，痛骂淫书；图书馆内，《十日谈》藏的是有，却不出借与学生阅览。社会要根本的铲除去这类的书籍，那当然是不可能的；不过，一个人没有达到相当的年龄，有些书籍确是也不宜于阅览，好像一个十五岁以下的学生，要是去作几千米突的竞走，那是只会有害于身体的。

一种的年龄需要一种的文学。中国从前是没有儿童文学的；大人聪明一点的，也只拿得出《桃花源记》《中山狼传》给一个十岁的儿童；这个儿童，被驱于内心的需要，被只得去寻求满足于《七侠五义》《今古奇观》，或是略能会意的《聊斋》之内。这些书，在白话小说史上，固自有相当的价值；就儿童说来，它们却并不是适宜的书籍。肉欲小说与侠义小说风行于今日，就中的缘故，除去社会的背景不说，有一个重要的，儿童时代缺乏适当的文学培养。

儿童文学也未尝没有与一般的文学类似的所在。插图，儿童文学内的一种要素，在成人文学内也是受欢迎的；动物，充斥于儿童文学之中的，也供给着材料，形成了许多优越的成人文学作品，如多篇的赋，咏物的诗，“Rad and

① 据北新书局1934年版《文学闲谈》校订。

His Friends"，"St.Joseph's Ass"，彭斯（Burns）的《田鼠诗》，孝素（Chaucer）[①]的《坎特伯里故事集》中那篇《女尼故事》；加厉[②]的文笔（Caricature），如其儿童是一致欢迎的，也同时能以满足成人的文学欲，在浪漫派的小说内，如雨果的《悲惨世界》，在写实派的小说内，如狄更司的各种长篇小说。都是文学，儿童文学与成人文学自然在许多点上消息相通，它们的歧异只在程度与方式之上。成人的意识中本来有一部分是童性的遗留。

好的儿童文学有时也是好的文学。《伊索寓言》，安徒生的"童话"，就了它们，无论是儿童或成人都可以取得高度的艺术的满足，"酸葡萄"这个来自《伊索寓言》中的词语仍然挂在成人、老者的口头；《皇帝的新衣》这篇童话同时也是一篇伟大的短篇小说。

莎士比亚的《仲夏夜梦》，如其有人将它的情节撮要的说给儿童听，一定能博得热烈的欢迎；莎氏在老年所作的《飓引》[③]（*The Tempest*），里面有一首诗——Where the bee sucks，there suck I——正是一篇极好的儿童诗歌教材。然而莎氏的戏剧，原来都是为了战士、商人、贵族，以及他种的剧院的观众而作的。

文学的统一性遍及于文学的领域之内，即使是儿童文学这个藩属。

浪漫体的文学是少年时代的一种最迫切的需要。这种体裁的文学，在教育上，是地位极为重要的。想象与体格的发展都在少年时代；处在这个时代内的少年，如其有健全的、积极的恋爱文学，健全的、优美的骑士文学给他们阅读，一定能培养成为想象丰富、魄力坚强的国民。如其只有那种消极的《红楼梦》《西厢》，那种充满了土气息，产生自不健全的社会背景的《水浒》，甚至于那种"诲淫""诲盗"的书籍，那么，在少年时代阅读它们的人，在成为正式的国民的时候，便不免是贫血的，"多愁多病"的，想象力单薄，思想黄萎的了。

---

① 现译乔叟，英国小说家、诗人。

② 夸张。

③ 林琴南（纾）最初将《暴风雨》译为《飓引》。

（胡适之先生，在文学革命的初期，提倡拿旧时白话文学中的几部长篇小说列为学校课程中的文学教材，那是一种反抗的表示，在当时确是需要的；不过，将来如其有一天，新文学中的浪漫体的诗歌、小说、戏剧、散文能以正式的建设起来，这种过渡的办法却要取消，中学课程内的文学教材要整体的采取自新文学，而旧时的长篇小说要让他们专隶于大学内中国文学系的课程。与其让中学生读《水浒》《红楼梦》，还不如让他们读西方的浪漫体文学的中译本，国语的，例如胡氏所赏识的《侠隐记》。）

浪漫体的文学，虽是受尽了指摘，然而它的教育的价值既是那样的重大，在现今的中国更是这样迫切的需要，我们这班现代的中国人能不斟酌情势的，竭力去提倡、创造么？浪漫体的文学诚然是多感的（Sentimental），不过少年时代也正是多感的；多感如其被视为一种病态，正该拿浪漫体文学的这种文学，大黄一样，将少年时代中内蕴着的多感宣解，尽量的宣解出来。浪漫体的文学诚然是夸大的，不过夸大狂也正是少年时代，外体与内心猛烈的在发展着的时代，所有的一种必然现象；只能因势利导，火上浇油，不能阻抑，迎头泼水，因为少年时代所必有的夸大狂如其不能得到满足，宣解，体与心的发展便不能是充分的。

少年文学中也产生了一些伟大的作者，司考特（Scott）便是一个最好的例。尽管去指摘他的小说的史、地的布景是不符实情，个性描写是单薄，一般的文学批评者仍旧是万口一声的公认他为一个伟大的小说家；至于他写出，遗下了许多的浪漫体小说，来满足着自古至今，以及未来的英国，他国内一般少年的浪漫性，我们更能以说得，他同时也是一个未加冠冕的伟大的教育家。

在新文学的现状之内，儿童文学只是在鸭子式的蹒跚着前进，少年文学，与一把茅柴相仿，一烘而尽于创造社的消灭。诚然，在这十五年以内，也产生了一些优越的文学作品，不过它们只是成人的读物……我们是如此的焦候着一个安徒生，一个司考特的出现啊！哥德（Goethe）、巴尔扎克（Balzac）、萧伯纳如其能以诞生于新文学的疆域之内，那当然是新文学的光荣、祈祷；一个伟大的儿童文学作家，一个伟大的浪漫体文学作家的产生，那不单是新文学的光荣、祈祷，它并且是将来的中国的一柱“社会栋梁”呢！

第三十六讲

文学与消遣[①]

朱　湘

消遣这两个字本来是消愁遣闷的意思，不过按照现在的沿用而说，它却成了消磨时日。

消愁遣闷，那正是文学的第二种功用，如上章所说的[②]。叔本华说过，愁苦是人类的本分，但是愁苦如其尽着蕴结在肺腑之中，它最能伤损身体的健康——所以常言道，至悲无泪，小说中描写一个遭遇了莫大的惨痛的人，总是说他，大半时候是她，伤心得眼泪都哽住了流不出来，眼眶焦干得晕倒在地上。在情绪遭逢了这种阻逆的时候，我们如其放在这个人的手中一本雨果（Hugo）的《悲惨世界》（*Les Miserables*），用以毒攻毒的方法将他的眼泪激发出来，或是放一本狄更司的《辟克维克谐传》（*Pickwick Papers*）[③]，用笑泪引逗出悲泪来，那是这个人事后追思时所要感激涕零的。愁苦既是人类的本分，世上既是充斥如许的愁苦，我们便切身的感觉到，我们是如何需要那种能以排解它的文学了。

---

① 据北新书局1934年版《文学闲谈》校订。

② 这篇文章是《文学谈话》系列文章中的第二篇，第一篇是《为什么要读文学》。见本书第二十七讲。

③ 现译《匹克威克外传》。

消磨时日也是文学的一种副作用，有许多的文学书是专为了供应这种需要而写的。中国从前说的，文学只是消遣，那固然明显的是错误；不过以文学之包罗万象，它也未尝不顾及人类的这种需要，而设法去给与它以满足……当然，这种的文学只是低级的。有如开辟了一条运河，便利交通，灌溉田地，这些都是它的主用，但是在同时，也有人在这条运河里洗衣洗菜。

消遣文学是一般作者与文人所极端嫉视的。这种嫉视基源于两层理由，喧宾夺主与实际利益。因为一般人是忙碌的，没有许多闲工夫去细心体悟，鉴赏伟大的、深奥的、篇幅繁重的文学。有一些西方的文学教授坦白的自认，不曾读完过米尔顿（Milton）[①]的《失乐园》（*Paradise Lost*）；研究文学的人尚且如此，外道人更是不言可喻了。又因为一般人是忽视客观的标准而重视主观的嗜好的——在选购文学的书籍之时——所以正牌的文学少人过问，而消遣文学则趋之若鹜。福尔摩斯的名字，全中国的人，无论是哪个阶段，都知道；知道福斯达甫（Falstaff）[②]的，在中国有多少人？柯南·道尔[③]的书，与同代的也是一个苏格兰人的史蒂文生[④]的书，是哪一个的销路广大？（这并不是说，柯氏受了史氏的嫉视。）

在中国现在这种识字阶级的人不多的时代，这种对于消遣文学的嫉视还没有尖锐化；不过在西方的国家内，识字者占人口的大多数，又有一种好读书，大半是文学，以自侪于开化者，不甘于作时代落伍者的风气，这种正牌文学与消遣文学的竞争，以及正牌文学对于消遣文学的嫉视，却是极端的尖锐化了。因为他们到处的听见读者将孛列克（William Blake）[⑤]，一个投时好的作者的名

① 现译弥尔顿。

② 现译福斯塔夫，是莎士比亚历史剧《亨利四世》中的人物。

③ 《福尔摩斯探案集》的作者。

④ 现译史蒂文森，英国小说家。

⑤ 现译布莱克。

字挂在口头，而并不曾听见有几多的读者提起梅里狄斯（Meredith）[①]的名字，又因为他们看见写消遣文学的人坐汽车，作富翁，而正牌文学的作者却在贫民窟里饿饭。每种现象必有它的背景；在将来的中国，教育普及到了相当的程度之时，这种文学上的嫉视、攻击也是不免的。

为了预防这种畸形的现象之发生，为了避免文学上的不平，下述的办法应该要文学的读者与作者去考虑，提倡：由每本文学书籍，每篇文艺的收入中抽出百分之一，由一个全国的文人联盟来保管这笔捐款，并将它拨用于各种文学的用途上，如津贴文人，举办新书评论的刊物。或者能在文学界内，作一件在其他各界内所不能作到的事，这是文人，一切高尚的理想的掌旗者，所应自勉的。

第三十七讲

论雅俗共赏[②]

朱自清

陶渊明有“奇文共欣赏，疑义相与析”的诗句，那是一些“素心人”的乐事，“素心人”当然是雅人，也就是士大夫。这两句诗后来凝结成“赏奇析疑”一个成语。“赏奇析疑”是一种雅事，俗人的小市民和农家子弟是没有份儿的。然而又出现了“雅俗共赏”这一个成语，“共赏”显然是“共欣赏”的简化，可是这是雅人和俗人或俗人跟雅人一同在欣赏，那欣赏的大概不会还是“奇文”罢。这句成语不知道起于什么时代，从语气看来，似乎雅人多少得理会到

① 现译梅瑞狄斯（1828—1909），英国作家。

② 据上海观察社 1948 年版《论雅俗共赏》校订。

甚至迁就着俗人的样子，这大概是在宋朝或者更后罢。

原来唐朝的安史之乱可以说是我们社会变迁的一条分水岭。在这之后，门第迅速的垮了台，社会的等级不像先前那样固定了，“士”和“民”这两个等级的分界不像先前的严格和清楚了，彼此的分子在流通着，上下着。而上去的比下来的多，士人流落民间的究竟少，老百姓加入士流的却渐渐多起来。王侯将相早就没有种了，读书人到了这时候也没有种了；只要家里能够勉强供给一些，自己有些天分，又肯用功，就是个“读书种子”；去参加那些公开的考试，考中了就有官做，至少也落个绅士。这种进展经过唐末跟五代的长期的变乱加了速度，到宋朝又加上印刷术的发达，学校多起来了，士人也多起来了，士人的地位加强，责任也加重了。这些士人多数是来自民间的新的分子，他们多少保留着民间的生活方式和生活态度。他们一面学习和享受那些雅的，一面却还不能摆脱或蜕变那些俗的。人既然很多，大家是这样，也就不觉其寒尘；不但不觉其寒尘，还要重新估定价值，至少也得调整那旧来的标准与尺度。“雅俗共赏”似乎就是新提出的尺度或标准，这里并非打倒旧标准，只是要求那些雅士理会到或迁就些俗士的趣味，好让大家打成一片。当然，所谓“提出”和“要求”，都只是不自觉的看来是自然而然的趋势。

中唐的时期，比安史之乱还早些，禅宗的和尚就开始用口语记录大师的说教。用口语为的是求真与化俗，化俗就是争取群众。安史乱后，和尚的口语记录更其流行，于是乎有了“语录”这个名称，“语录”就成为一种著述体了。到了宋朝，道学家讲学，更广泛的留下了许多语录；他们用语录，也还是为了求真与化俗，还是为了争取群众。所谓求真的“真”，一面是如实和直接的意思。禅家认为第一义是不可说的，语言文字都不能表达那无限的可能，所以是虚妄的。然而实际上语言文字究竟是不免要用的一种“方便”，记录的文字自然越近实际的、直接的说话越好。在另一面这“真”又是自然的意思，自然才亲切，才让人容易懂，也就是更能收到化俗的功效，更能获得广大的群众。道学主要的是中国的正统的思想，道学家用了语录做工具，大大地增强了这种新的文体的地位，语录就成为一种传统了。比语录体稍稍晚些，还出现了一种宋朝叫做“笔记”的东西。这种作品记述有趣味的杂事，范围很宽，一方面发表作者自己的意见，所谓议论，也就是批评，这些批评往往也很有趣味。作者写这种书，只当做对客闲谈，并非一本正经，虽然以文言为主，可是很接近说话。这也是给大家看的，看了可以当做“谈助”，增加趣味。宋朝的笔记最发达，当时盛行，流传下来的也很多。目录家将这种笔记归在“小说”项下，近代书店汇印这些笔记，更直题为“笔记小说”；中国古代所谓“小说”，原是指记述杂事的趣味作品而言的。

那里我们得特别提到唐朝的“传奇”。“传奇”据说可以见出作者的“史才、诗、笔、议论”，是唐朝士子在投考进士以前用来送给一些大人先生看，介绍自己，求他们给自己宣传的。其中不外乎灵怪、艳情、剑侠三类故事，显然是以供给“谈助”，引起趣味为主。无论照传统的意念，或现代的意念，这些“传奇”无疑的是小说，一方面也和笔记的写作态度有相类之处。照陈寅恪先生的意见，这种“传奇”大概起于民间，文士是仿作，文字里多口语化的地方。陈先生并且说唐朝的古文运动就是从这儿开始。他指出古文运动的领导者韩愈的《毛颖传》，正是仿“传奇”而作。我们看韩愈的“气盛言宜”的理论和他的参差错落的文句，也止是多多少少在口语化。他的门下的“好难”、“好易”两派，似乎原来也都是在试验如何口语化。可是“好难”的一派过分强调了自己，过分想出奇制胜，不管一般人能够了解欣赏与否，终于被人看作“诡”和“怪”而失败，于是宋朝的欧阳修继承了“好易”的一派的努力而奠定了古文的基础。——以上说的种种，都是安史乱后几百年间自然的趋势，就是那雅俗共赏的趋势。

宋朝不但古文走上了“雅俗共赏”的路，诗也走向这条路。胡适之先生说宋诗的好处就在“做诗如说话”，一语破的指出了这条路。自然，这条路上还有许多曲折，但是就像不好懂的黄山谷，他也提出了“以俗为雅”的主张，并且点化了许多俗语成为诗句。实践上“以俗为雅”，并不从他开始，梅圣俞、苏东坡都是好手，而苏东坡更胜。据记载梅和苏都说过“以俗为雅”这句话，可是不大靠得住；黄山谷却在《再次杨明叔韵》一诗的“引”里郑重地提出“以俗为雅，以故为新”，说是“举一纲而张万目”。他将“以俗为雅”放在第一，因为这实在可以说是宋诗的一般作风，也正是“雅俗共赏”的路。但是加上“以故为新”，路就曲折起来，那是雅人自赏，黄山谷所以终于不好懂了。不过黄山谷虽然不好懂，宋诗却终于回到了“做诗如说话”的路，这“如说话”，的确是条大路。

雅化的诗还不得不回向俗化，刚刚来自民间的词，在当时不用说自然是“雅俗共赏”的。别瞧黄山谷的有些诗不好懂，他的一些小词可够俗的。柳耆卿更是个通俗的词人。词后来虽然渐渐雅化或文人化，可是始终不能雅到诗的地位，它怎么着也只是“诗余”。词变为曲，不是在文人手里变，是在民间变的；曲又变得比词俗，虽然也经过雅化或文人化，可是还雅不到词的地位，它只是“词余”。一方面从晚唐和尚的俗讲演变出来的宋朝的“说话”就是说书，乃至后来的平话以及章回小说，还有宋朝的杂剧和诸宫调等等转变成功的元朝的杂剧和戏文，乃至后来的传奇，以及皮簧戏，更多半是些“不登大雅”的“俗文学”。这些除元杂剧和后来的传奇也算是“词余”以外，在过去的文学传统里简直没有地位；也就是说这些小说和戏剧在过去的文学传统里多半没有地位，有些有点地位，也不是正经地位。可是虽然俗，大体上却“俗不伤雅”，虽然没有什么地位，却总是“雅俗共赏”的玩艺儿。

“雅俗共赏”是以雅为主的，从宋人的“以俗为雅”以及常语的“俗不伤雅”，更可见出这种宾主之分。起初成群俗士蜂拥而上，固然逼得原来的雅士不得不理会到甚至迁就着他们的趣味，可是这些俗士需要摆脱的更多。他们在学习，在享受，也在蜕变，这样渐渐适应那雅化的传统，于是乎新旧打成一片，传统多多少少变了质继续下去。前面说过的文体和诗风的种种改变，就是新旧双方调整的过程，结果迁就的渐渐不觉其为迁就，学习的也渐渐习惯成了自然，传统的确稍稍变了质，但是还是文言或雅言为主，就算跟民众近了一些，近得也不太多。

至于词曲，算是新起于俗间，实在以音乐为重，文辞原是无关轻重的；“雅俗共赏”，正是那音乐的作用。后来雅士们也曾分别将那些文辞雅化，但是因为音乐性太重，使他们不能完成那种雅化，所以词曲终于不能达到诗的地位。而曲一直配合着音乐，雅化更难，地位也就更低，还低于词一等。可是词曲到了雅化的时期，那“共赏”的人却就雅多而俗少了。真正“雅俗共赏”的是唐、五代、北宋的词，元朝的散曲和杂剧，还有平话和章回小说以及皮簧戏等。皮簧戏也是音乐为主，大家直到现在都还在哼着那些粗俗的戏词，所以雅化难以下手，虽然一二十年来这雅化也已经试着在开始。平话和章回小说，传统里本来没有，雅化没有合式的榜样，进行就不易。《三国演义》虽然用了文言，却是俗化的文言，接近口语的文言，后来的《水浒》《西游记》《红楼梦》等就都用白话了。不能完全雅化的作品在雅化的传统里不能有地位，至少不能有正经的地位。雅化程度的深浅，决定这种地位的高低或有没有，一方面也决定“雅俗共赏”的范围的小和大——雅化越深，“共赏”的人越少，越浅也就越多。所谓多少，主要的是俗人，是小市民和受教育的农家子弟。在传统里没有地位或只有低地位的作品，只算是玩艺儿；然而这些才接近民众，接近民众却还能教“雅俗共赏”，雅和俗究竟有共通的地方，不是不相理会的两橛了。

单就玩艺儿而论，“雅俗共赏”虽然是以雅化的标准为主，“共赏”者却以俗人为主。固然，这在雅方得降低一些，在俗方也得提高一些，要“俗不伤雅”才成；雅方看来太俗，以至于“俗不可耐”的，是不能“共赏”的。但是在什么条件之下才会让俗人所“赏”的，雅人也能来“共赏”呢？我们想起了“有目共赏”这句话。孟子说过“不知子都[①]之姣者，无目者也”，“有目”是反过来说，“共赏”还是陶诗“共欣赏”的意思。子都的美貌，有眼睛的都容易辨别，自然也就能“共赏”了。孟子接着说：“口之于味也，有同嗜焉；耳

① 指公孙子都，春秋时期新郑人，美男子。

之于声也，有同听焉；目之于色也，有同美焉。”这说的是人之常情，也就是所谓人情不相远。但是这不相远似乎只限于一些具体的、常识的、现实的事物和趣味。譬如北平罢，故宫和颐和园，包括建筑、风景和陈列的工艺品，似乎是“雅俗共赏”的，天桥在雅人的眼中似乎就有些太俗了。说到文章，俗人所能“赏”的也只是常识的，现实的。后汉的王充出身是俗人，他多多少少代表俗人说话，反对难懂而不切实用的辞赋，却赞美公文能手。公文这东西关系雅俗的现实利益，始终是不曾完全雅化了的。再说后来的小说和戏剧，有的雅人说《西厢记》诲淫，《水浒传》诲盗，这是“高论”。实际上这一部戏剧和这一部小说都是“雅俗共赏”的作品。《西厢记》无视了传统的礼教，《水浒传》无视了传统的忠德，然而“男女”是“人之大欲”之一，“官逼民反”也是人之常情，梁山泊的英雄正是被压迫的人民所想望的。俗人固然同情这些，一部分的雅人，跟俗人相距还不太远的，也未尝不高兴这两部书说出了他们想说而不敢说的。这可以说是一种快感，一种趣味，可并不是低级趣味；这是有关系的，也未尝不是有节制的。“诲淫”“诲盗”只是代表统治者的利益的说话。

十九世纪二十世纪之交是个新时代，新时代给我们带来了新文化，产生了我们的知识阶级。这知识阶级跟从前的读书人不大一样，包括了更多的从民间来的分子，他们渐渐跟统治者拆伙而走向民间。于是乎有了白话正宗的新文学，词曲和小说戏剧都有了正经的地位。还有种种欧化的新艺术。这种文学和艺术却并不能让小市民来“共赏”，不用说农工大众。于是乎有人指出这是新绅士也就是新雅人的欧化，不管一般人能够了解欣赏与否。他们提倡“大众语”运动。但是时机还没有成熟，结果不显著。抗战以来又有“通俗化”运动，这个运动并已经在开始转向大众化。“通俗化”还分别雅俗，还是“雅俗共赏”的路，大众化却更进一步要达到那没有雅俗之分，只有“共赏”的局面。这大概也会是所谓由量变到质变罢。

第三十八讲

论百读不厌[1]

朱自清

前些日子参加了一个讨论会，讨论赵树理先生的《李有才板话》。座中一位青年提出了一件事实：他读了这本书觉得好，可是不想重读一遍。大家费了一些时候讨论这件事实。有人表示意见，说不想重读一遍，未必减少这本书的好，未必减少它的价值。但是时间匆促，大家没有达到明确的结论。一方面似乎大家也都没有重读过这本书，并且似乎从没有想到重读它。然而问题不但关于这一本书，而是关于一切文艺作品。为什么一些作品有人“百读不厌”，另一些却有人不想读第二遍呢？是作品的不同吗？是读的人不同吗？如果是作品不同，“百读不厌”是不是作品评价的一个标准呢？这些都值得我们思索一番。

苏东坡有《送章惇秀才失解西归》诗，开头两句是：

旧书不厌百回读，熟读深思子自知。

“百读不厌”这个成语就出在这里。“旧书”指的是经典，所以要“熟读深思”。三国魏志《王肃传》注：

人有从（董遇）学者，遇不肯教，而云“必当先读百遍”，言“读书百遍而义自见”。

经典文字简短，意思深长，要多读，熟读，仔细玩味，才能了解和体会。所谓“义自见”，“子自知”，着重自然而然，这是不能着急的。这诗句原是安

① 据上海观察社 1948 年版《论雅俗共赏》校订。

慰和勉励那考试失败的章惇秀才的话，劝他回家再去安心读书，说“旧书”不嫌多读，越读越玩味越有意思。固然经典值得“百回读”，但是这里着重的还在那读书的人。简化成“百读不厌”这个成语，却就着重在读的书或作品了。这成语常跟另一成语“爱不释手”配合着，在读的时候“爱不释手”，读过了以后“百读不厌”。这是一种赞词和评语，传统上确乎是一个评价的标准。当然，“百读”只是“重读”“多读”“屡读”的意思，并不一定一遍接着一遍的读下去。

经典给人知识，教给人怎样做人，其中有许多语言的、历史的、修养的课题，有许多注解，此外还有许多相关的考证，读上百遍，也未必能够处处贯通，教人多读是有道理的。但是后来所谓“百读不厌”，往往不指经典而指一些诗，一些文，以及一些小说；这些作品读起来津津有味，重读，屡读也不腻味，所以说“不厌”；“不厌”不但是“不讨厌”，并且是“不厌倦”。诗文和小说都是文艺作品，这里面也有一些语言和历史的课题，诗文也有些注解和考证；小说方面呢，却直到近代才有人注意这些课题，于是也有了种种考证。但是过去一般读者只注意诗文的注解，不大留心那些课题，对于小说更其如此。他们集中在本文的吟诵或浏览上。这些人吟诵诗文是为了欣赏，甚至于只为了消遣，浏览或阅读小说更只是为了消遣，他们要求的是趣味，是快感。这跟诵读经典不一样。诵读经典是为了知识，为了教训，得认真、严肃，正襟危坐的读，不像读诗文和小说可以马马虎虎的，随随便便的，在床上，在火车轮船上都成。这么着可还能够教人“百读不厌”，那些诗文和小说到底是靠了什么呢？

在笔者看来，诗文主要是靠了声调，小说主要是靠了情节。过去一般读者大概都会吟诵，他们吟诵诗文，从那吟诵的声调或吟诵的音乐得到趣味或快感，意义的关系很少；只要懂得字面儿，全篇的意义弄不清楚也不要紧的。梁启超先生说过李义山的一些诗，虽然不懂得究竟是什么意思，可是读起来还是很有趣味（大意）。这种趣味大概一部分在那些字面儿的影象上，一部分就在那七言律诗的音乐上。字面儿的影象引起人们奇丽的感觉；这种影象所表示的往往是珍奇，华丽的景物，平常人不容易接触到的，所谓“七宝楼台”之类。民间文艺里常常见到的“牙床”等等，也正是这种作用。民间流行的小调以音乐为主，而不注重词句，欣赏也偏重在音乐上，跟吟诵诗文也正相同。感觉的享受似乎是直接的，本能的，即使是字面儿的影象所引起的感觉，也还多少有这种情形；至于小调和吟诵，更显然直接诉诸听觉，难怪容易唤起普遍的趣味和快感。至于意义的欣赏，得靠综合诸感觉的想像力，这个得有长期的教养才成。然而就像教养很深的梁启超先生，有时也还让感觉领着走，足见感觉的力量之大。

小说的“百读不厌”，主要的是靠了故事或情节。人们在儿童时代就爱听故事，尤其爱奇怪的故事。成人也还是爱故事，不过那情节得复杂些。这些故事大概总是神仙、武侠、才子、佳人，经过种种悲欢离合，而以大团圆终场。悲欢离合总得不同寻常，那大团圆才足奇。小说本来起于民间，起于农民和小市民之间。在封建社会里，农民和小市民是受着重重压迫的，他们没有多少自由，却有做白日梦的自由。他们寄托他们的希望于超现实的神仙，神仙化的武侠，以及望之若神仙的上层社会的才子佳人；他们希望有朝一日自己会变成了这样的人物。这自然是不能实现的奇迹，可是能够给他们安慰、趣味和快感。他们要大团圆，正因为他们一辈子是难得大团圆的，奇情也正是常情啊。他们同情故事中的人物,“设身处地”的“替古人担忧”，这也因为事奇人奇的原故。过去的小说似乎始终没有完全移交到士大夫的手里。士大夫读小说，只是看闲书，就是作小说，也只是游戏文章，总而言之，消遣而已。他们得化装为小市民来欣赏，来写作；在他们看，小说奇于事实，只是一种玩艺儿，所以不能认真、严肃，只是消遣而已。

封建社会渐渐垮了，五四时代出现了个人，出现了自我，同时成立了新文学。新文学提高了文学的地位，文学也给人知识，也教给人怎样做人，不是做别人的，而是做自己的人。可是这时候写作新文学和阅读新文学的，只是那变了质的下降的士和那变了质的上升的农民和小市民混合成的知识阶级，别的人是不愿来或不能来参加的。而新文学跟过去的诗文和小说不同之处，就在它是认真的负着使命。早期的反封建也罢，后来的反帝国主义也罢，写实的也罢，浪漫的和感伤的也罢，文学作品总是一本正经的在表现着并且批评着生活。这么着文学扬弃了消遣的气氛，回到了严肃——古代贵族的文学如《诗经》，倒本来是严肃的。这负着严肃的使命的文学，自然不再注重“传奇”，不再注重趣味和快感，读起来也得正襟危坐，跟读经典差不多，不能再那么马马虎虎，随随便便的。但是究竟是形象化的，诉诸情感的，跟经典以冰冷的抽象的理智的教训为主不同，又是现代的白话，没有那些语言的和历史的问题，所以还能够吸引许多读者自动去读。不过教人“百读不厌”甚至教人想去重读一遍的作用，的确是很少了。

新诗或白话诗，和白话文，都脱离了那多多少少带着人工的、音乐的声调，而用着接近说话的声调。喜欢古诗、律诗和骈文、古文的失望了，他们尤其反对这不能吟诵的白话新诗；因为诗出于歌，一直不曾跟音乐完全分家，他们是不愿扬弃这个传统的。然而诗终于转到意义中心的阶段了。古代的音乐是一种说话，所谓“乐语”，后来的音乐独立发展，变成“好听”为主了。现在的诗既负上自觉的使命，它得说出人人心中所欲言而不能言的，自然就不注重音乐而注重意义了。——一方面音乐大概也在渐渐注重意义，回到说话罢？——字面儿的影象还是用得着，不过一般的看起来，影象本身，不论是鲜明的，朦胧的，可以独立的诉诸感觉的，是不够吸引人了；影象如果必需得用，就要配合全诗的各部分完成那中心的意义，说出那要说的话。在这动乱时代，人们着急要说话，因为要说的话实在太多。小说也不注重故事或情节了，它的使命比诗更见分明。它可以不靠描写，只靠对话，说出所要说的。这里面神仙、武侠、才子、佳人，都不大出现了，偶然出现，也得打扮成平常人；是的，这时代的小说的人物，主要的是些平常人了，这是平民世纪啊。至于文，长篇议论文发展了工具性，让人们更如意的也更精密的说出他们的话，但是这已经成为诉诸理性的了。诉诸情感的是那发展在后的小品散文，就是那标榜“生活的艺术”，抒写“身边琐事”的。这倒是回到趣味中心，企图着教人“百读不厌”的，确乎也风行过一时。然而时代太紧张了，不容许人们那么悠闲；大家嫌小品文近乎所谓“软性”，丢下了它去找那“硬性”的东西。

文艺作品的读者变了质了，作品本身也变了质了，意义和使命压下了趣味，认识和行动压下了快感。这也许就是所谓“硬”的解释。“硬性”的作品得一本正经地读，自然就不容易让人“爱不释手”，“百读不厌”。于是“百读不厌”就不成其为评价的标准了，至少不成其为主要的标准了。但是文艺是欣赏的对象，它究竟是形象化的，诉诸情感的，怎么“硬”也不能“硬”到和论文或公式一样。诗虽然不必再讲那带几分机械性的声调，却不能不讲节奏，说话不也有轻重高低快慢吗？节奏合式，才能集中，才能够高度集中。文也有文的节奏，配合着意义使意义集中。小说是不注重故事或情节了，但也总得有些契机来表现生活和批评它；这些契机得费心思去选择和配合，才能够将那要说的话，要传达的意义，完整的说出来，传达出来。集中了的完整了的意义，才见出情感，才让人乐意接受，“欣赏”就是“乐意接受”的意思。能够这样让人欣赏的作品是好的，是否“百读不厌”，可以不论。在这种情形之下，笔者同意：《李有才板话》即使没有人想重读一遍，也不减少它的价值，它的好。

但是在我们的现代文艺里，让人“百读不厌”的作品也有的。例如鲁迅先生的《阿Q正传》，茅盾先生的《幻灭》《动摇》《追求》三部曲，笔者都读过不止一回，想来读过不止一回的人该不少罢。在笔者本人，大概是《阿Q正传》里的幽默和三部曲里的几个女性吸引住了我。这几个作品的好已经定论，它们的意义和使命大家也都熟悉，这里说的只是它们让笔者“百读不厌”的因素。《阿Q正传》主要的作用不在幽默，那三部曲的主要作用也不在铸造几个女性，但是这些却可能产生让人“百读不厌”的趣味。这种趣味虽然不是必要的，却也可以增加作品的力量。不过这里的幽默决不是油滑的，无聊的，也决不是为幽默而幽默，而女性也决不就是色情，这个界限是得弄清楚的。抗战期中，文艺作品尤其是小说的读众大大的增加了。增加的多半是小市民的读者，他们要求消遣，要求趣味和快感。扩大了的读众，有着这样的要求也是很自然的。长篇小说的流行就是这个要求的反映，因为篇幅长，故事就长，情节就多，趣味也就丰富了。这可以促进长篇小说的发展，倒是很好的。可是有些作者却因为这样的要求，忘记了自己的边界，放纵到色情上，以及粗劣的笑料上，去吸引读众，这只是迎合低级趣味。而读者贪读这一类低级的软性的作品，也只是沉溺，说不上“百读不厌”。“百读不厌”究竟是个赞词或评语，虽然以趣味为主，总要是纯正的趣味才说得上的。

第三十九讲

低级趣味①

朱自清

从前论人物，论诗文，常用雅俗两个词来分别。有所谓雅致，有所谓俗气。雅该原是都雅，都是城市，这个雅就是成都人说的“苏气”。俗该原是鄙俗，鄙是乡野，这个俗就是普通话里的“土气”。城里人大方，乡下人小样，雅俗的分别就在这里。引申起来又有文雅，古雅，闲雅，淡雅等等。例如说话有书卷气是文雅，客厅里摆设些古董是古雅，临事从容不迫是闲雅，打扮素净是淡雅。那么，粗话村话就是俗，美女月份牌就是俗，忙着开会应酬就是俗，重重的胭脂厚厚的粉就是俗。人如此，诗文也如此。

① 据文光书店 1948 年版《标准与尺度》校订。

雅俗由于教养。城里人生活优裕的多些，他们教养好，见闻多，乡下人自然比不上。雅俗却不是呆板的。教养高可以化俗为雅。宋代诗人如苏东坡，诗里虽然用了俗词俗语，却新鲜有意思，正是淡雅一路。教养不到家而要附庸风雅，就不免做作，不能自然。从前那些斗方名士终于“雅得这样俗”，就在此。苏东坡常笑话某些和尚的诗有蔬笋气，有酸馅气。蔬笋气，酸馅气不能不算俗气。用力去写清苦求淡雅，倒不能脱俗了。雅俗是人品，也是诗文品，称为雅致，称为俗气，这“致”和“气”正指自然流露，做作不得。虽是自然流露，却非自然生成。天生的雅骨，天生的俗骨其实都没有，看生在什么人家罢了。

现在讲平等不大说什么雅俗了，却有了低级趣味这一个语。从前雅俗对峙，但是称人雅的时候多，骂人俗的时候少。现在有低级趣味，却不说高级趣味，更不敢说高等趣味。因为高等华人成了骂人的话，高得那么低，谁还敢说高等趣味！再说趣味这词也带上了刺儿，单讲趣味就不免低级，那么说高级趣味岂不自相矛盾？但是趣味究竟还和低级趣味不一样。“低级趣味”很像是日本名词，现在用在文艺批评上，似乎是指两类作品而言。一类是色情的作品，一类是顽笑的作品。

色情的作品引诱读者纵欲，不是一种“无关心”的态度，所以是低级。可是带有色情的成分而表现着灵肉冲突的，却当别论。因为灵肉冲突是人生的根本课题，作者只要认真在写灵肉冲突，而不像历来的猥亵小说在头尾装上一套劝善惩恶的话做幌子，那就虽然有些放纵，也还可以原谅。顽笑的作品油嘴滑舌，像在做双簧说相声，这种作者成了小丑，成了帮闲，有别人，没自己。他们笔底下的人生是那么轻飘飘的，所谓骨头没有四两重。这个可跟真正的幽默不同。真正的幽默含有对人生的批评，这种油嘴滑舌的顽笑，只是不择手段打哈哈罢了。这两类作品都只是迎合一般人的低级趣味来骗钱花的。

与低级趣味对峙着的是纯正严肃。我们可以说趣味纯正，但是说严肃却说态度严肃，态度比趣味要广大些。单讲趣味似乎总有点轻飘飘的，说趣味纯正却大不一样。纯就是不杂，写作或阅读都不杂有什么实际目的，只取“无关心”的态度，就是纯。正是正经，认真，也就是严肃。严肃和真的幽默并不冲突，例如《阿Q正传》，而这种幽默也是纯正的趣味。色情的和顽笑的作品都不纯正，不严肃，所以是低级趣味。

第四十讲

什么是文学的“生路”[①]

朱自清

杨振声先生在本年[②]十月十三日《大公报》的《星期文艺》第一期上发表了《我们打开一条生路》一篇文。中间有一段道：

“过去种种譬如昨日死”，不是譬如，它真的死亡了；帝国主义的死亡，独裁政体的死亡，资本主义与殖民政策也都在死亡中，因而从那些主义与政策发展出来的文化必然的也有日暮途穷之悲。我们在这里就要一点自我讽刺力与超己的幽默性，去撞自己的丧钟，埋葬起过去的陈腐，从新抖擞起精神作这个时代的人。

这是一个大胆的，良心的宣言。

杨先生在这篇文里可没有说到怎样打开一条生路。十一月一日《星期文艺》上有废名先生《响应“打开一条生路”》一篇文，主张“本着（孔子的）伦常精义，为中国创造些新的文艺作品”，他说伦常就是道，也就是诗。杨先生在文后有一段按语，提到了笔者的疑问，主张“综合中外新旧，胎育我们新文化的蓓蕾以发为新文艺的花果”。但是他说“这些话还是很笼统”。

① 据文光书店1948年版《标准与尺度》校订。

② 指1946年。

具体的打开的办法确是很难。第一得从“作这个时代的人”说起。这是一个动乱时代，是一个矛盾时代。但这是平民世纪。新文化得从矛盾里发展，而它的根基得打在平民身上。中国知识阶级的文人吊在官僚和平民之间，上不在天，下不在田，最是苦闷，矛盾也最多。真是做人难。但是这些人已经觉得苦闷，觉得矛盾，觉得做人难，甚至愿意“去撞自己的丧钟”，就不是醉生梦死。他们我们愿意做新人，为新时代服务。文艺是他们的岗位，他们的工具。他们要靠文艺为新时代服务。文艺有社会的使命，得是载道的东西。

做过美国副国务卿的诗人麦克里希在一九三九年曾写过一篇文叫做《诗与公众世界》，说：“我们是活在一个革命的时代；在这时代，公众的生活冲过了私有的生命的堤防。……私有经验的世界已经变成了群众，街市，都会，军队，暴徒的世界。”他因而主张诗歌与政治改革发生关系。后来他做罗斯福总统的副国务卿，大概就为了施展他的政治改革的抱负。可惜总统死了，他也就下台了。他的主张，可以说是诗以载道。诗还要载道，不用说文更要载道了。时代是一个，天下是一家，所以大家心同理同。

这个道是社会的使命。要表现它，传达它，得有一番生活的经验，这就难。知识阶级的文人，虽然让“公众的生活冲过了私有的生命的堤防”，但是他们还惰性的守在那越来越窄的私有的生命的角落上。他们能够嘲讽的“去撞自己的丧钟”，可是没有足够的勇气“从新抖擞起精神作这个时代的人”。这就是他们我们的矛盾和苦闷所在。

古代的文人能够代诉民间疾苦，现代的文人也能够表现人道主义。但是这种办法多多少少有些居高临下。平民世纪所要求的不是这个，而是一般高的表现和传达；这就是说文人得作为平民而生活着，然后将那生活的经验表现、传达出来。麦克里希所谓“革命的时代”的“革命”，不知是不是这个意思，然而这确是一种革命。革命需要大勇气，自然难。

然而苦闷要求出路，矛盾会得发展。我们的文人渐渐的在工商业的大都市之外发现了农业的内地，在自己的小小的圈子之外发现了小公务员。他们的视野扩大了，认识也清楚多了，他们渐渐能够把握这个时代了。自然，新文学运动以来的作者早就在写农村，写官僚。然而态度不同，他们是站在知识阶级自己的立场尽了反封建反帝国主义的任务。现在这时代进一步要求他们自己站到平民的立场上来说话。他们写内地，写小公务员，就是在不自觉的多多少少接受着这个要求，所以说是“发现”。再说第一次世界大战以后，个人主义一度猛烈的抬头，一般作者都将注意集中在自己身上，甚至以“身边琐事”为满足。现在由自己转到小公务员，转到内地人，也该算是“发现”。

知识阶级的文人如果再能够自觉的努力发现下去，再多扩大些，再多认识些，再多表现、传达或暴露些，那么，他们会渐渐的终于无形的参加了政治社会的改革的。那时他们就确实站在平民的立场，“作这个时代的人”了。现在举例来说，文人大多数生活在都市里，他们还可以去发现知识青年，发现小店员，还可以发现摊贩：这些人都已经有集团的生活了，去发现也许并不太难。现在的报纸上就有这种特写，那正是一个很好的起头。

说起报纸，我觉得现在的文艺跟报章体并不一定有高低的分别，而是在彼此交融着，看了许多特写可以知道。现在的文艺因为读者群的增大，不能再是“文章千古事，得失寸心知”了，它得诉诸广大的读众。加上话剧和报纸特写的发达和暗示，它不自觉的渐渐的走向明白痛快的写实一路。文艺用的语言虽然总免不掉夹杂文言，夹杂欧化，但是主要的努力是向着活的语言。文艺一面取材于活的语言，一面也要使文艺的语言变成活的语言。在这种情形之下，杂文、小说和话剧自然就顺序的一个赛一个的加速的发展。这三员大将依次的正是我们开路的先锋。杨先生那篇文就是杂文，他用的就是第一员先锋。

第四十一讲

中学生与文艺①

朱自清

一、“中学生往往特别爱好文艺”，我想是因为他们要接触，并在精神上参加，广大的人生——人生的苦乐。他们自觉的或不自觉的感到自己生活圈子的狭小，阅读文艺是扩大这个圈子的一条路。而在学时期大概可以不必自谋衣食，他们也有闲暇去阅读和爱好文艺。

二、“热心阅读”文艺，不见得就理解文艺，诚然。不过这没有什么弊病，并且多阅读也可以增进理解。“动手写”文艺，就是写不好，似乎也没有什么弊病。只有理解不能透彻，写又写不好，却“立志把文艺作为终身事业”，那确是自误，并且也是社会的损失。但是青年人自知之明不足，择业往往错误，不止在文艺方面如此。这得靠贤明的父母兄姊和师友指点劝告。自己多碰钉子，当然也会觉悟，只是怕到那时已经晚了些。

三、理解文艺得从作品入手。同时也得阅读理论书籍，来帮助理解作品。自己摸索，也可以入门；但是得着理论的帮助可以快些。这种理论书该是鸟瞰的文学概论或文学史论或故事体的文学史或多举例分析的作法和讲解等。

四、文艺增进对于人生的理解，指示人生的道路，教读者渐渐悟得做人的道理。这就是教育上的价值。文艺又是精选的语言，读者可以学习怎样运用语言来表现和批评人生。国文科是语文教学，目的在培养和增进了解、欣赏与表现的力，文艺是主要的教材。

① 据1947年5月《中学生》杂志第187期校订。

五、“今日的中学生”该多读现代作品（包括翻译），但是不必限于新写实主义的。古典作品，语体的如《水浒传》《西游记》《红楼梦》等，也该读。文言以读唐宋以来的作品为主；古书最好翻成语体给他们读。

六、这里只就自己读过、现在想到的近代作品和理论书推荐几种，如下：

1.作品

鲁迅自选集《呐喊》，这里是“老中国人的谱”和鲁迅先生反封建的工作。

茅盾自选集《春蚕》，这里是外来的经济压迫下挣扎着的中国，以及现代中国人的种种面影。

冯雪峰：《乡风与市风》，本书阐明历史在战斗中一个意思，精深警辟，但须细心阅读才能理会。

屠格涅夫：《父与子》（巴金译），这可以比较中国的中年代和青年代的生活态度。《罗亭》（陆蠡译），这显示知识分子只能说漂亮话，没有实践的勇气。

2.理论

本间久雄：《文学概论》（章锡琛译），这是鸟瞰的文学概论。书中将文学作为“一个社会的现象”。

托尔斯泰：《艺术论》（耿济之译），托氏主张艺术是传染情感的，要使大多数人民懂。

伊可维支：《唯物史观的文学论》（江思译），本书阐明“唯物史观在文学上的应用”。

梁实秋：《浪漫的与古典的》，梁氏站在古典主义的立场看新文学运动，认为是浪漫的，而且是外国的影响。

李何林：《近二十年中国文艺思潮论》，本书在创作方面推尊鲁迅先生，在理论方面推尊宋阳先生。

约翰·麦西：《世界文学史话》（胡仲持译），这也是鸟瞰的著作。

郑振铎：《插图本中国文学史》，本书特别注重平民文学的发展，叙述也明白晓畅。

朱光潜：《谈文学》，书中有可商之处，如《论文学上的低级趣味》一篇。但是大体上可以说是对初学者切实的指导。

夏丏尊、叶绍钧：《文心》，本书流行已久，对于阅读和写作都有切实而详尽的帮助，尤其对于写作。

叶绍钧、朱自清：《精读指导举隅》，这是详细的讲解，注重怎样分析语文的意义。恕我“戏台里喝彩”，推荐了自己的书。

七、阅读作品，不可只注重故事，匆匆读过，应该随时停下来思考研究，并且得用心记住。读时可以随时和读过的理论印证。读文艺理论也该仔细，不可只记住些公式；读时也该随时和读过的作品印证。

八、转移这一类中学生的兴趣，主要的还是先介绍合式的作品给他们阅读。不妨先介绍那些包含着有趣味的故事的，也不妨先让他们消遣的读着，慢慢再认真起来。

九、中学生作文课，该以广义的应用文为主，因为作文课主要是技能的训练，艺术自当居次位。但是学生自己愿意多练习文艺写作，自然也可以在课外练习，并请教师指导。

十、文艺教学是语文教学的一部门，并且是主要的一部门，因为文艺是语文教学的主要教材。因为是语文教学的一部门，所以文艺教学应该注重词句段落的组织和安排，意义的分析；单照概括的文艺原理或批评原理来讲论作品的大意，是不够的。文艺教学跟文艺批评不尽同，教学不该放松字句。

十一、中学生办文艺小刊物，练习写作，似乎也是好事，只是不可以耽误别种功课。有人以为还是“多读些书好”，也许因为有些学生只顾写，不读书，也不观察，材料有限，越写越贫乏，写来写去只是那一点儿。这确是一条绝路。但是这是写作的态度不对，办文艺小刊物的并不一定到这地步。

十二、中学生如果只爱文艺，阅读的是它，练习的是它，却又没有敏锐的辨别力，就很容易滥用文艺的笔调。他们不能清楚地辨别文艺和普通文字（就是广义的应用文）的不同，他们只会那一套。因此写起普通文字来，浮文多，要紧话少，而那几句要紧话又说不透彻。这就不能应用。所以我在第九条答案里说“中学生作文课该以广义的应用文为主”。这广义的应用文应该以报章文做标准。讲读的教材里也该多选近乎这种标准的文章。但是这广义的应用文如果能恰到好处的含有些文学趣味，那自然是更有效果的。

第三章 聊诗歌

第四十二讲

诗的产生[①]

朱　湘

不曾作过诗的人，哪里能够知道诗是怎样作出来的呢？因此，讲诗的产生，免不了是自白。如今既是现在讲诗是怎样产生的，所以便拿我的一首诗来作证。这首诗叫《恳求》，是我在十五年[②]秋天再回到清华读书那时候作的，原文如下：

天河明亮在杨柳梢头，
隔断了相思的织女牵牛；
　　不料我们聚首，
　女郎呀你还要含羞——
　　好，你且含羞；
一旦，我俩间也隔起河流，
　　那时候，
　你要重逢也无由！

你不能怪我热情沸腾，
只能怪你自家生得迷人；
　　你的温柔口吻，

① 据北新书局 1934 年版《文学闲谈》校订。

② 指 1926 年。

女郎呀，可以让风亲，
树影往来亲，
惟独在我挨上前的时辰，
低声问，
你偏是摇手频频。

马樱在夏夜正芬芳，
它的秾郁有如汗渍肌香：
连月姊都心痒，
女郎呀，你看她疾翔，
向情人疾翔——
谁料你还不如月里孤孀，
今晚上
你竟将归去空房！

这首诗的感兴是得于一个傍晚。李白说的“我觉秋兴逸，谁云秋兴悲”正可以拿来形容当时的气候。我与一个同学在小山上散步并闲谈；我们在一个藤萝之棚下停住脚步，望着杨柳梢头的一钩新月。藤萝的以及棚条的淡影映在身上与脸上，我自视时，起了一种含有奇异的感觉。我便自思，这身旁的伴侣如若是一个我所钟爱的女子，这时的情境真要成为十分清丽了！我的这个同学——希望他不要见怪！——相貌长得并不漂亮；我并不是那个爱上了一个男性贵族的王尔德——那时候清华也还不曾向女性的同学开放；不然，我当然要说出一些什么样的话来，那只有天知道！实情是，我当时想像着这站在身边的是我所极爱的女子，一个同我一般年纪，一种性格，同我一样羞涩不多说话的女子，（当时我已经是丈夫并且是父亲了，罪过，罪过！）我想像着向了这个女子，在这种境地之内，要说一些什么样的话。在心头拥抱起了这个甜美的感兴，我便回房去创作我的诗。

我自从十二年[①]的冬天，赌气离开了清华，在社会上浪游了两年半，到此刻又回校，精神随着肉体的舒适而平定下来了。我到了安心来作诗的时候了。两年来作了许多诗，特别注重的是音节；因为在旧诗中，词是最讲究音节的，所以我对于词，颇下了一番体悟的功夫。词的外形，据我看来，是有一种节律的图案的：每篇词的上阕确定了本词的图案之方式，下阕中仍然复用这方式（参差的细微处只是例外），这种复杂的图案在词中（一气呵成的小令除外）可以说是发展到了一种极高的地位。在西诗内，就我所读过的，只有夏惺（Shelley）[②]的《夜》，那首以

Swiftly walk over the western wave

一行开始的《夜》，才可以比得上词的这种复杂的图案，不过词虽创造了一些最美妙的音节之图案，后人按了平仄来填出一些赝品，那就使人起了反感。我主张，新诗内努力于创造新腔的人，应该拿词的原本的精神来作基础，而深恶痛绝摹仿者的按谱填字。我便是根据了这种主张来决定了《恳求》一诗的模型。

复用行是诗歌音节之化合中的一种原质；普通，这种复用行是位置于诗章之末的。常川[③]的这样来运用它，未免落套了。我在这首诗内，拿它位置在每诗章的中间。并且我所创造的复用，与其说是字眼上的，还不如说是结构上摹拟而已。

中国诗的音律学颇有类似法国之处。他们把音同字异的尾韵相协叫作“富韵”（Rimeriche）；他们本国惟一的史诗《霍朗之歌》（*Chanson de Roiand*）便是每诗章用的一个富韵。这种韵在中文内是最丰富的，所以古代的诗人，在运用尾韵的时候，便遵循了这种文字上的特象所指示出的途径而进行，诗是通篇一韵，词也一样，曲是一折一韵。我虽然作的是新诗，作诗时所用的却依

① 指 1923 年。

② 现译雪莱。

③ 经常，连续不断。

然是那有千年以至数千年之背景的中文文字，古代音律学的影响，（用古韵除外）我相信，新诗是逃避不了并且也不可逃避的。那科学的法国文艺批评家田纳（Taine）不是把文献列作了那产生文艺的三大势力之一吗，便是为了这个缘故，我决定了在《恳求》的整篇内只用一个尾韵。

平仄也是中文音律学中的一种特象，不可忽视或抛置。古代的诗词作家曾经创造出来许多优美的音节之图案，这是后人所应当充分欣赏，极端敬仰，并且因之鼓舞前进而努力于新的同等优美的创造的——填诗，填词这一类的行为我们应该深恶痛绝。新诗的读法异于旧诗，所以旧时平仄的律法不能应用到新诗的上面；新诗作者应当自家去创造平仄的律法。记得从前有人否议我那《采莲曲》中的“荷花呀人样娇娆”一行的平仄，我只是暗笑：这行诗明显的分成了两截，与辞赋中的“兮”字行一样，这一位如若是读过《九歌》的，他一定可以极随便的在《湘夫人》内发见“朝驰余马兮江皋”“灵之来兮如云”等行，在《山鬼》内发见“东风飘兮神灵雨”“留灵修兮憺忘归”等行。退一步讲，苏轼的《夜泛西湖》绝句中的“菰蒲无边水茫茫”一行，是出于一个精细的技术者之手，且是见于格律最严的七绝之中，这又该怎样解答呢？新诗内平仄的律法是要新诗作者自家去规定的；旧诗以及西诗的音律学可以拿来作参考，至于律法的创造，决不能用摹仿来搪塞。平仄是新诗所有的一种珍贵的遗产，且看新诗作者在将来是怎样的去利用它。

平仄的一种利用是在尾韵之上。词中的“西江月”是一个例子。不过这种的利用在旧诗内并不曾把长处充分地发展出来。我在这一方面，颇为努力了一番。就拿《恳求》来讲，每诗章的第三行都是用本韵的上声字协韵，每诗章的倒数第二行都是用本韵的去声字协韵：仄声韵的运用，是为了要复杂化诗章的节奏；去声韵的运用，是为了要在上声韵之后，逼紧一步，使得情绪紧张起来。每诗章之末，用平声韵来煞尾，是想着凭了弛缓的音韵来暗示出恳求后得不到答应的那时候心绪的降堕。

《恳求》一诗的时间之背景是一个夏夜，这与我得到本诗之感兴的实际的时间，一个秋夜，是迥乎不同了——这便是作者在那想着增进诗之效力的时候所能有的自由。那么，何以在这首诗里面，时间之背景是宜于夏夜呢？恋爱本是一种最热烈的情绪，何况是求恋，向一个羞涩少言的女子求恋，更何况求恋者是一个少年？除了夏夜，那两个热火之间的夏夜，实在是不能找到一个更合适的时间之背景了。春之昼是生长，茂盛；秋之昼是结实；夏夜却是喘息于恋爱之火后，期望着成熟与结实的那期间的象征。

本诗首章的时间是薄暮，所以天河与双星明亮着；末章的时间是深夜，所以看见月亮向西天疾翔。可怜者的恳求者呵，他申诉过这么长的时间了！那女子还是怜悯他而应允了呢，或是保持着缄默而竟于“归去空房”了呢？

旧历的巧日离夏天不远，恳求者见景生情，借了牵牛与织女的传说，用良机，别离种种譬喻的话来打动这个女子；嫦娥抛弃了热剌剌的人世，去清冷的月宫中度那超乎凡人之寿限的类乎月中之冰山的长生，这恳求者想像她到如今已经过厌了这种生活了，这也是借以讽喻这女子的，他看见月过中天，更进一层的来想像这是嫦娥赶到西方去会晤她的情人：牛郎与织女只能一年会合一次，嫦娥却是每晚去与情人幽会了。这是能够增进情境之紧凑的。

一片林地是本诗的地点之背景。马缨花清华是有，而却不在我当时所驻立的小山上；并且当时已是秋天，马缨花久已谢了。我写诗之时，是想着北京（如今是北平）城内那红墙侧的一些马缨树，以及它们随了夏暮之来临而吐出的气息。这气息活像是发自肌肉的；在夏天，在恳求与求爱的那热烈的关头，由肌肉上发出了气息来，那是极自然的现象。（记得我在芝加哥的时候，有一个夏暮，去游公园，在绿荫深处，无意地散步过一双情侣的头前；那女子所发出的肌息，与美国梨的嗅味毫无分别。）

总之，一首诗的产生是要经历一番复杂之过程的。形成这首诗的要素有作者的诗歌上的主张与天赋，（情诗有人根本上就不会写，或是不主张写；白恩士Burns[①]的“*Mary Morrison*”或夏惺的“*Indian Serenade*”也大异于白朗宁Bonert Browning的“*The Last Ride Together*”。）有作者当时的心境，（譬如说，我现在就不会再作《恳求》这一类的诗，我如今所爱读的情诗便是“*The Last Ride Together*”的这一类。）有措置题材的方法。（本诗中将实际的秋夜易为艺术的夏夜，引入实际所无的马缨花，并且利用古代的传说。）田纳说过，文艺是由三种势力形成的，它们是传说、环境、文献。

第四十三讲

诗的形式[②]

朱自清

二十多年来写新诗的和谈新诗的都放不下形式的问题，直到现在，新诗的提倡从破坏旧诗词的形式下手。胡适之先生提倡自由诗，主张“自然的音节”。但那时的新诗并不能完全脱离旧诗词的调子，还有些利用小调的音节的。完全用白话调的自然不少，诗行多长短不齐，有时长到二十几个字，又多不押韵。这就很近乎散文了。那时刘半农先生已经提议“增多诗体”，他主张创造与输入双管齐下。不过没有什么人注意。十二年[③]陆志韦先生的《渡河》出版，他试验了许多外国诗体，有相当的成功；有一篇《我的诗的躯壳》，说明他试验的情形。他似乎很注意押韵，但还是觉得长短句最好。那时正在盛行“小诗”——自由诗的极端——他的试验也没有什么人注意。这里得特别提到郭沫

① 彭斯。

② 据作家书屋1947年版《新诗杂话》校订。

③ 指1923年。

若先生，他的诗多押韵，诗行也相当整齐。他的诗影响很大，但似乎只在那泛神论的意境上，而不在形式上。

“自然的音节”近于散文而没有标准——除了比散文句子短些，紧凑些。一般人，不但是反对新诗的人，似乎总愿意诗距离散文远些，有它自己的面目。十四年[①]北平《晨报·诗刊》提倡的格律诗能够风行一时，便是为此。《诗刊》主张努力于“新形式与新音节的发现”（《诗刊》弁言），代表人是徐志摩、闻一多两位先生。徐先生试验各种外国诗体，他的才气足以驾驭这些形式，所以成绩斐然。而“无韵体”的运用更能达到自然的地步。这一体可以说已经成立在中国诗里。但新理论的建立得靠闻先生。他在《诗的格律》一文里主张诗要有“建筑的美”；这包括“节的匀称”“句的均齐”。要达到这种匀称和均齐，便得讲究格式、音尺[②]、平仄、韵脚等。如他的《死水》诗的两头行：

这是 一沟 绝望的 死水，

清风 吹不起 半点 漪沦。

两行都由三个“二音尺”和一个“三音尺”组成，而安排不同。这便是“句的均齐”的一例。他也试验种种外国诗体，成绩也很好。后来又翻译白朗宁夫人十四行诗几十首，发表在《新月杂志》上；他给这种形式以“商籁体”[③]的新译名。他是第一个使人注意“商籁”的人。

闻、徐两位先生虽然似乎只是输入外国诗体和外国诗的格律说，可是同时在创造中国新诗体，指示中国诗的新道路。他们主张的格律不像旧诗词的格律这样呆板；他们主张“相体裁衣”，多创格式。那时的诗便多向“匀称”、“均齐”一路走。但一般似乎只注重诗行的相等的字数而忽略了音尺等，驾驭文字的力量也还不足；因此引起“方块诗”甚至“豆腐干诗”等嘲笑的名字。一方面有些诗行还是太长。这当儿李金发先生等的象征诗兴起了。他们不注重形式

① 指1925年。

② 即音节。

③ 即十四行诗，为意大利文sonetto、英文sonnet、法文sonnet的音译。

而注重词的色彩与声音。他们要充分发挥词的暗示的力量：一面创造新鲜的隐喻，一面参用文言的虚字，使读者不致滑过一个词去。他们是在向精细的地方发展。这种作风表面上似乎回到自由诗，其实不然；可是规律运动却暂时像衰歇了似的。一般的印象好像诗只须“相体裁衣”，讲格律是徒然。

但格律运动实在已经留下了不灭的影响。只看抗战以来的诗，一面虽然趋向散文化，一面却也注意“匀称”和“均齐”，不过并不一定使各行的字数相等罢了。艾青和臧克家两位先生的诗都可作例，前者似乎多注意在“匀称”上，后者却兼注重在“均齐”上。而去年出版的卞之琳先生的《十年诗草》，更使我们知道这些年里诗的格律一直有人在试验着。从陆志韦先生起始，有志试验外国种种诗体的，徐、闻两先生外，还该提到梁宗岱先生，卞先生是第五个人。他试验过的诗体大概不比徐志摩先生少。而因为有前头的人做镜子，更能融会那些诗体来写自己的诗。第六个人是冯至先生，他的《十四行集》也在去年出版①；这集子可以说建立了中国十四行的基础，使得向来怀疑这诗体的人也相信它可以在中国诗里活下去。无韵体和十四行（或商籁）值得继续发展；别种外国诗体也将融化在中国诗里。这是摹仿，同时是创造，到了头都会变成我们自己的。

无论是试验外国诗体或创造“新格式与新音节”，主要的是在求得适当的“匀称”和“均齐”。自由诗只能作为诗的一体而存在，不能代替“匀称”、“均齐”的诗体，也不能占到比后者更重要的地位。外国诗如此，中国诗不会是例外。这个为的是让诗和散文距离远些。

原来诗和散文的分界，说到底并不显明；像牟雷（Murry）甚至于说这两者并没有根本的区别（见《风格问题》一书）。不过诗大概总写得比较强烈些，它比散文经济些，一方面却也比散文复沓多些。经济和复沓好像相反，其实相成。复沓是诗的节奏的主要的成分，诗歌起源时就如此，从现在的歌谣和《诗

① 冯至《十四行集》1942 年 5 月由桂林明日社出版。

经》的《国风》都可看出。韵脚跟双声叠韵也都是复沓的表现。诗的特性似乎就在回环复沓，所谓兜圈子；说来说去，只说那一点儿。复沓不为了要说得少，是为了要说得少而强烈些。诗随时代发展，外在的形式的复沓渐减，内在的意义的复沓渐增，于是乎讲求经济的表现——还是为了说得少而强烈些。但外在的和内在的复沓，比例尽管变化，却相依为用，相得益彰。要得到强烈的表现，复沓的形式是有力的帮手。就是写自由诗，诗行也得短些，紧凑些；而且不宜过分参差，跟散文相混。短些，紧凑些，总可以让内在的复沓多些。

新诗的初期重在旧形式的破坏，那些白话调都趋向于散文化。陆志韦先生虽然主张用韵，但还觉得长短句最好，也可见当时的风气。其实就中外的诗体（包括词曲）而论，长短句都不是主要的形式；就一般人的诗感而论，也是如此。现在的新诗已经发展到一个程度，使我们感觉到“匀称”和“均齐”还是诗的主要的条件；这些正是外在的复沓的形式。但所谓“匀称”和“均齐”并不要像旧诗——尤其是律诗——那样凝成定型。写诗只须注意形式上的几个原则，尽可“相体裁衣”，而且必须“相体裁衣”。

归纳各位作家试验的成果，所谓原则也还不外乎“段的匀称”和“行的均齐”两目。段的匀称并不一定要各段形式相同。尽可甲段和丙段相同，乙段和丁段相同；或甲乙丙段依次跟丁戊己段相同。但间隔三段的复沓（就是甲乙丙丁段依次跟戊己庚辛段相同）便似乎太远或太琐碎些。所谓相同，指的是各段的行数，各行的长短，和韵脚的位置等。行的均齐主要在音节（就是音尺）。中国语在文言里似乎以单音节和双音节为主，在白话里似乎以双音节和三音节为主。

顾亭林说过，古诗句最长不过十个字；据卞之琳先生的经验，新诗每行也只该到十个字左右，每行最多五个音节。我读过不少新诗，也觉得这是诗行最适当的长度，再长就拗口了。这里得注重轻音字，如“我的”的“的”字，“鸟儿”的“儿”字等。这种字不妨作为半个音，可以调整音节和诗行；行里有轻音字，就不妨多一个两个字的。点号却多少有些相反的作用；行里有点号，不妨少一两个字。这样，各行就不会像刀切的一般齐了。各行音节的数目，当然并不必相同，但得匀称的安排着。一行至少似乎得有两个音节。韵脚的安排有种种式样，但不外连韵和间韵两大类，这里不能详论。此外句中韵（内韵），双声叠韵，阴声阳声，开齐合撮四呼等，如能注意，自然更多帮助。这些也不难分辨。一般人难分辨的是平仄声；但平仄声的分别在新诗里并不占什么地位。

新诗的白话，跟白话文的白话一样，并不全合于口语，而且多少趋向欧化或现代化。本来文字也不能全合于口语，不过现在的白话诗文跟口语的距离比一般文字跟口语的距离确是远些；因为我们的国语正在创造中。文字不全合于口语，可以使文字有独立的地位，自己的尊严。现在的白话诗文已经有了这种地位，这种尊严。象征诗的训练，使人不放松每一个词语，帮助增进了这种地位和尊严。但象征诗为要得到幽涩的调子，往往参用文言虚字，现在却似乎不必要了。当然用文言的虚字，还可以得到一些古色古香；写诗的人还可以这样做的。有些诗纯用口语，可以得着活泼亲切的效果；徐志摩先生的无韵体就能做到这地步。自由诗却并不见得更宜于口语，不过短小的自由诗不然。苏联玛耶可夫斯基[①]的一些诗，就是这一类，从译文里也见出那精悍处。田间先生的《中国农村的故事》以至“诗传单”和“街头诗”也有这种意味。因为整个儿短小的诗形便于运用内在的复沓，比较容易成功经济的强烈的表现。

① 现译马雅可夫斯基。

第四十四讲

诗的分类[1]

老 舍

这是个形式的问题。在西洋，提到诗的分类，大概是以抒情诗，史诗，诗剧为标准的。亚里士多德的《诗学》差不多只是讨论诗剧，因为谈到诗剧便也包括了抒情诗与史诗。史诗，抒情诗，诗剧是古代希腊诗艺发展的自然界划。这三种在古代希腊是三种公众的娱乐品。在近代呢，这三种已失去古代的社会作用，这种分类法成为历史的、书本上的，所以也就没有多少意义。就是以这三种为诗艺的单位，它们的区划也不十分严密。史诗是要有对话的，可是好的史诗中能否缺乏戏剧的局势？抒情诗有时候也叙事，诗剧里也有抒情的部分。这样看，这三种的区别只是大体上的，不能极严密。

对于诗的分类还有一种看法，诗的格式。这对于中国人是特别有趣的。中国人对于史诗，抒情诗，戏剧的分别，向来未加以注意。伟大的史诗在中国是没有的。戏剧呢，虽然昌盛一时，可是没有人将它与诗合在一处讨论。抒情诗是一切。因此提起诗的分类，中国人立刻想到五绝、七绝、五律、七律、五古、七古、乐府与一些词曲的调子来。就是对于戏剧，也是免不了以它为一些曲子的联结而中间加上些对话，有的人就直接的减去对话，专作散曲。大概的说起来呢，五古、七古是多用于叙述的，五绝、七绝是多用于抒情的，律诗与词里便多是以抒情兼叙事了。诗的格式本是足以帮助表现的，有相当的格式

① 这是齐鲁大学文学院 1930 年印行的《文学概论讲义》中的一节，据 2008 年版《老舍全集》第 16 卷校订。

更足以把思想感情故事表现得完美一些。但是，专看格式，往往把格式看成一种死的形式，而忘了艺术的单位这一观念。中国人心中没有抒情诗与叙事诗之别，所以在诗中，特别是在律诗里，往往是东一句西一句的拼凑；一气呵成的律诗是很少见的，因为作诗的人的眼中只有一些格式，而没有想到他是要把这格式中所说的成个艺术的单位。这个缺点就是伟大诗人也不能永远避免。试看陆游的“利欲驱人万火牛，江湖浪迹一沙鸥，日长似岁闲方觉，事大如天醉亦休。”是多么自然，多么畅快，一点对仗的痕迹也看不出，因为他的思想是一个整的，是顺流而下一泻千里的。但是，再看这首的下一半：“衣杵敲残深巷月，井桐摇落故园秋。欲舒老眼无高处，安得元龙百尺楼？”这便与前四句截然两事了：前四句是一个思想，一个感情，虽然是放在一定的格式中，而觉不出丝毫的拘束。这后四句呢，两句是由感情而变为平凡的叙述，两句是无聊的感慨。这样，这首《秋思》的前半是诗，而后半是韵语——只为凑成七言八句，并没有其他的作用。这并不是说，一首七律中不许由抒情而叙述，而是说只看格式的毛病足以使人忽略了艺术单位的希企：只顾填满格式，而不能将感情与文字打成一片，因而露出格式的原形，把诗弄成一种几何图解似的东西了。

再说，把诗看成格式的寄生物，诗人便往往失去作诗的真诚，而随手填上一些文字便称之为诗。看苏轼的《祥符寺九曲观灯》：“纱笼擎烛迎门入，银叶烧香见客邀。金鼎转丹光吐夜，宝珠穿蚁闹连朝。波翻焰里元相激，鱼舞汤中不畏焦。明日酒醒空想象，清吟半逐梦魂销。”这是诗么？这是任何人所能说出的，不过是常人述说灯景不用韵语而已。诗不仅是韵语。可见，把格式看成诗的构成原素，便可以把一些没感情，没思想的东西放在格式里而美其名曰诗。灯景不是个坏题目，但是诗人不能给灯景一个奇妙的观感，便根本无须作诗。

由上面的两段看出，以诗艺单位而分类的，不能把诗分得很清楚。但是有种好处，这样分类可以使诗人心中有个理想的形式，他是要作一首什么，一首抒情的，还是一首叙事的；他可以因此而去设法安排他的材料。以诗的格式分类的容易把格式看成一切，只顾格式而忘了诗之所以为诗。研究格式是有用的，因为它能使我们认识诗艺中的技巧，但是，以诗而言诗，格式的技巧不是诗的最要紧的部分。

再进一步说，诗形的研究是先有了作品而后发生的。诗的活力能产生新格式，格式的研究不能限制住诗的发展。自然，诗的格式对于写家永远有种诱惑力，次韵①与摹古是不易避免的引诱，但是，记住五六百词调的人未必是个词家。这样，我们可以不必把诗的格式一一写在这里，虽然研究诗形也是种有趣的工作。研究诗形能帮助我们明白一些诗的变迁与形式内容相互的关系，但这是偏于历史方面的；就是以历史的观点看诗艺，它的发展也不只是机械的形体变迁；时代的感情、思想与事实或者是诗艺变迁更大的原动力。

第四十五讲

诗的语言②

朱自清

一、诗是语言

普通人多以为诗是特别的东西，诗人也是特别的人。于是总觉得诗是难懂的，对它采取干脆不理的态度，这实在是诗的一种损失。其实，诗不过是一种语言，精粹的语言。

① 指旧时古体诗词写作的一种方式。按照原诗的韵和用韵的次序来和诗。

② 据1942年第17期《国文月刊》校订，收入1993年版《朱自清全集》第8卷。

1.诗先是口语：

最初诗是口头的，初民的歌谣即是诗，口语的歌谣，是远在记录的诗之先的，现在的歌谣还是诗。今举对唱的山歌为例：“你的山歌没得我的山歌多。我的山歌几箩篼。箩篼底下几个洞，唱的没有漏的多。”“你的山歌没得我的山歌多。我的山歌牛毛多。唱了三年三个月，还没唱完牛耳朵。”

两边对唱，此歇彼继，有挑战的意味，第一句多重复，这是诗；不过是较原始的形式。

2.诗是语言的精粹：

诗是比较精粹的语言，但并不是诗人的私语，而是一般人都可以了解的。如李白《夜思》：

床前明月光，疑是地上霜。

举头望明月，低头思故乡。

这四句诗很易懂。而且千年后仍能引起我们的共鸣。因为所写的是“人”的情感，用的是公众的语言，而不是诗人的私语。孩子们的话有时很有诗味，如：

院里的树叶已经像巴掌一样大了，爸爸什么时候回来呢？

这也见出诗的语言并非诗人的私语。

二、诗与文的分界

1.形式不足尽凭：

从表面看，似乎诗要押韵，有一定形式。但这并不一定是诗的特色。散文中有时有诗。诗中有时也有散文。

前者如：

历览前贤国与家，成由勤俭破由奢。（李商隐）

向你倨，你也不削一块肉；向你恭，你也不长一块肉。（傅斯年）

后者如：

暮春三月，江南草长，杂花生树。群莺乱飞。(丘迟)

我们最当敬重的是疯子，最当亲爱的是孩子，疯子是我们的老师，孩子是我们的朋友。我们带着孩子，跟着疯子走向光明去。(傅斯年)

颂美黑暗。讴歌黑暗。只有黑暗能将这一切都消灭调和于虚无混沌之中。没有了人，没有了我，更没有了世界。(冰心)

上面举的例子，前两个，虽是诗，意境却是散文的。后三个虽是散文，意境却是诗的。又如歌诀，虽具有诗的形式，却不是诗，如：

平声平道莫低昂，上声高呼猛烈强，去声分明哀远道，入声短促急收藏。

谚语语虽押韵，也不是诗。如：

病来一大片，病去一条线。

2.题材不足限制：

题材也不能为诗、文的分界。五四时代，曾有一回“丑的字句”的讨论。有人主张“洋楼”，“小火轮”，“革命”，“电报”……不能入诗；世界上的事物，有许多许多——无论是少数人的，或多数人所习闻的事物——是绝对不能入诗的。但他们并没有从正面指出那些字句是可以入诗的，而且上面所举出的事物未尝不可入诗，如邵瑞彭的词：

电掣灵蛇走，云开怪蜃沉，烛天星汉压潮音，十美灯船，摇荡大珠林。(《咏轮船》)

这能说不是“诗”吗？

3.美无定论：

如果说“美的东西是诗”，这句话本身就有语病；因为不仅是诗要美，文也要美。

大概诗与文并没有一定的界限，因时代而定。某一时代喜欢用诗来表现，某一时代却喜欢用文来表现。如，宋诗多议论，因为宋代散文发达；这种发议论的诗也是诗。白话诗，最初是抒情的成分多，而抗战以后，则散文的成分多，但都是诗。现在的时代还是散文时代。

三、诗缘情

诗是抒情的。诗与文的相对的分别，多与语言有关。诗的语言更经济，情感更丰富。达到这种目的的方法：

1.暗示与理解：

用暗示，可以从经济的字句，表示或传达出多数的意义来，也就是可以增加情感的强度。如辛稼轩的词：

将军百战身名裂，向河梁回头万里，故人长绝。

易水萧萧西风冷，满座衣冠似雪。正壮士悲歌未彻。

这词是辛稼轩和他兄弟分别时作的，其中所引用的两个别离的故事之间没有桥梁；如果不懂得故事的意义，就不能把它们凑合起来，理解整个儿的意思，这里需要读者自己来搭桥梁，来理解它。又如朱熹的《观书有感》：

半亩方塘一鉴开，天光云影共徘徊。

问渠“那得清如许”？“为有源头活水来”。

也完全是用暗示的方法，表示读书才能明理。

2.比喻与组织：

从上段可以见出，用比喻是最经济的办法，一个比喻可以表达好几层意义。但读诗时，往往会觉得比喻难懂。比喻又可分：

（1）人事的比喻：比较容易懂。

（2）历史的比喻（典故）：比较难懂。

新诗中用比喻的例子，卞之琳《音尘》：

绿衣人熟稔地按门铃，

就按在住户的心上；

是游过黄海来的鱼？

是飞过西伯利亚来的雁？

“翻开地图看”远人说。

他指示我他所在的地方，

是那条虚线旁那个小黑点。

如果那是金黄的一点，

如果我的坐椅是泰山顶，

在月夜，我要猜你那儿，

准是一个孤独的火车站。

然而我正对着一本历史书，

西望夕阳里的咸阳古道，

我等到了一匹快马的蹄音。

在这首诗里，作者将那个小黑点形象化，具体化，用了“鱼”和“雁”的典故，又用“泰山”和“火车站”作比喻，而“夕阳”“古道”，来自李白《忆秦娥》：“年年伤别，夕阳古道音尘绝，音尘绝，西风残照汉家陵阙。”也是一种比喻，用古人的伤别的情感喻自己的情感。

诗中的比喻有许多是诗人自己创造出来的，他们从经验中找出一些新鲜而别致的东西来作比喻的。如：陈散原先生的“乡县酱油应染梦”，“酱油”亦可创造比喻。可见只要有才，新警的比喻是俯拾即是的。

四、组织

1.韵律：

诗要讲究音节，旧诗词中更有人主张某种韵表示某种情感者，如周济《宋四家词选叙论》：

阳声字多则沉顿，阴声字多则激昂，重阳间一阴则柔而不靡，重阴间一阳则高而不危。

东真韵宽平，支先韵细腻，鱼歌韵缠绵，萧尤韵感慨如具声响。

2.句式之复沓与倒置：

因为诗是发抒情感的，而情感多是重复迂回的，如《古诗十九首》：

行行重行行，与君生别离。
相去万余里，各在天一涯。
道路阻且长，会面安可知。
……

这几句都表示同一意思——相隔之远——，可算一种复沓。句式的复沓又可分字重与意重。前者较简单，后者较复杂。歌谣与故事亦常用复沓，因为复沓可以加强情调，且易于记诵。如李商隐诗：

君问归期未有期，巴山夜雨涨秋池，
何当共剪西窗烛，却话巴山夜雨时。

这也是复沓，但比较的曲折了。

新诗如杜运燮的《滇缅公路》[①]：

……
路永远使我们兴奋，都来歌唱呵！
这是重要的日子，幸福就在手头。
看它，风一样有力，航过绿色的田野，
蛇一样轻灵，从茂密的草木间
盘上高山的背脊，飘行在云流中，
俨然在飞机的座舱里，发现新的世界，
而又鹰一般敏捷，画几个优美的圆弧
降落下箕形的溪谷，倾听村落里
安息前欢愉的匆促，轻烟的朦胧中
溢着亲密的呼唤，人性的温暖，
于是更懒散，沿着水流缓缓走向城市。

① 以下引文据上海教育出版社 1979 年版《新诗选》第 3 册校订。

而，就在粗糙的寒夜里；荒冷
而空洞，也一样负着全民族的食粮：
载重车的黄眼满山搜索，
搜索着跑向人民的渴望；
沉重的橡皮轮不绝滚动着，
人民兴奋的脉搏，每一块石子
一样觉得为胜利尽忠而骄傲；
微笑了，在满足向微笑着的星月下面，
微笑了，在豪华的凯旋日子的好梦里。
……

一方面用比喻使许多事物形象化，具体化；一方面写全民族的情感，仍不离诗的复沓的原则，复沓的写民族抗战的胜利。

句式之倒置，在引起注意。如：

竹喧归浣女。

3.分行：

分行则句子的结构可以紧凑一点，可以集中读者的边际注意。

诗的用字须经济。如王维的：

大漠孤烟直，长河落日圆。

十字，是一幅好画，但比画表现得多，因为这两句诗中的“直”“圆”是动的过程，画是无法表现的。

五、传达与了解

1.传达是不完全的：

诗虽不如一般人所说的难懂，但表达时，不是完全的。如比喻，或用典时往往不能将意思或情感全传达出来。

2.了解也是不完全的：

因为读者读诗时的心情，和周遭的情景，对读者对诗的了解都有影响。往往因为心情或情景的不同，了解也不同。

诗究竟是不是如一般人所说的带有神秘性，有无限可能的解释呢？这是很不容易回答的。但有一点可以说：我们不能离开字句及全诗的连贯去解释诗。

第四十六讲

诗与幽默①

朱自清

旧诗里向不缺少幽默。南宋黄彻《砻溪诗话》云：

子建称孔北海文章多杂以嘲戏；子美亦“戏效俳谐体”，退之亦有“寄诗杂诙俳”，不独文举为然。自东方生而下，祢处士、张长史、颜延年辈往往多滑稽语。大体材力豪迈有余而用之不尽，自然如此。……坡集类此不可胜数。《寄蕲簟与蒲传正》云，“东坡病叟长羁旅，冻卧饥吟似饥鼠。倚赖东风洗破衾，一夜雪寒披故絮。”《黄州》云，“自惭无补丝毫事，尚费官家压酒囊。”《将之湖州》云，“吴儿脍缕薄欲飞，未去先说馋涎垂。”又“寻花不论命，爱雪长忍冻，”“天公非不怜，听饱即喧哄。”……皆斡旋其章而弄之，信恢刃有余，与血指汉颜者异矣。

这里所谓滑稽语就是幽默。近来读到张骏祥先生《喜剧的导演》一文（《学术季刊》文哲号），其中论幽默很简明：“幽默既须理智，亦须情感。幽默对于所笑的人，不是绝对的无情；反之，如西万提斯之于吉诃德先生，实在

① 据作家书屋1947年版《新诗杂话》校订。

含有无限的同情。因为说到底，幽默所笑的不是第三者，而是我们自己。……幽默是温和的好意的笑。”黄彻举的东坡诗句，都在嘲弄自己，正是幽默的例子。

新文学的小说、散文、戏剧各项作品里也不缺少幽默，不论是会话体与否；会话体也许更便于幽默些。只诗里幽默却不多。我想这大概有两个缘由：一是一般将诗看得太严重了，不敢幽默，怕亵渎了诗的女神。二是小说、散文、戏剧的语言虽然需要创造，却还有些旧白话文，多少可以凭借；只有诗的语言得整个儿从头创造起来。诗作者的才力集中在这上头，也就不容易有余暇创造幽默。这一层只要诗的新语言的传统建立起来，自然会改变的。新诗已经有了二十多年的历史，看现在的作品，这个传统建立的时间大概快到来了。至于第一层，将诗看得那么严重，倒将它看窄了。诗只是人生的一种表现和批评；同时也是一种语言，不过是精神的语言。人生里短不了幽默，语言里短不了幽默，诗里也该不短幽默，才是自然之理。黄彻指出的情形，正是诗的自然现象。

新诗里纯粹的幽默的例子，我只能举出闻一多先生的《闻一多先生的书桌》一首：

忽然一切的静物都讲话了，
  忽然书桌上怨声腾沸：
墨盒呻吟道“我渴得要死！”
  字典喊雨水渍湿了他的背；

信笺忙叫道弯痛了他的腰；
  钢笔说烟灰闭塞了他的嘴，
毛笔讲火柴燃秃了他的须，
  铅笔抱怨牙刷压了他的腿；

香炉咕喽着“这些野蛮的书
　早晚定规要把你挤倒了！”
大钢表叹息快睡锈了骨头；
　“风来了！风来了！”稿纸都叫了；

笔洗说他分明是盛水的，
　怎么吃得惯臭辣的雪茄灰；
桌子怨一年洗不上两回澡，
　墨水壶说“我两天给你洗一回。”

“什么主人？谁是我们的主人？”
　一切的静物都同声的骂道。
“生活若果是这般的狼狈，
　倒还不如没有生活的好！”

主人咬着烟斗迷迷地笑，
　“一切的众生应该各安其位。
我何曾有意的糟蹋你们，
　秩序不在我的能力之内。”

《死水》

这里将静物拟人，而且使书桌上的这些静物“都讲话”：有的是直接的话，有的是间接的话，互相映衬着。这够热闹的。而不止一次的矛盾的对照更能引人笑。墨盒“渴得要死”，字典却让雨水湿了背；笔洗不盛水，偏吃雪茄灰；桌子怨“一年洗不上两回澡”，墨水壶却偏说两天就给他洗一回。“书桌上怨声腾沸”，一切的静物都同声骂，主人却偏“迷迷的笑”；他说“一切的众生应该各安其位”，可又缩回去说“秩序不在我的能力之内”。这些都是矛盾的存在，而最后一个矛盾更是全诗的极峰。热闹，好笑，主人嘲弄自己，是的；可是“一切的众生应该各安其位”，见出他的抱负，他的身分——他不是一个小丑。

俞平伯先生的《忆》，都是追忆儿时心理的诗。亏他居然能和成年的自己隔离，回到儿时去。这里面有好些幽默。我选出两首：

有了两个橘子，
一个是我底，
一个是我姊姊底。
把有麻子的给了我，
把光脸的她自有了。

“弟弟你底好，
绣花的呢。”
真不错！
好橘子，我吃了你罢。
真正是个好橘子啊！

《第一》

亮汪汪的两根灯草的油盏，
摊开一本《礼记》，
且当它山歌般的唱。

乍听间壁又是说又是笑的，
“她来了罢？”
《礼记》中尽是些她了。
“娘，我书已读熟了。”

《第二十二》

这里也是矛盾的和谐。第一首中“有麻子的”却变成“绣花的”；“绣花的”的“好”是看的“好”，“好橘子”和“好橘子”的“好”却是可吃的“好”和吃了的“好”，次一首中《礼记》却“当它山歌般的唱”，而且后来“《礼记》中尽是些她了”；“当它山歌般的唱”，却说“娘，我书已读熟了”。笑就蕴藏在这些别人的，自己的，别人和自己的矛盾里。但儿童自己觉得这些只是自然而然，矛盾是从成人的眼中看出的。所以更重要的，笑是蕴藏在儿童和成人的矛盾里。这种幽默是将儿童（儿时的自己和别的儿童）当作笑的对象，跟一般的幽默不一样；但不失为健康的。《忆》里的诗都用简短的口语，儿童的话原是如此；成人却更容易从这种口语里找出幽默来。

用口语或会话写成的幽默的诗，还可举出赵元任先生贺胡适之先生的四十生日的一首：

适之说不要过生日，
　生日偏又到了。
我们一般爱起哄的，
　又来跟你闹了。

今年你有四十岁了都，
　我们有的要叫你老前辈了都：
天天听见你提倡这样，提倡那样，
　觉得你真有点儿对了都！

你是提倡物质文明的咯，
　所以我们就来吃你的面；
你是提倡整理国故的咯，
　所以我们都进了研究院；
你是提倡白话诗人的咯，

所以我们就罗罗唆唆写上了一大片。

我们且别说带笑带吵的话，

　　我们且别说胡闹胡搞的话，

我们并不会说很巧妙的话，

　　我们更不会说“倚少卖老”的话；

但说些祝颂你们健康的话——

　　就是送给你们一家子大大小小的话。

（《北平晨报》，十九，十二，十八）

全诗用的是纯粹的会话；像“都”字（读音像“兜”字）的三行只在会话里有（“今年你有四十岁了都”就是“今年你都有四十岁了”，余类推）。头二段是仿胡先生的“了”字韵；头两行又是仿胡先生的

我本不要儿子，

儿子自来了。

那两行诗。三四段的“多字韵”（胡先生称为“长脚韵”）也可以说是“了”字韵的引申。因为后者是前者的一例。全诗的游戏味也许重些，但说的都是正经话，不至于成为过分夸张的打油诗。胡先生在《尝试集》自序里引过他自己的白话游戏诗，说“虽是游戏诗，也有几段庄重的议论”；赵先生的诗，虽带游戏味，意思却很庄重，所以不是游戏诗。

赵先生是长于滑稽的人，他的《国语留声机片课本》《国音新诗韵》，还有翻译的《阿丽斯漫游奇境记》，都可以见出。张骏祥先生文中说滑稽可分为有意的和无意的两类，幽默属于前者。赵先生似乎更长于后者，《奇境记》真不愧为“魂译”（丁西林先生评语，见《现代评论》）。记得《新诗韵》里有一个“多字韵”的例子：

你看见十个和尚没有？

他们坐在破锣上没有？

无意义，却不缺少趣味。无意的滑稽也是人生的一面，语言的一端，歌谣里最多，特别是儿歌里。——歌谣里幽默却很少，有的是诙谐和讽刺。这两项也属于有意的滑稽。张先生文中说我们通常所谓话说得俏皮，大概就指诙谐。“诙谐是个无情的东西，”“多半伤人；因为诙谐所引起的笑，其对象不是说者而是第三者”。讽刺是“冷酷，毫不留情面”，“不只挞伐个人，有时也攻击社会。”我们很容易想起许多嘲笑残废的歌谣和“娶了媳妇忘了娘”一类的歌谣，这便是歌谣里诙谐和讽刺多的证据。

第四十七讲

诗　韵[1]

朱自清

新诗开始的时候，以解放相号召，一般作者都不去理会那些旧形式。押韵不押韵自然也是自由的。不过押韵的并不少。到现在通盘看起来，似乎新诗押韵的并不比不押韵的少得很多。再说旧诗词曲的形式保存在新诗里的，除少数句调还见于初期新诗里以外，就没有别的，只有韵脚。这值得注意。新诗独独的接受了这一宗遗产，足见中国诗还在需要韵，而且可以说中国诗总在需要韵。原始的中国诗歌也许不押韵，但是自从押了韵以后，就不能完全甩开它似的。韵是有它的存在的理由的。

韵是一种复沓，可以帮助情感的强调和意义的集中。至于带音乐性，方便

① 据作家书屋 1947 年版《新诗杂话》校订，收入 1988 年版《朱自清全集》第 2 卷。

记忆，还是次要的作用。从前往往过分重视这种次要的作用，有时会让音乐淹没了意义，反觉得浮滑而不真切。即如中国读诗重读韵脚，有时也会模糊了全句；近体律绝声调铿锵，更容易如此。幸而一般总是隔句押韵，重读的韵脚不至于句句碰头。句句碰头的像“柏梁体”[①]的七言古诗，逐句押韵，一韵到底，虽然是强调，却不免单调。所以这一体不为人所重。新诗不应该再重读韵脚，但习惯不容易改，相信许多人都还免不了这个毛病。我读老舍先生的《剑北篇》，就因为重读韵脚的原故，失去了许多意味；等听到他自己按着全句的意义朗读，只将韵脚自然的带过去，这才找补了那些意味。——不过这首诗每行押韵，一韵又有许多行，似乎也嫌密些。

有人觉得韵总不免有些浮滑，而且不自然。新诗不再为了悦耳；它重在意义，得采用说话的声调，不必押韵。这也言之成理。不过全是说话的声调也就全是说话，未必是诗。英国约翰·德林瓦特（John Drinkwater）曾在《论读诗》的一张留声机片中说全用说话调读诗，诗便跑了。是的，诗该采用说话的调子，但诗的自然究竟不是说话的自然，它得加减点儿，夸张点儿，像电影里特别镜头一般，它用的是提炼的说话的调子。既是提炼而得自然，押韵也就不至于妨碍这种自然。不过押韵的样式得多多变化，不可太密，不可太板，不可太响。

押韵不可太密，上文已举“柏梁体”为例。就是隔句押韵，有些人还恐怕单调，于是乎有转韵的办法；这用在古诗里，特别是七古里。五古转韵，因为句子短，隔韵近，转韵求变化，道理明白。但七古句子长，韵隔远，为什么转韵的反而多呢？这有特别的理由。原来六朝到唐代七古多用谐调，平仄铿锵，带音乐性已经很多，转韵为的是怕音乐性过多。后来宋人作七古，多用散文化的句调，却怕音乐性过少，便常一韵到底，不换韵。所以韵的作用，归根结底，还是随着意义变的；我们就韵论韵，只是一种方便，得其大概罢了，并没

① 即句句押韵而不是隔句押韵的七言古诗。始于汉武帝时大宴柏梁台赋诗，故得名。

有什么铁律可言。词的句调比较近于说话，变化多，转韵也多。可是词又出于乐歌，带着很多的音乐性，所以一般的看，用韵比较密。它以转韵调剂密韵，显明的例子如《河传》。还有一种平仄通押（如贺铸《水调歌头》“南国本潇洒，六代竞豪奢”一首，见《东山寓声乐府》）也是转韵；变化虽然不及一般转韵的大，却能保存着那一韵到底的一贯的气势，是这一体的长处。曲的句调也近于说话，但以明快为主，并因乐调的配合，都是到底一韵。不过平仄通押是有的。

词的押韵的样式最多，它还有间韵。如温庭筠的《酒泉子》道：

楚女不归，
楼枕小河春水。
月孤明，风又起，
杏花稀。

玉钗斜篸云鬟髻，
裙上镂金凤。
八行书，千里梦，
雁南飞。

（据《词律》卷三）[①]

这里间隔的错综的押着三个韵，很像新诗；而那“稀”和“飞”两韵，简直就是新诗的“章韵”。又如苏轼的《水调歌头》的前半阕道：

明月几时有？把酒问青天。
不知天上宫阙，今夕是何年！
我欲乘风归去，
又恐琼楼玉宇，

① 其中“归”“稀”“髻”“飞”都是《中原音韵》齐微韵部字。《全唐诗·附词》“髻”字作“重”。

高处不胜寒。

起舞弄清影，何似在人间！

（据任二北先生《词学研究法》，与《词律》异）

这也是间隔着押两个韵。这些都是转韵，不过是新样式罢了。

诗里早有人试过间韵。晚唐章碣有所谓“变体”律诗，平仄各一韵，就是这个：

东南路尽吴江畔，正是穷愁暮雨天。

鸥鹭不嫌斜两岸，波涛欺得逆风船。

偶逢岛寺停帆看；深羡渔翁下钓眠。

今古若论英达算，鸱夷高兴固无边。

（《全唐诗》四函一册）

章碣“变体”只存这一首，也不见别人仿作，可见并未发生影响。他的试验是失败了，失败的原因，我想是在太板太密。新诗里常押这种间韵，但是诗行节奏的变化多，行又长，就没有什么毛病了。间韵还可以跨句。如上举《酒泉子》的“起”韵，《水调》的“宇”韵，都不在意义停顿的地方，得跟下面那个不同韵的韵句合成一个意义单位。这是减轻韵脚的重量，增加意义的重量，可以称为跨句韵。这个样式也从诗里来，鲍照是创始的人。如他的《梅花落》诗道：

中庭杂树多，偏为梅咨嗟。

问君何独然？念其霜中能作花，

霜中能作实，摇荡春风媚春日。

念尔零落逐寒风，徒有霜华无霜质！

“实”韵正是跨句韵；但这首诗只是转韵，不是间韵。现在新诗里用间韵很多，用这种跨句韵也不少。

任二北先生在《词学研究法》里论“谐于吟讽之律”，以为押韵“连者密者为谐”。他以为《酒泉子》那样押韵嫌“隔”而不连，《西平乐》后半阕

“十六句只三叶韵”，嫌“疏”而不密。他说这些“于歌唱之时，容或成为别调，若于吟讽之间，则皆无取焉”。他虽只论词，但喜欢连韵和密韵，却代表着传统的一般的意见。我们一向以高响的说话和歌唱为“好听”（见王了一先生《什么话好听》一文，《国文月刊》），所以才有这个意见。但是现在的生活和外国的影响磨锐了我们的感觉；我们尤其知道诗重在意义，不只为了悦耳。那首《酒泉子》的韵倒显得新鲜而不平凡，那《西平乐》一调和疏韵也别有一种“谐”处。《词律拾遗》卷六收吴文英的《西平乐》一首，后半阕十六句中有十三个四字短句。这种句式的整齐复沓也是一种“谐”，可以减少韵的负担。所以“十六句三叶韵”并不为少。

这种疏韵除利用句式的整齐复沓外，还可与句中韵（内韵）和双声叠韵等合作，得到新鲜的和谐。疏韵和间韵都有点儿“哑”，但在哑的严肃里，意义显出了重量。新诗逐行押韵的比较少，大概总是隔行押韵或押间韵。新诗行长，这就见得韵隔远，押韵疏了。间韵能够互相调谐，从十四行体的流行可知；隔行押韵，也许加点儿花样更和谐些。新诗这样减轻了韵脚的分量，只是我们有时还不免重读韵脚的老脾气。这得靠朗读运动来矫正。新诗对于韵的态度，是现代生活和外国诗的影响，前已提及。但这新种子，如本篇所叙，也曾在我们的泥土里滋长过，只不算欣欣向荣罢了。所以这究竟也是自然的发展。

作旧诗词曲讲究选韵。这就是按着意义选押合宜的韵——指韵部，不指韵脚。周济《宋四家词选叙论》中说到各韵部的音色，就是为的选韵。他道：

> “东”“真”韵宽平，“支”“先”韵细腻，“鱼”“歌”韵缠绵，“萧”“尤”韵感慨，各具声响，莫草草乱用。

这只是大概的说法，有时很得用，但不可拘执不化。因为组成意义的分子很多，韵只居其一，不可给予太多的分量。韵部的音色固然可以帮助意义的表现，韵部的通押也有这种作用，而后者还容易运用些。作新诗不宜全押本韵，全押本韵嫌太谐太响。参用通押，可以哑些，所谓“不谐之谐”——现代音乐里也参用不谐的乐句，正同一理——；而且通押时供选择的韵字也增多。不过现在的新诗作者，押韵并不查诗韵，只以自己的蓝青官话为据，又常平仄通押，倒是不谐而谐的多。不过“谐韵”也用得着。这里得提到教育部制定的《中华新韵》。这是一部标准的国音韵书，里面注明通韵；要谐，押本韵，要不谐，押通韵。有本韵书查查，比自己想韵方便得多。作方言诗自然可用方言押韵，也很新鲜别致的。新诗又常用“多字韵”或带轻音字的韵，有一种轻快利落的意味；这也在减少韵脚的重量。胡适之先生的“了字韵”创始了新诗的“多字韵”，但他似乎用得太多。

现在举卞之琳先生《傍晚》这首短诗，显示一些不平常的押韵的样式。

倚着西山的夕阳
和呆立着的庙墙
对望着：想要说什么呢？
又怎么不说呢？

驮着老汉的瘦驴
匆忙的赶回家去，
忒忒的，足蹄鼓着道儿——
枯涩的调儿！

半空里哇的一声
一只乌鸦从树顶
飞起来，可是没有话了，
依旧息下了。

按《中华新韵》，这首诗用的全是本韵。但“驴”与“去”，“声”与“顶”是平仄通押；“阳”“墙”“驴”“顶”都是跨句韵，“么呢”“说呢”，“道儿”“调儿”，“话了”“下了”，都是“多字韵”。而“去”与“下”是轻音字，和非轻音字相押，为的顺应全诗的说话调。轻音字通常只作“多字韵”的韵尾，不宜与非轻音字押韵；但在要求轻快流利的说话的效用时，也不妨有例外。

第四十八讲

诗与话[①]

朱自清

胡适之先生说过宋诗的好处在“做诗如说话”，他开创白话诗，就是要更进一步的做到“做诗如说话”。这“做诗如说话”大概就是说，诗要明白如话。这一步胡先生自己是做到了，初期的白话诗人也多多少少的做到了。可是后来的白话诗越来越不像说话，到了受英美近代诗的影响的作品而达到极度。于是有朗诵诗运动，重新强调诗要明白如话，朗诵出来大家懂。不过胡先生说的“如说话”，只是看起来如此，朗诵诗也只是又进了一步做到朗诵起来像说话，都还不像日常嘴里说的话。陆志韦先生却要诗说出来像日常嘴里说的话。他的《再谈谈白话诗的用韵》（见燕京大学新诗社主编的《创世曲》）的末尾说：

我最希望的，写白话诗的人先说白话，写白话，研究白话。写的是不是诗倒还在其次。

这篇文章开头就提到他的《杂样的五拍诗》，那发表在《文学杂志》二卷四期里，是用北平话写出的。要像日常嘴里说的话，自然非用一种方言不可。陆先生选了北平话，是因为赵元任先生说过“北平话的重音的配备最像英文不过”，而“五拍诗”也就是“无韵体”，陆先生是“要摹仿莎士比亚的神韵”。

① 据上海观察社1948年版《论雅俗共赏》校订，收入1988年版《朱自清全集》第3卷。

陆先生是最早的系统的试验白话诗的音节的诗人，试验的结果有本诗叫做《渡河》，出版在民国十二年。记得那时他已经在试验无韵体了。以后有意的试验种种西洋诗体的，要数徐志摩和卞之琳两位先生。这里要特别提出徐先生，他用北平话写了好些无韵体的诗，大概真的在摹仿莎士比亚，在笔者看来是相当成功的，又用北平话写了好些别的诗，也够味儿。他的散文也在参用着北平话。他是浙江硖石人，集子里有硖石方言的诗，够道地的。他笔底下的北平话也许没有本乡话道地，不过活泼自然，而不难懂。他的北平话大概像陆先生在《用韵》那篇文里说的，“是跟老百姓学”的，可是学的只是说话的腔调，他说的多半还是知识分子自己的话。陆先生的五拍诗里的北平话，更看得出“是跟老百姓学”的，因为用的老百姓的词汇更多，更道地了。可是他说的更只是自己的话。他的五拍诗限定六行，与无韵体究竟不一样。这“是用国语写的”，“得用国语来念”，陆先生并且“把重音圈出来”，指示读者该怎样念。这一点也许算得是在“摹仿莎士比亚”的无韵体罢。可是这二十三首诗，每首像一个七巧图，明明是英美近代诗的作风，说是摹仿近代诗的神韵，也许更确切些。

近代诗的七巧图，在作者固然费心思，读者更得费心思，所以“晦涩”是免不了的。陆先生这些诗虽然用着老百姓的北平话的腔调，甚至有些词汇也是老百姓的，可并不能够明白如话，更不像日常嘴里说的话。他在《用韵》那篇文里说“罚咒以后不再写那样的诗”，“因为太难写”，在《杂样的五拍诗》的引言里又说“有几首意义晦涩”，于是他“加上一点注解”。这些都是老实话。但是注解究竟不是办法。他又说“经验隔断，那能引起共鸣”。这是晦涩的真正原因。他又在《用韵》里说：

中国的所谓新人物，依然是老脾气。那怕连《千家诗》《唐诗三百首》都没有见过的人，一说起这东西是“诗”，就得哼哼。一哼就把真正的白话诗哼毁了。

“真正的白话诗”是要“念”或说的。我们知道陆先生是最早的系统的试验白话诗的音节的诗人，又是音乐鉴赏家，又是音韵学家，他特别强调那

“念”的“真正的白话诗”，是可以了解的；就因为这些条件，他的二十三首五拍诗，的确创造了一种“真正的白话诗”。可是他说“不会写大众诗”，“经验隔断，那能引起共鸣”，也是真的。

用老百姓说话的腔调来写作，要轻松不难，要活泼自然，也不太难，要沉着却难；加上老百姓的词汇，要沉着更难。陆先生的五拍诗能够达到沉着的地步，的确算得是奇作。笔者自己很爱念这些诗，已经念过好几遍，还乐意念下去，念起来真够味。笔者多多少少分有陆先生的经验，虽然不敢说完全懂得这些诗，却能够从那自然而沉着的腔调里感到亲切。这些诗所说的，在笔者看来，可以说是爱自由的知识分子的悲哀。我们且来念念这些诗。开宗明义是这一首：

是一件百家衣，矮窗上的纸
苇子杆上稀稀拉拉的雪
松香琥珀的灯光为什么凄凉？
几千年，几万年，隔这一层薄纸
天气温和点，还有人认识我
父母生我在没落的书香门第①

有一条注解：

一辈子没有种过地，也没有收过租，只挨着人家碗边上吃这一口饭。我小的时候，乡下人吃白米，豆腐，青菜，养几只猪，一大窝鸡。现在吃糠，享四大皆空自由。老觉得这口饭是赊来吃的。

诗里的“百家衣”，就是“这口饭是赊来吃的”。纸糊在“苇子杆子”上，矮矮的窗，雪落在窗上，屋里是黄黄的油灯光。读书人为什么这样“凄凉”呢？他老在屋里跟街上人和乡下人隔着；出来了，人家也还看待他是特殊的一类人。他孤单，他寂寞，他是在命定的“没落”了。这够多“凄凉”呢！

① 诗句中下加〇的字表示重读，即“念”的记号。

但是他并非忘怀那些比自己苦的人。请念第十九首：

在乡下，我们把肚子贴在地上
糊涂的天就压在我们的背上
老呱说："天你怎么那么高呀？"
抬头一看，他果然比树还高
树上有山头，山头上还有树
老天爷，多给点儿好吃吃的吧。

这一首没有注解，确也比较好懂。"肚子贴在地上"是饿瘪了，"天高皇帝远"，谁来管你！但是还只有求告"老天爷"多给点儿吃的！——北平话似乎不说"好吃吃的"，"好吃的"也跟"吃的"不同。读书人，知识分子，也想到改革上，这是第三首：

明天到那儿？大路的尽头在那儿？
这一排杨树，空心的，腆着肚子，
扬起破烂的衣袖，把路遮断啦
纸灯儿摇摆，小驴儿，咦，拐弯啦。
黑朦朦的踏着癞蛤蟆求婚的拍子
走到岔路上，大车呢，许是往西啦

注解是：

十年前，芦沟桥还没有听到枪声，我仿佛已经想到现在的局面。在民族求生存的途径上，我宁愿像老赣赶大车，不开坦克车。

诗里"明天"和"大路"自然就是"民族求生存的途径"，"把路遮断"的"一排杨树"大概是在阻碍着改革的那些家伙罢。"纸灯儿"，黑暗里一点光明；"小驴儿"拐弯抹角的慢慢的走着夜路，"癞蛤蟆想吃天鹅肉"，"知其不可而为之"，大概会跟着"大车"，"往西"的，"往西"就是西化。"往西"是西化，得看注解才想得到，单靠诗里的那个"西"字的暗示是不够的。这首诗似乎只说到个人的自由的努力；但是诗里念不出那"宁愿"的味儿。个人的自由的努力的最高峰是“创造”。第六首的后三行是：

脚底下的地要跳，像水煮开啦
鱼刚出水，毒龙刚醒来抖擞
活火的刀山上跳舞，我要创造

注解里引易卜生的话，“在美里死。”陆先生慨叹着“书香门第”的自己，慨叹着“乡下”的人，讥刺着“帮闲的”，怜惜着“孩子”，终于强调个人的“创造”，这是“明天”的“大路”。这条“路”也许就是将“大众”的和他“经验隔断”的罢？

《杂样的五拍诗》正是“创造”，“创造”了一种“真正的白话诗”。照陆先生自己声明的而论，他是成功了的。但是在一般的读者，这些诗恐怕是晦涩难懂的多；即使看了注解，恐怕还是不成罢。“难写”，不错，这比别的近代作风的诗更难，因为要巧妙的运用老百姓的腔调。但是麻烦的还在难懂。当然这些诗可以诉诸少数人，可是“跟老百姓学”而只诉诸少数人，似乎又是矛盾。这里“经验隔断”说明了一切。现在是有了不容忽视的“大众”，“大众”的经验跟个人的是两样。什么是“大众诗”，我们虽然还不知道，但是似乎已经在试验中，在创造中。大概还是得“做诗如说话”，就是明白如话。不过倒不必像一种方言，因为方言的词汇和调子实在不够用；明白如话的“话”该比嘴里说的丰富些，而且该不断的丰富起来。这就是已经在“大众”里成长的“活的语言”；比起这种话来，方言就显得呆板了。至于陆先生在《用韵》那篇文里说的轻重音，韵的通押，押韵形式，句尾韵等，是还值得大家参考运用的。

第四十九讲

解　诗①

朱自清

今年②上半年，有好些位先生讨论诗的传达问题。有些说诗应该明白清楚，有些说，诗有时候不能也不必像散文一样明白清楚。关于这问题，朱孟实③先生《心理个别的差异与诗的欣赏》（二十五年十一月一日《大公报·文艺》）确是持平之论。但我所注意的是他们举过的传达的例子。诗的传达，和比喻及组织关系甚大。诗人的譬喻要新创，至少变故为新，组织也总要新，要变。因此就觉得不习惯，难懂了。其实大部分的诗，细心看几遍，也便可明白的。

譬如灵雨先生在《自由评论》十六期所举林徽因女士《别丢掉》一诗（原诗见二十五年三月十五日天津《大公报》）：

别丢掉

这一把过往的热情，

现在流水似的，

轻轻

在幽冷的山泉底，

在黑夜，在松林，

---

① 据作家书屋1947年版《新诗杂话》校订，收入1988年版《朱自清全集》第2卷。

② 指1936年。

③ 朱光潜。

叹息似的渺茫，
你仍要保存着那真！
一样是月明，
一样是隔山灯火，
满天的星，
只有人不见，
梦似的挂起，
你问黑夜要回
那一句话——
你仍得相信
山谷中留着
有那回音！

这是一首理想的爱情诗，托为当事人的一造向另一造的说话；说你“别丢掉”“过往的热情”，那热情“现在”虽然“渺茫”了，可是“你仍要保存着那真”。二行至七行是一个显喻，以“流水”的“轻轻”“叹息”比“热情”的“渺茫”；但诗里“渺茫”似乎是形容词。下文说“月明”（明月），“隔山灯火”，“满天的星”，和往日两人同在时还是“一样”，只是你却不在了，这“月”，这些“灯火”，这些“星”，只“梦似的挂起”而已。你当时说过“我爱你”这一句话，虽没第三人听见，却有“黑夜”听见；你想“要回那一句话”，你可以“问黑夜要回那一句话”。但是“黑夜”肯了，“山谷中留着有那回音”，你的话还是要不回的。总而言之，我还恋着你。“黑夜”可以听话，是一个隐喻。第一二行和第八行本来是一句话的两种说法，只因“流水”那个长比喻，又带着转了个弯儿，便容易把读者绕住了。“梦似的挂起”本来指明月灯火和星，却插了“只有‘人’不见”一语，也容易教读者看错了主词。但这一点技巧的运用，作者是应该有权利的。

邵洵美先生在《人言周刊》三卷二号里举过的《距离的组织》一首诗，最可见出上文说的经济的组织方法[1]。这是卞之琳先生《鱼目集》中的一篇。《鱼目集》里有几篇诗的确难懂，像《圆宝盒》，曾经刘西渭先生和卞先生往复讨论，我大胆说，那首诗表现的怕不充分。至于《距离的组织》，却想试为解说，因为这实在是个合适的例子。

想独上高楼读一遍《罗马兴亡史》，
忽有罗马灭亡星出现在报上。
报纸落。地图开，因想起远人的嘱咐。
寄来的风景也暮色苍茫了。
（醒来天欲暮，无聊，一访友人罢。）
灰色的天，灰色的海，灰色的路。
哪儿了？我又不会向灯下验一把土。
忽听得一千重门外有自己的名字。
好累啊！我的盆舟没有人戏弄吗？
友人带来了雪意和五点钟。[2]

这诗所叙的事只是午梦。平常想着中国情形有点像罗马衰亡的时候，一般人都醉生梦死的；看报，报上记着罗马灭亡时的星，星光现在才传到地球上（原有注）。睡着了，报纸落在地下，梦中好像在打开"远"方的罗马地图来看，忽然想起"远"方（外国）友人来了，想起他的信来了。他的信附寄着风景片，是"灰色的天，灰色的海，灰色的路"的暮色图；这时候自己模模糊糊的好像就在那"灰色的天，灰色的海，灰色的路"里走着。天黑了，不知到了哪儿，却又没有《大公报》所记王同春的本事，只消抓一把土向灯一瞧就知道什

① 指《新诗的进步》一文提到的比喻的方法，"发见事物间的新关系，并且用最经济的方法将这关系组织成诗。"

② 这是新诗中描写时空交错很著名的一首。其中《罗马兴亡史》，为王文彝著，中华书局1934年5月出版。罗马灭亡星，指1934年12月26日《大公报》登载的一条天文消息，称发现一颗新星，其星光发自罗马帝国倾覆时。灯下验一把土，出自1934年12月28日《大公报》所登《王同春开发河套讯》。

么地方（原有注）。忽然听见有人叫自己名字，由远而近，这一来可醒了。好累呵，却不觉得是梦，好像自己施展了法术，在短时间渡了大海来着；这就想起了《聊斋志异》里记白莲教徒的事，那人出门时将草舟放在水盆里，门人戏弄了一下，他回来就责备门人，说过海时翻了船（原有注）。这里说：太累了，别是过海时费力驶船之故罢。等醒定了，才知道有朋友来访。这朋友也午睡来着，“醒来天欲暮，无聊，一访友人罢。”这就来访问了。来了就叫自己的名字，叫醒了自己。“醒来天欲暮”一行在括弧里，表明是另一人，也就是末行那“友人”。插在第四六两行间，见出自己直睡到“天欲暮”，而风景片中也正好像“欲暮”的“天”，这样梦与真实便融成一片；再说这一行是就醒了的缘由，插在此处，所谓蛛丝马迹。醒时是五点钟，要下雪似的，还是和梦中景色，也就是远人寄来的风景片一样。这篇诗是零乱的诗境，可又是一个复杂的有机体，将时间空间的远距离用联想组织在短短的午梦和小小的篇幅里。这是一种解放，一种自由，同时又是一种情思的操练，是艺术给我们的。

第五十讲

谈　诗[①]

朱　湘

一、中文

单音字、象形、母音煞尾、四声，这些便是中文这种文字的特征。

① 据北新书局 1934 年版《文学闲谈》校订，收入 2017 年版《朱湘全集·散文卷》。

对对子，在念书的时候；作骈文，在摇笔的时候：这些花样所以为中国所特有，自然是为了单音字的缘故。由赋而律诗而四六，骈文所采取的路程是以新巧为目标的；湘绣，景泰蓝便是这种细腻的工技在另一方面的表现。至于七律之内，有富丽的一体，那是与君臣这一伦相为表里的……耶教《圣经》内颂主的诗歌，岂不便是为了希伯来文[1]是一种排比的文字，所以那样纯朴而闳伟么？

在诗歌的本身之内，排比原来便是一种主要的取得节奏的工具；不过那是属于质体方面，并不属于文字方面的，不谈。

象形不过是六书之一；然而形声内有一半，假借内也大约有一半，是象形的，指事、会意、转注，这三书也是以象形为枢纽。

由篆、隶而演化为现行的楷字、象形这一书所原有的画意，那是已经消失了。不过在读古代的诗歌之时，我们还是要把它牢记着。从前有“篆文十三种”，那是一件聪明的工作……可惜还没有《篆文楚辞》这一部书印出来。

只就《诗经》来说罢。《葛覃》一诗的

维叶萋萋，

黄鸟于飞，

集于灌木，

其鸣喈喈。

这四句，它们便完全是一个象形之美。“维”字的左半假借来象形葛叶，并由葛麻而联想到桑丝，那是极自然的；“维”字的右半是一个“隹”字，这是因为篆字的象形之美。在当时还活着在歌诗者的心目中，所以口里还没有唱到“黄鸟于飞”，心里却早已经看见那个——那些——跳跃在葛丛之间的隹鸟了。“萋萋”这个叠词一面象形出了叶子，一面又象形出了叶子之繁夥，浓密。在后代的诗歌内它所以成为茂草的典型的，不可避免的状词，并不是无因的。“黄”字的草头，茎脚，“飞”字与“集”字与两个“于”字的象形，“灌”字

① 犹太民族语言，是世界上最古老的语言之一。“希伯来”意为“渡河而来的人”。

的美不胜收，这些都值得我们细细的去啄，用了黄鸟的嘴。篆文的“其”字活像是一只鸟横站在枝条之上，“喈喈”便是“关关”，所以要在这里用“喈喈”这个叠词，不单是为了那两个“口”字，并且是因为在它们的右边，又有两个颜色的字。

中文字都是母音煞尾的，除了鼻音字，那是以子音煞尾，（旧剧中的净角，遇到了鼻音字的时候，恨不得把它千锤百炼，这便是这种文字的特征在另一种艺术之内的表现。）在诗韵内，“真”字与“青”字未尝不可以相叶。仅要是作一首预备谱入音乐的诗歌，那时候，真韵的字最好还是不要用来与音韵的字相叶。

四声内，入声是极为紊乱的，即如“声”字的入声是“束”，同时，“沙”字、“觞”字、“谁”字、“收”字、“书”字等等的入声也是“束”。国音之内，并没有入声，这或者便是它的一种优点。

平仄是旧诗的脊骨；到了词，不仅是讲究平仄，并且连平声内的阴平、阳平、仄声内的三声都去讲究了，这可以说是旧诗——广义的——在韵律学上所发展到了的极点，有人说，新诗在韵律方面的努力应当追论到姜夔，这是一句有文学史眼光的话。

旧诗内固然阳韵、阴韵都用；用阴韵极多的《诗经》，开卷第一篇的《关雎》，便有这么四句：

参差荇菜，

左右流之——

窈窕淑女，

寤寐求之——

不过这当中的“流之”与“求之”，照国语说来，应该是“流动着”与“企求着”；读起来，自然是着重在流字与求字之上。这是作新诗的人，在叶阴韵的时候，所要记住的一点。阴韵只宜于用在节奏需要急促的短歌之内，以及谐诗之内。

叠词与连绵词都是由双声叠韵之内产生出来的，只有一个程度上的分别。

连绵词这三个字里面的连绵二字便是叠韵；其余如“连连”、“绵绵”这两个叠词，以及“连理”、“连纤”、“缠绵”、“绵密”，等等的双声词、叠韵词，简直是连绵不绝。

旧诗之内，除去叠词、连绵词、虚字以外，便是许多的单字。这些单字，作诗的人尽可以凭赖着一己的匠心，自由的去安排。即如《九歌》内《东皇太一》的两句：

吉日兮——辰良，

穆将愉兮——上皇——

这里面“辰良”的良字便是状词倒置，“穆将愉”的穆字便是辅词倒置。又如杜甫的

香稻啄余鹦鹉粒，

碧梧栖老凤凰枝——

这里面的“香稻”与“鹦鹉”，“碧梧”与“凤凰”，便是主位与宾位倒置。新诗要想在文法上作到一种变化无穷的地步，一方面固然应当尽量的欧化，一方面也应该由旧诗内去采用，效法这种的长处。

旧诗并不是一行一逗，或者一行一句的。即如《诗经·邶风》内《柏舟》一诗的首章：

泛彼柏舟，

亦泛其流；

耿耿不寐，

如有隐忧——

微我无酒，

以敖以游——

这全章便只是一气呵成的一句。这六行诗里面，何尝有一处是单调无谓的对仗；它们之内的每行，都是一种不相雷同的文法上的结构。

明喻（Simile）是要不落套，并且以少胜多，加增意境之色彩与辽远的。

《草虫》是一个好例子：

嘤嘤草虫
趯趯阜螽；
未见君子，
忧心忡忡；
既已见止，
既已觏止，
我心则降——

这一章诗，我们不应当盲从前人的曲解，而应当认为是与下两章相呼应的；第二行的“阜”便是下文的“南山”，也便是在秋风初来时起了望远之情的那个女子所登的山……坡前茂草中的虫鸣，已经染上了感伤的色调，它正像“鹿跳”在心头的忧情，只能感觉到，并不能捉摸住是在那里；也有草虫，如同女子的叹息那样，跳跃到了外面来，不过依然是落进了草内，如同叹息虽是叹息了，心内的忧情依然是没有减少那样；同时，这活跃的草虫又是譬喻女子的“君子”的，她忘记了采蕨采薇，一把把它捉到了掌心，由它在握起了的手掌里面去跳动，这种获得的愉快，与她终于看见了所思者的愉快，正是一样。

再由《汝坟》举出一个例子来：

未见君子，
惄如调饥——

这第二行里用挖肚子来譬喻挖心，是多么新颖、确切。

只就《诗经》，只就其中的《周南》来讲，并且只讲比喻，已经这样；那么，旧诗之丰富，也便可想而知了。旧诗之不可不读，正像西诗之不可不读那样；这是作新诗的人所应记住的。

二、诗人的生活

“诗言志”，“志者：心之所之也”。

这一颗心，创造出来的时候，是耗用了几许的想像，几许的理智！

它是情感的中枢，实际的、抽象的，它有两重的功用。按照了天所给与的节奏，它无昼无夜的搏动着……它并不知道它的功用是什么。

有些时候，搏动的声响传到了耳中；那便是它在破坏并且创造的时候。

实际的说来，它并不在身体的正中；所以实际的人们嚷着要正心。它并无知无识的，它只会节奏的搏动，有时候快些，慢些，有时候热些，冷些，等到它停歇下来了的时候，正心的呼声也便寂然了。

高踞在心内的七魄，在六十年以前，已经安下了根苗，在六十年以后，又留下了种子。收纳着它们的外体，那尽可以变行无穷；它们的实质，这却是还与当初穴居的时候一样。

除非是创造超人。许多的梦想都已经实现了；这最后的一个呢……

第五十一讲

谈新诗[①]

胡　适

一

民国六年（一九一七）一月一日，《新青年》第二卷第五号出版，里面有我的朋友高一涵的一篇文章，题目是《一九一七年预想之革命》。他预想从那一年起中国应该有两种革命：（一）于政治上应揭破贤人政治之真相，（二）于

① 此文发表于1919年，原名《谈新诗——八年来一件大事》，据亚东图书馆1921年版《胡适文存》校订。

教育上应打消孔教为修身大本之宪条。高君的预言，不幸到今日还不曾实现。“贤人政治”的迷梦总算打破了一点，但是打破他的，并不是高君所希望的“立于万民之后，破除自由的阻力，鼓舞自动之机能”的民治国家，乃是一种更坏更腐败更黑暗的武人政治。至于孔教为修身大本的宪法，依现今的思想趋势看来，这个当然不能成立；但是安福部的参议院已通过这种议案了，今年双十节的前八日北京还要演出一出徐世昌亲自祀孔的好戏！

但是同一号的《新青年》里，还有一篇文章，叫做《文学改良刍议》，是新文学运动的第一次宣言书。《新青年》的第二卷第六号接着发表了陈独秀君的《文学革命论》。后来七年四月里又有一篇《建设的文学革命论》。这一种文学革命的运动，在我的朋友高君作那篇《一九一七年预想之革命》时虽然还没有响动，但是自从一九一七年一月以来，这种革命——多谢反对党送登广告的影响——居然可算是传播得很广很远了。文学革命的日的是要替中国创造一种“国语的文学”——活的文学。这两年来的成绩，国语的散文是已过了辩论的时期，到了多数人实行的时期了。只有国语的韵文——所谓“新诗”——还脱不了许多人的怀疑。但是现在做新诗的人也就不少了。报纸上所载的，自北京到广州，自上海到成都，多有新诗出现。

这种文学革命预算是辛亥大革命以来的一件大事。现在《星期评论》出这个双十节的纪念号，要我做一万字的文章。我想，与其枉费笔墨去谈这八年来的无谓政治，倒不如让我来谈谈这些比较有趣味的新诗罢。

二

我常说，文学革命的运动，不论古今中外，大概都是从“文的形式”一方面下手，大概都是先要求语言文字文体等方面的大解放。欧洲三百年前各国国语的文学起来代替拉丁文学时，是语言文字的大解放；十八十九世纪法国嚣俄[1]、英国华次活（Wordsworth）[2]等人所提倡的文学改革，是诗的语言文字的解放；近几十年来西洋诗界的革命，是语言文字和文体的解放。这一次中国文学的革命运动，也是先要求语言文字和文体的解放。新文学的语言是白话的，新文学的文体是自由的，是不拘格律的。初看起来，这都是“文的形式”一方面的问题，算不得重要。却不知道形式和内容有密切的关系。形式上的束缚，使精神不能自由发展，使良好的内容不能充分表现。若想有一种新内容和新精神，不能不先打破那些束缚精神的枷锁镣铐。因此，中国近年的新诗运动可算得是一种“诗体的大解放”。因为有了这一层诗体的解放，所以丰富的材料，精密的观察，高深的理想，复杂的感情，方才能跑到诗里去。五七言八句的律诗决不能容丰富的材料，二十八字的绝句决不能写精密的观察，长短一定的七言五言决不能委婉达出高深的理想与复杂的感情。

最明显的例就是周作人君的《小河》长诗（《新青年》六卷二号）。这首诗是新诗中的第一首杰作，但是那样细密的观察，那样曲折的理想，决不是那旧式的诗体词调所能达得出的。周君的诗太长了，不便引证，我且举我自己的一首诗作例：

《应该》

他也许爱我，——也许还爱我，——

但他总劝我莫再爱他。

他常常怪我

这一天他眼泪汪汪的望着我，

说道：“你如何还想着我？

想着我你又如何能对他？

你要是当真爱我，

你应该把爱我的心爱他，

① 雨果。

② 华兹华斯。

你应该把待我的情待他。”

……

他的话句句都不错，——

上帝帮我！

我“应该”这样做！

（《尝试集》二，四九。）

这首诗的意思神情都是旧体诗所达不出的。别的不消说，单说“他也许爱我，——也许还爱我”这十个字的几层意思，可是旧体诗能表得出的吗？

再举康白情君的《窗外》：

窗外的闲月，

紧恋着窗内蜜也似的相思。

相思都恼了，

他还涎着脸儿在墙上相窥。

回头月也恼了，

一抽身儿就没了。

月倒没了，

相思倒觉着舍不得了。

（《新潮》一，四。）

这个意思，若用旧诗体，一定不能说得如此细腻。

就是写景的诗，也须有解放了的诗体，方才可以有写实的描画。例如杜甫诗“江天漠漠鸟飞去”，何尝不好？但他为律诗所限，必须对上一句“风雨时时龙一吟”，就坏了。简单的风景，如“高台芳树，飞燕蹴红英，舞困榆钱自落”之类，还可用旧诗体描写。稍微复杂细密一点，旧诗就不够用了。如傅斯年君的《深秋永定门晚景》中的一段：

……那树边，地边，天边，

　如云，如水，如烟，

望不断，——一线。

忽地里扑喇喇一响，

一个野鸭飞去水塘，

仿佛像大车音浪，漫漫的工——东——当。

又有种说不出的声息，若续若不响。

（《新潮》一，二。）

这一段的第六行，若不用有标点符号的新体，决做不到这种完全写实的地步。又如俞平伯君的《春水船》中的一段：

……对面来了个纤人，

拉着个单桅的船徐徐移去。

双橹插在舷唇，

皱面开纹，

活活水流不住。

船头晒着破网。

渔人坐在板上，

把刀劈竹拍拍的响。

船口立个小孩，又憨又蠢，

不知为什么？

笑迷迷痴看那黄波浪。……

（《新潮》一，四。）

这种朴素真实的写景诗乃是诗体解放后最足使人乐观的一种现象。

以上举的几个例都可以表示诗体解放后诗的内容之进步。我们若用历史进化的眼光来看中国诗的变迁，便可看出自《三百篇》到现在，诗的进化没有一回不是跟着诗体的进化来的。《三百篇》中虽然也有几篇组织很好的诗如“氓之蚩蚩”“七月流火”之类；又有几篇很妙的长短句，如“坎坎伐檀兮”“园有桃”之类；但是《三百篇》究竟还不曾完全脱去“风谣体”（Ballad）的简单组织。直到南方的骚赋文学发生，方才有伟大的长篇韵文。这是一次解放。但是骚赋体用兮些等字煞尾，停顿太多又太长，太不自然了。故汉以后的五七言古诗删除没有意思的煞尾字，变成贯串篇章，便更自然了。若不经过这一变，决不能产生《焦仲卿妻》《木兰辞》一类的诗。这是二次解放。五七言成为正宗诗体以后，最大的解放莫如从诗变为词。五七言诗是不合语言之自然的，因为我们说话决不能句句是五字或七字。诗变为词，只是从整齐句法变为比较自然的参差句法。唐五代的小词虽然格调很严格，已比五七言诗自然的多了。如李后主的“剪不断，理还乱，是离愁。别有一般滋味在心头。”这已不是诗体所能做得到的了。试看晁补之的《蓦山溪》：

……愁来不醉，不醉奈愁何？

汝南周，东阳沈，

劝我如何醉？

这种曲折的神气，决不是五七言诗能写得出的。又如辛稼轩的《水龙吟》：

……落日楼头，断鸿声里，江南游子，

把吴钩看了，阑干拍遍，

无人会，登临意。

这种语气也决不是五七言的诗体能作得出的。这是三次解放。宋以后，词变为曲，曲又经过几多变化，根本上看来，只是逐渐删除词体里所剩下的许多束缚自由的限制，又加上词体所缺少的一些东西如衬字套数之类。但是词曲无论如何解放，终究有一个根本的大拘束；词曲的发生是和音乐合并的，后来虽有可歌的词，不必歌的曲，但是始终不能脱离“调子”而独立，始终不能完全打破词调曲谱的限制。直到近来的新诗发生，不但打破五言七言的诗体，并且推翻词调曲谱的种种束缚；不拘格律，不拘平仄，不拘长短；有什么题目，做什么诗；诗该怎样做，就怎样做。这是第四次的诗体大解放。这种解放，初看去似乎很激烈，其实只是《三百篇》以来的自然趋势。自然趋势逐渐实现，不用有意的鼓吹去促进他，那便是自然进化。自然趋势有时被人类的习惯性守旧性所阻碍，到了该实现的时候均不实现，必须用有意的鼓吹去促进他的实现，那便是革命了。一切文物制度的变化，都是如此的。

三

上文我说新体诗是中国诗自然趋势所必至的，不过加上了一种有意的鼓吹，使他于短时期内猝然实现，故表面上有诗界革命的神气。这种议论很可以从现有的新体诗里寻出许多证据。我所知道的“新诗人”，除了会稽周氏弟兄之外，大都是从旧式诗，词，曲里脱胎出来的。沈尹默君初作的新诗是从古乐府化出来的。例如他的《人力车夫》：

日光淡淡，白云悠悠，
风吹薄冰，河水不流。
出门去，雇人力车。街上行人，往来很多；车马纷纷，不知干些什么。
人力车上人，个个穿棉衣，个个袖手坐，还觉风吹来，身上冷不过，
车夫单衣已破，他却汗珠儿颗颗往下堕。

（《新青年》四,一。）

稍读古诗的人都能看出这首诗是得力于《孤儿行》一类的古乐府的。我自己的新诗，词调很多，这是不用讳饰的。例如前年作的《鸽子》：

云淡天高，好一片晚秋天气！
有一群鸽子，在空中游戏。
看他们三三两两，
　　回环来往，
　　夷犹如意，
忽地里，翻身映日，白羽衬青天，鲜明无比！

（《尝试集》二,二六。）

就是今年作诗，也还有带着词调的。例如《送任叔永回四川》的第二段：

你还记得，我们暂别又相逢，正是赫贞春好？

记得江楼同远眺，云影渡江来，惊起江头鸥鸟？

记得江边石上，同坐看潮回，浪声遮断人笑？

记得那回同访友，日暗风横，林里陪他听松啸？

（《尝试集》二，五一。）

懂得词的人，一定可以看出这四长句用的是四种词调里的句法。这首诗的第三段便不同了：

这回久别再相逢，便又送你归去，未免太匆匆！

多亏得天意多留你两日，使我做得诗成相送。

万一这首诗赶得上远行人，

多替我说声“老任珍重珍重！”

这一段便是纯粹新体诗。此外新潮社的几个新诗人，——傅斯年，俞平伯，康白情，——也都是从词曲里变化出来的，故他们初做的新诗都带着词或曲的意味音节。此外各报所载的新诗，也很多带着词调的。例太多了，我不能遍举，且引最近一期的《少年中国》（第二期）里周无君的《过印度洋》：

圆天盖着大海，黑水托着孤舟。

也看不见山，那天边只有云头。

也看不见树，那水上只有海鸥。

那里是非洲？那里是欧洲？

我美丽亲爱的故乡却在脑后！

怕回头，怕回头，

一阵大风，雪浪上船头，

飕飕，吹散一天云雾一天愁。

这首诗很可表示这一半词一半曲的过渡时代了。

四

我现在且谈新体诗的音节。

现在攻击新诗的人，多说新诗没有音节。不幸有一些做新诗的人也以为新诗可以不注意音节。这都是错的。攻击新诗的人，他们自己不懂得“音节”是什么，以为句脚有韵，句里有“平平仄仄”“仄仄平平”的调子，就是有音节了。中国字的收声不是韵母（所谓阴声），便是鼻音（所谓阳声），除了广州入声之外，从没有用他种声母收声的。因此，中国的韵最宽。句尾用韵真是极容易的事，所以古人有“押韵便是”的挖苦话。押韵乃是音节上最不重要的一件事。至于句中的平仄，也不重要。古诗“相去日已远，衣带日已缓。浮云蔽白日，游子不顾返”，音节何等响亮？但是用平仄写出来便不能读了：

平仄仄仄仄，平仄仄仄仄。

平平仄仄仄，平仄仄仄仄。

又如陆放翁：

我生不逢柏梁建章之宫殿，安得峨冠侍游宴？

头上十一个字是“仄平仄平仄平仄平平平仄”，读起来何以觉得音节很好呢？这是因为一来这一句的自然语气是一气贯注下来的；二来呢，因为这十一个字里面，逢宫叠韵，梁章叠韵，不柏双声，建宫双声，故更觉得音节和谐了。

诗的音节全靠两个重要分子：一是语气的自然节奏，二是每句内部所用字的自然和谐。至于句末的韵脚，句中的平仄，都是不重要的事。语气自然，用字和谐，就是句末无韵也不要紧。例如上文引晁补之的词：“愁来不醉，不醉奈愁何？汝南周，东阳沈，劝我如何醉？”这二十个字，语气又曲折，又贯串，故虽隔开五个“小顿”方才用韵，读的人毫不觉得。

新体诗中也有用旧体诗词的音节方法来做的。最有功效的例是沈尹默君的《三弦》(《新青年》五,二。)：

中午时候，火一样的太阳，没法去遮阑，让他直晒长街上。静悄悄少人行路；只有悠悠风来，吹动路旁杨树。

谁家破大门里，半院子绿茸茸细草，都浮着闪闪的金光。旁边有一段低低的土墙，挡住了个弹三弦的人，却不能隔断那三弦鼓荡的声浪。

门外坐着一个穿破衣裳的老年人，双手抱着头，他不声不响。

这首诗从见解意境上和音节上看来，都可算是新诗中一首最完全的诗。看他第二段“旁边”以下一长句中，旁边是双声；有一是双声；段，低，低，的，土，挡，弹，的，断，荡，的，十一个都是双声。这十一个字都是“端透定”（D，T）的字，模写三弦的声响，又把“挡”“弹”“断”“荡”四个阳声的字和七个阴声的双声字（段，低，低，的，土，的，的）参错夹用，更显出三弦的抑扬顿挫。苏东坡把韩退之《听琴诗》改为送弹琵琶的词，开端是“呢呢儿女语，灯火夜微明，恩冤尔汝来去，弹指泪和声。”他头上连用五个极短促的阴声字，接着用一个阳声的“灯”字，下面“恩冤尔汝”之后，又用一个阳声的“弹”字，也是用同样的方法。

吾自己也常用双声叠韵的法子来帮助音节的和谐。例如《一颗星儿》一首（《尝试集》二,五三。）：

我爱你这颗顶大的星儿，

可惜我叫不出你的名字。

平日黄昏时候，

霞光遮尽了满天星，

今天风雨后，闷沉沉的天气，

我望遍天边，寻不见一点半点光明，

回转头来，

只有你在那杨柳高头依旧亮晶晶地。

这首诗“气”字一韵以后，隔开三十三个字方才有韵，读的时候全靠“遍，天，边，见，点，半，点，”一组叠韵字，（遍，边，半，明，又是双声字，）和“有，柳，头，旧，”一组叠韵字夹在中间，故不觉得“气”“地”两韵隔开那么远。

这种音节方法，是旧诗音节的精采，（参看清代周春的《杜诗双声叠韵谱》。）能够容纳在新诗里，固然也是好事。但是这是新旧过渡时代的一种有趣味的研究，并不是新诗音节的全部。新诗大多数的趋势，依我们看来，是朝着一个公共方向走的。那个方向便是“自然的音节”。

自然的音节是不容易解说明白的。我且分两层说：

第一，先说“节”——就是诗句里面的顿挫段落。旧体的五七言诗是两个字为一“节”的。随便举例如下：

风绽—雨肥—梅（两节半）

江间—波浪—兼天—涌（三节半）

王郎—酒酣—拔剑—斫地—歌—莫哀（五节半）

我生—不逢—柏梁—建章—之—宫殿（五节半）

又—不得—身在—荥阳—京索—间（四节外两个破节）

终—不似—一朵—钗头—颤袅—向人—欹侧（六节半）

新体诗句子的长短，是无定的；就是句里的节奏，也是依着意义的自然区分与文法的自然区分来分析的。白话里的多音字比文言多得多，并且不止两个字的联合，故往往有三个字为一节，或四五个字为一节的。例如：

万一—这首诗—赶得上—远行人。

门外—坐着—一个—穿破衣裳的—老年人。

双手—抱着头—他—不声—不响。

旁边—有一段—低低的—土墙—挡住了个—弹三弦的人。

这一天—他—眼泪汪汪的—望着我—说道—你如何—还想着我？想着我—你又如何—能对他？

第二，再说“音”，——就是诗的声调。新诗的声调有两个要件：一是平仄要自然，二是用韵要自然。白话里的平仄，与诗韵里的平仄有许多大不相同的地方。同一个字，单独用来是仄声，若同别的字连用，成为别的字的一部分，就成了很轻的平声了。例如“的”字，“了”字，都是仄声字，在“扫雪的人”和“扫净了东边”里，便不成仄声了。我们简直可以说，白话诗里只有轻重高下，没有严格的平仄。例如周作人君的《两个扫雪的人》(《新青年》

六,三）的两行：

祝福你扫雪的人！

我从清早起，在雪地里行走，不得不谢谢你。

“祝福你扫雪的人”上六个字都是仄声，但是读起来自然有个轻重高下。“不得不谢谢你”六个字又都是仄声，但是读起来也有个轻重高下。又如同一首诗里的“一面尽扫，一面尽下”八个字都是仄声，但读起来不但不拗口，并且有一种自然的音调。白话诗的声调不在平仄的调剂得宜，全靠这种自然的轻重高下。

至于用韵一层，新诗有三种自由：第一，用现代的韵，不拘古韵，更不拘平仄韵。第二，平仄可以互相押韵，这是词曲通用的例，不单是新诗如此。第三，有韵固然好，没有韵也不妨。新诗的声调既在骨子里，——在自然的轻重高下，在语气的自然区分，——故有无韵脚都不成问题。例如周作人君的《小河》虽然无韵，但是读起来自然有很好的声调，不觉得是一首无韵诗。我且举一段如下：

……小河的水是我的好朋友，

他曾经稳稳的流过我面前，

我对他点头，他对我微笑，

我愿他能够放出了石堰，

仍然稳稳的流着，

向我们微笑……

又如周君的《两个扫雪的人》中一段：

……一面尽扫，一面尽下：

扫净了东边，又下满了西边；

扫开了高地，又填平了洼地。

这是用内部词句的组织来帮助音节，故读时不觉得是无韵诗。

内部的组织，——层次，条理，排比，章法，句法，——乃是音节的最重要方法。我的朋友任叔永[①]说，“自然二字也要点研究。”研究并不是叫我们去讲究那些“蜂腰”“鹤膝”“合掌”等等玩意儿，乃是要我们研究内部的词句应该如何组织安排，方才可以发生和谐的自然音节。我且举康白情君的《送客黄浦》一章（《少年中国》二）作例：

送客黄浦，
我们都攀着缆，——风吹着我们的衣服，——
站在没遮阑的船楼边上。
看看凉月丽空，
才显出淡妆的世界。
我想世界上只有光，
只有花，
只有爱！
我们都谈着，——
谈到日本二十年来的戏剧，
也谈到“日本的光，的花，的爱”的须磨子。
我们都相互的看着。
只是寿昌有所思，
他不看着我，
他不看着别的那一个。
这中间充满了别意，
但我们只是初次相见。
（后略）

---

① 即任鸿隽（1886—1961）。

第五十二讲

论中国诗的出路[1]

朱自清

读了两期《诗刊》，引起一些感想。这些感想也不全然是新的，也不全然是自己的。平常自己乱想，或与朋友谈论：牵涉到中国诗，总有好多不同的意见。现在趁读完《诗刊》的机会，将这些意见整理一下，写在这里。

近代第一期意识到中国诗该有新的出路人要算是梁任公夏穗卿几位先生。他们提倡所谓“诗界革命”；他们一面在诗里装进他们的政治哲学，一面在诗里引用西籍中的典故，创造新的风格。但诗不是哲学的工具，而新典故比旧典故更难懂：这样他们便失败了。

第二期自然是胡适之先生及其他的白话诗人。这时候大家“多半是无意识的接收外国文学的暗示”，“注重的是白话，不是诗”，诚如梁实秋先生在《诗刊》中所说。

第三期是民国十四年办《晨报·诗刊》及现在办《诗刊》的诸位先生。他们主张创造新的格律；但所做到还只是模仿外国近代诗，在意境上，甚至在音节上。模仿意境，在这过渡时期是免不了的，并且是有益好。模仿音节，却得慎重，不能一概而论。

音节麻烦了每一个诗人，不论新的旧的。从新诗的初期起，音节并未被作诗的人忽略过，如一般守旧的人所想。胡适之先生倡“自然的音节”论（见

① 此文发表于1931年8月《清华中国文学会月刊》第1卷第4期，据1989年版《朱自清选集》第2卷校订。

《谈新诗》)，这便是一切自由诗及小诗的根据。从此到闻一多先生“诗的格律”论（见《晨报·诗刊》)，中间有不少的关于诗的音节的意见。这以后还有，如陈勺水先生所主张的“有律现代诗”（见《乐群》半月刊第四期）及最近诗刊中诸先生的议论。这可见音节的重要了。

中国诗体的变迁，大抵以民间音乐为枢纽。四言变为乐府，诗变为词，词变为曲，都源于民间乐曲。所以能行远持久，大半便靠这种音乐性，或音乐的根据。这其间也许有外国影响，如胡乐之代替汉乐，及胡适之先生所说吟诵诗文的调子由梵呗而来（见《白话文学史》）之类；但只在音乐方面，不在诗的本体上。还有，词曲兴后，五七言之势并不衰；不但不衰，似乎五七言老是正宗一样。这不一定是偏见，也许中国语的音乐性最宜于五七言。你看九言诗虽有人作过，都算是一种杂体，毫不发达。（参看《小说月报·中国文学研究》中刘大白先生的论文，俞平伯先生说）

按照上述的传统，我们的新体诗应该从现在民间流行的，曲调词嬗变出来；如大鼓等似乎就有变为新体诗的资格。但我们的诗人为什么不去模仿民间乐曲（从前倒也有，如招子庸的粤讴，缪莲仙的南词等，但未成为风气)，现在都来模仿外国，作毫无音乐的白话诗？这就要看一看外国的影响的力量。在历史上外国对于中国的影响自然不断地有，但力量之大，怕以近代为最。这并不就是奴隶根性；他们进步得快，而我们一向是落后的，要上前去，只有先从效法他们入手。文学也是如此。这种情形之下，外国的影响是不可抵抗的，它的力量超过本国的传统。就新诗而论，无论自由诗，格律诗（姑用此名)，每行之长，大抵多于五七言，甚至为其倍数。在诗词曲及现在的民集乐曲中，是没有这样长的停顿或乐句的。（词曲每顿过七字者极少；在大鼓书通常十字三顿，皮簧剧词亦然。）

这种影响的结果，诗是不能吟诵了。有人说不能吟诵不妨，只要可读可唱就行。新诗的可唱，由赵元任的新诗歌集证明。但那不能证明新诗具有充分音乐性；我们宁可说，赵先生的谱所给的音乐性也许比原诗所具有的多。至于读诗，似乎还没有好的方法。《诗刊》诸先生似乎也有鉴于此，所以提倡诗的格律。他们的理论有些很可信，但他们的实际，模仿外国诗音节还是主要工作。这到底能不能成功呢？我们且先看看中国语言所受过的外国的影响如何。（本节略采浦江清先生说）

佛经的翻译是中国语言第一次受到外国的影响。梁任公先生有过《佛典翻译与文学》一文（见《梁任公近著》）详论此事。但华梵语言组织相去悬远，习梵文者又如凤毛麟角，所以语言上虽有很大的影响（佛经翻译，另成新体文字），却一直未能普遍应用。有普遍应用的是翻译文中的许多观念和故事的体裁；故事体后来发展便成小说，重要自不待言。中国语言第二次受到的外国影响，要算日本名辞的输入；日本的句法也偶被采用，但极少。因为报章文学的应用，传播极快；二三十年前的“奇字”如“运动”（受人运动的运动），现在早成了常语。第三次是我们躬自参加的一次，便是新文学运动中白话文欧化的事。这回的欧化起初是在句法上多，后来是在表现（怎样措辞）上多。无论如何，这回传播的快的广，比佛经翻译文体强多了。这里主要的原因是懂得外国文的人多得多了；他们触类旁通，自然容易。大概中国语言本身最不轻易接受外来的影响；句法与表现的变更要有伟大的努力或者方便的环境。至于音节，那是更难变更——不但难，有时竟是不可能的。音节这东西太复杂了，太微妙了，不独这种语言和那种语言不同，一个人的两篇作品，也许会大大地差异；以诗论，往往体格相同之作，音节上会有繁复的变化，如旧体律诗便是如此——特别是七律。

徐志摩先生是试用外国诗的音节到中国诗里最可注意的人。他试用了许多西洋诗体。朱湘先生《评志摩的诗》一文（见《小说月报》十七卷一号）中曾经列举，都有相当的成功。近来综观他所作，觉得最成功的要算无韵体（Blank Verse）和骈句韵体。他的紧凑与利落，在这两体里表现到最好处。别的如散文体姑不论，如各种奇偶韵体和章韵体，虽因徐先生的诗行短，还能见出相当的效力，但同韵的韵字间距离太长，究竟不能充分发挥韵的作用。韵字间的距离应该如何，自然还不能确说；顾亭林说古诗用韵无隔十字以上者，暂时可供参考。不但章韵体奇偶韵体易有此病，寻常诗行太长，也易有此病。商籁体之所以写不像，原因大部分也在此。梁实秋先生说“用中国话写Sonnet[①]，永远写不像”，我相信。孙大雨先生的商籁（见《诗刊》），诚然是精心结撰的作品，但到底不能算是中国的，不能被中国人消化。徐志摩先生一则说孙先生之作可成定体，再则说商籁可以试验中国语的柔韧性等；但他自己却不做。（据我所知，他只有过一首所谓“变相的十四行诗”）这如何能叫人信？

西洋诗的音节只可相当的采用，因为中国语有它的特质，有时是没法凑合的。创造新格律，却是很重要的事。在现在所有的意见中，我相信闻一多先生的音尺与重音说（见《晨报·诗刊》中《诗的格律》一文及《诗刊》中梁实秋先生的信），可以试行。自然这两种说法也都是从西洋诗来的。我相信将来的诗还当以整齐的诗行为正宗，长短句可以参用；正如五七言为旧诗的正宗一样。采用西洋的音节创造新格律都得倚赖着有天才的人。单是理论一点用也没有。我们要的是作品的证明，作品渐渐多了，也许就真有定体了。

有一种理论家我们也要的。他们是用科学方法研究中国语言的音乐性的。他们能说出平仄声，清浊声，双声叠韵，四等呼，以及其他数不完的种种字音上的玩意，对于我们情感的影响。这种理论的本身虽然也许太烦琐，太死板，但到了一个天才的手里应用起来，于中国诗的前途，未必没有帮助。（本节采杨今甫先生说）

上文说过新诗不能吟诵，因此几乎没有人能记住一首新诗。固然旧诗中也只近体最便吟诵，最好记，词曲次之，古体又次之；但究竟都能吟诵，能记，与新诗悬殊。新诗的不能吟诵，就表面看，起初似乎因为行不整齐，后来诗行整齐了，又太长；其实，我想，是因为新诗没有完成的格律或音节。但还

① 十四行诗。

有最重要的，如胡适之先生《谈新诗》里所说及刘太白先生《中国诗篇里的声调问题》文中所主张，是轻重音代替了平仄音。说得更明白些，旧诗句里的每个字，粗粗地说，是一样的重音，轻音字如了字也变成重音；新诗模仿自然的语言，至少也接近自然的语言，轻音字便用得多，轻音字的价值也便显露了。这一种改变，才是新诗不能吟诵的真因；新诗大约只能读和唱，只应该读和唱的。唱诗是以诗去凑合音乐，且非人人所能，姑不论。读诗该怎么着，是我们现在要知道的。赵元任先生在《新诗歌集》里说读诗应按照自然的语气，明白，清朗（大意）；曾听见他读《我是少年》等诗，在国语留声机片中。但这是以国语为主，不以诗为主，故不及听他唱新诗的有味。又曾听见朱湘先生读他的《采莲曲》，用旧戏里韵白的调子。这自然是个经济的方法，但显然不是唯一的方法。用这种方法读诗，似乎还有些味儿。读诗的方法最当务之急，新诗音节或格律的完成与公认，一半要靠着那些会读的人。这大概也得等待天才，不是尽人所能；但有了会读的人，大家跟着来便容易，不像唱那么难。朱湘先生在民国十五年曾提倡过读诗会（见是年四月《晨报画刊》），可惜没有实行；现在这种读诗会还得多多提倡才行。

在外国影响之下，本国的传统被阻遏了，如上文所说；但这传统是不是就中断或永断了呢？现在我们不敢确言。但我们若有自觉的努力，要接续这个传统，其势也甚顺的。这并非空话。前《大公报》上有一位蜂子先生写了好些真正白话的诗，记载被人忘却的农村里小民的生活。那些诗有些像歌谣，又有点像大鼓调，充满了中国的而且乡土的气息。有人嫌它俗，但却不缺少诗味。可惜蜂子先生的作品久不见了，又没个继起的人。这种努力其实是值得的。

五七言古近体诗乃至词曲是不是还有存在的理由呢？换句话，这些诗体能不能表达我们这时代的思想呢？这问题可以引起许多的辩论。胡适之先生一定是否定的；许多人却徘徊着不能就下断语。这不一定由于迷恋骸骨，他们不信这经过多少时代多少作家锤炼过的诗体完全是冢中枯骨一般。固然照傅孟真先生的文学的有机成长说（去年在清华演讲），一种文体长成以后，便无生气，只余技巧；技巧越精，领会的越少。但技巧也正是一种趣味；况如宋诗之于唐诗，境界一变，重新，沈曾植比之于外国人开埠头本领（见《石遗室诗话》)，可见骸骨运会之谥，也不尽确。“诗界革命”诸先生似乎就有开埠头之意。他们虽失败了，但与他们同时的黄遵宪乃至现代的吴芳吉，顾随，徐声越诸先生，向这方面努力的不乏其人，他们都不能说没有相当成功。他们在旧瓶里装进新酒去。所谓新酒也正是外国玩意儿。这个努力究竟有没有创造时代的成绩，现在还看不透；但有件事不但可以帮助这种努力，并且可以帮助上述的种种；便是大规模地有系统地试译外国诗。

这是本文最末的一个主张。译专集也成，总集也成，译莎士比亚固好，译Goedeu Lreaxsury也行。但先译总集或者更方便些。你可以试验种种诗体，旧的新的，因的创的；句法，音节，结构，意境，都给人新鲜的印象。（在外国也许已陈旧了）不懂外国文的人固可有所参考或仿效，懂外国文的人也还可以有所参考或仿效；因为好的翻译是有它独立的生命的。译诗在近代是不断有人在干，苏曼殊便是一个著名的，但规模太小，太零乱，又太少，不能行远持久。要能行远持久，才有作用可见。这是革新我们的诗的一条大路；直接借助于外国文；那一定只有极少数人，而且一定是迂缓的，仿佛羊肠小径一样。这还是需要有天才的人；需要精通中外国文，而且愿意贡献大部分甚至全部分生命于这件大业的人。

第五十三讲

读诗偶感[1]

夏丏尊

数年前，经朱佩弦[2]君的介绍，求到了黄晦闻（节）[3]氏的字幅。黄氏是当代的诗家，我求他写字的目的，在想请他写些旧作，不料他所写的却不是自己的诗，是黄山谷的《戏赠米元章二首》。那诗如下：

万里风帆水着天，麝煤鼠尾过年年。

沧江静夜虹贯月，定是米家书画船。

我有元晖古印章，印刓不忍与诸郎。

虎儿笔力能扛鼎，教字元晖继阿章。

字是写得很苍劲古朴的，把它装裱好了挂在客堂间里，无事的时候，一个人看着读着玩。字看看倒有味，诗句读读却感到无意味，不久就厌倦了把它收藏起来，换上别的画幅。

近来，听说黄氏逝世了，偶然念及，再把那张字幅拿出来挂上，重新来看着读着玩。黄氏的字仍是有味的，而山谷的诗句仍感到无意味。于是我就去追求这诗对我无意味的原因。第一步把平日读过的诗来背诵，发现我所记得的诗里面，有许多也是对我意味很少或竟是无意味的，再去把唐宋人的集子来随便翻，觉得对我无意味的东西竟着实不少。

① 据开明书店 1941 年版《平屋杂文》校订。

② 朱自清，字佩弦。

③ 黄节（1873—1935），原名晦闻。清末学者，民初报人。

文艺作品的有意味与无意味，理由当然不很简单，说法也许可以各人不同吧。我现在所觉到的，只是一点，就是：对我的生活可以发生交涉的有意味，否则就无意味。让我随便举出一首认为有意味的诗来，如李白的《静夜思》：

床前明月光，疑是地上霜。

举头望明月，低头思故乡。

这首诗从小就记熟，觉得有意味，至今年纪大了，仍觉得有意味。第一，这里面没有用着一定的人名，任何人都可以做这首诗的主人公。“疑”，谁“疑”呢？你疑也好，我疑也好，他疑也好，“举头”，“望”，“低头”，“思”，这些动作，任凭张三李四来做都可以。诗句虽是千年以前的李白做的，至今任何人在类似的情景之下，都可以当作自己的创作来念。心中所感到的滋味，和作者李白当时所感到的可以差不多。第二，这里面用着不说煞的含蓄说法，只说“思故乡”，不加“恋念”“悲哀”等等的限定语。为父母而思故乡也好，为恋人而思故乡也好，为战乱而思故乡也好，什么都可以。犹之数学公式中的X，任凭你代入什么数字去，都可适用。如果前人的文学作品可以当遗产的话，这类的作品，的确可以叫做遗产的了。

再回头来读山谷的那两首诗：第一首是写米元章的船中书画生活的，米元章工书画，当时做着名叫“发运司”的官，长期在江淮间船上过活，船里带着许多书画，自称“米家书画船”。第二首是说要将自己所郑重珍藏的晋人谢元晖的印章赠与米元章的儿子虎儿（名友仁），说虎儿笔力好，可取字元晖，使用这印章，继承父业。这两首诗在山谷自己不消说是有意味的，因为发挥着对于友人的情感，在米元章父子也当然有意味，因为这诗为他们而作。但是对千年以后的我们发生什么交涉呢？我们不住在船中，又不会书画，也没有古印章，也没有“笔力能扛鼎”的儿子，所以读来读去，除了些记得一件文人的故事和诗的本来的平仄音节以外，毫不觉得有什么了。如果用遗产来作譬喻，李白《静夜思》是一张不记名的支票，谁拿到了都可支取使用，籴米买菜。山谷的《戏赠米元章二首》是一张记名的划线支票，非凭记着的那人不能支取，而这记着的那人却早已死去了的。于是这张支票捏在我们手里，只好眼睛对它看看而已。

山谷的集子里当然也有对我们有意味的诗，李白的集子里也有对我们无意味的诗，上面所说的只是我个人现在的选择见解。依据这见解把从来汗牛充栋的诗集、文集、词集来检验估价，被淘汰的东西，将不知有若干。以前各种各样的选本，也不知该怎样翻案才好。这对于古人也许是一种忤逆，但为大众计，是应该的，我们对于前人留下来的文艺作品，要主张读的权利，同时要主张有不读的自由。

第五十四讲

什么是散文[①]

朱自清

散文的意思不止一个。对骈文说，是不用对偶的单笔，所谓散行的文字。唐以来的“古文”便是这东西。这是文言里的分别，我们现在不大用得着。对韵文说，散文无韵；这里所谓散文，比前一义所包广大。虽也是文言里旧有的分别，但白话文里也可采用。这都是从形式上分别。还有与诗相对的散文，不拘文言白话，与其说是形式不一样，不如说是内容不一样。内容的分别，很难说得恰到好处；因为实在太复杂，凭你怎么说，总难免顾此失彼，不实不尽。这中间又有两边儿跨着的，如所谓散文诗，诗的散文；于是更难划清界限了，越是缠夹，用得越广，从诗与散文派生“诗的”“散文的”两个形容词，几乎

① 据生活书店 1935 年版《文学百题》校订。

可用于一切事上，不限于文字。——茅盾先生有一个短篇小说，题作《诗与散文》，是一个有趣的例子。

按诗与散文的分法，新文学里小说，戏剧，（除掉少数诗剧和少数剧中的韵文外）"散文"，都是散文。——论文，宣言等不用说也是散文，但是通常不算在文学之内——这里得说明那引号里的散文。那是与诗，小说，戏剧并举，而为新文学的一个独立部门的东西，或称白话散文，或称抒情文，或称小品文。这散文所包甚狭，从"抒情文""小品文"两个名称就可知道。小品文对大品而言，只是短小之义；但现在却兼包"身边琐事"或"家常体"等意味，所以有"小摆设"之目。近年来这种文体一时风行；我们普通说散文，其实只指的这个。这种散文的趋向，据我看，一是幽默，一是游记，自传，读书记。若只走向幽默去，散文的路确乎更狭更小，未免单调；幸而有第二条路，就比只写身边琐事的时期已展开了一两步。大体上说，到底是前进的。有人主张用小品文写大众生活，自然也是一个很好的意思，但盼望做出些实例来。

读书记需要博学，现在几乎还只有周岂明[①]先生一个人动手。游记，传记两方面却似乎有很宽的地步可以发展。我以为不妨打破小品，多来点儿大的。长篇的游记与自传都已有人在动手；但盼望人手多些，就可热闹起来了。传记也不一定限于自传，可以新作近世人物的传，可以重写古人的传；游记也不一定限于耳闻目睹，掺入些历史的追想，也许别有风味。这个先得多读书，搜集材料，自然费工夫些，但是值得做的。不愿意这么办，只靠敏锐的观察力和深刻的判断力，也可写出精彩的东西；但生活的方面得广大，生活的态度得认真。——不独写游记，传记如此，写小说，戏剧也得如此。（写历史小说，历史戏剧，却又得多读书了）生活是一部大书，读得太少，观察力和判断力还是很贫乏的。日前在天津看见张彭春先生，他说现在的文学有一条新路可以走，就是让写作者到内地或新建设区去，凭着他们的训练（知识与技巧）将所观察

① 即周作人。

的写成报告文学。这不是报纸上简陋的地方通信，也不是视察员冗杂的呈报书，而应该是文学作品。他说大学生高中学生都可利用假期试试这个新设计。我在《太白》里有《内地描写》一文，也有相似的说法。这确是我们散文的一个新路。此外，以人生为题的精悍透彻的——抒情的论文，像西塞罗《说老》之类，也可发展；但那又得多读书或多阅世，怕不是一时能见成绩的。

第五十五讲

诗与散文的分别[①]

老　舍

“……诏高力士潜搜外宫，得弘农杨元琰女于寿邸，即笄矣，鬓发腻理，纤秾中度，举止闲冶，如汉武帝李夫人。别疏汤泉，诏赐澡莹。既出水，体弱力微，若不任罗绮！光彩焕发，转动照人。上甚悦。进见之日，奏《霓裳羽衣》以导之……”

“汉皇重色思倾国，御宇多年求不得。杨家有女初长成，养在深闺人未识。天生丽质难自弃，一朝选在君王侧。回眸一笑百媚生，六宫粉黛无颜色。春寒赐浴华清池，温泉水滑洗凝脂。侍儿扶起娇无力，始是新承恩泽时……”

“想当初，庆皇唐，太平天下，访丽色，把蛾眉选刷。有佳人，生长在弘农杨氏家，深闺内，端的玉无瑕。那君王一见了，欢无那！把钿盒金钗亲纳，评拔作昭阳第一花。”

上列的三段：第一段是《长恨歌传》的一部分，第二段是《长恨歌》的首

① 这是作者30年代在齐鲁大学所作《文学概论讲义》的第八讲，据2008年版《老舍全集》第16卷校订。

段，第三段是《长生殿》中《弹词》的第三转。这三段全是描写杨贵妃入选的事，事实上没有多少出入。可是，无论谁读了这三段，便觉得出：第一段与后两段有些不同。这点不同的地方好像只能觉得，而不易简当的说出所以然来。以事实说，同是一件事。以文字说，都是用心之作，都用着些妙丽的字眼。可是，说也奇怪，读了它们之后，总觉得出那些“不同”的存在。到底是怎么一回事呢？为回答这个，我们不能不搬出一个带玄幻色彩的词——“律动”。

我们往往用“余音绕梁，三日不绝”来作形容。这个“绕梁三日不绝”的“余音”从何而来呢？自然，牛马的吼叫决不会有这个余音；它一定是好音乐与歌唱的。这余音是真的呢，还是心境一种现象呢？一定是心象。为什么好的音乐或歌唱能给人这种心象呢？律动！律动好像小石击水所起的波颤，石虽入水，而波颤不已。这点波颤在心中荡漾着，便足使人沉醉，三月不知肉味。音乐如是，跳舞也如是。跳过之后，心中还被那肢体的律动催促着兴奋。手脚虽已停止运动，可是那律动的余波还在心中动作。

广泛着说，宇宙间一切有规则的激动，那就是说有一定的时间的间隔，都是律动。像波纹的递进，唧唧的虫鸣，都是有规律的，故而都带着些催眠的力量。从文学上说，律动便是文字间的时间律转，好像音乐似的，有一定的抑扬顿挫，所以人们说音乐和诗词是时间的艺术，便是这个道理。音乐是完全以音的调和与时间的间隔为主。诗词是以文字的平仄长短来调配，虽没有乐器辅助，而所得的结果正与音乐相似。所不同者，诗词在这音乐的律动之内，还有文字的意义可寻，不像音乐那样完全以音节感诉。所以，巧妙着一点说，诗词是奏着音乐的哲学。

明白了律动是什么，我们可以重新去念上边所引的三段；念完，便可以明白为什么第一段与后两段不同。它们的不同不在乎事实的描述，是在律动不一样。至于文字呢，第一段里的“纤秾中度，举止闲冶”与“光彩焕发，转动照人”也都是很漂亮的，单独的念起来，也很有些声调。可是读过之后，再读第二段，便觉出精粗不同，而明明的认出一个是散文，一个是诗。那么，我们可以说，散文与诗之分，就在乎文字的摆列整齐与否吗？不然。试看第三段，文字的排列比第一段更不规则，可是读起来（唱起来便更好了），也显然的比第一段好听。为说明这一点，我们且借几句话看一看：

Arthur Symons①说：Coleridge②这样规定：散文是“有美好排列的文字”，诗是“顶好的文字有顶好的排列”。但是，这并不能说明为什么散文不可以是顶好的文字有顶好的排列。只有律动，一定而再现的律动，可以分别散文与诗。……散文，在粗具形体之期，只是一种记录下来的言语；但是，因为一个人终身用散文说话而或不自觉，所以那自觉的诗体（就是：言语简变为有规则的，并且成为有些音乐性质的）或是有更早的起源。在人们想到普通言语是值得存记起来的以前，人们一定已经有了一种文明。诗是比散文易于记诵的，因为它有重复的节拍，人们想某事值得记存下来，或为它的美好（如歌或圣诗），或因它有用（像律法），便自然的把它作成韵文。诗，不是散文，或者是文艺存在的先声。把诗写下来，直到今日，差不多只是诗的物质化；但是散文的存在不过文书而已。……在它的起源，散文不带着艺术的味道。严格的说，它永远没有过，也永远不能像韵文、音乐、图画那样变为艺术。它渐渐的发现了它的能力；它发现了怎样将它的实用之点炼化成“美”的；也学到怎样去管束它的野性，远远的随着韵文一些规则。慢慢的它发展了自己的法则，可是因它本身的特质，这些法则不像韵文那样固定，那样有特别的体裁……

“只有一件事散文不会做：它不会唱。散文与韵文有个分别……后者的文字被律动所辖，如音乐之音节，有的时候差不多只有音乐的意思。依Joubert（如贝）③说：在诗调里，每字颤旋如美好的琴音，曲罢遗有无数的波动。”文字可以相同，并不奇异；结构可以相同，或喜其更简单一些；但是，当律动一来，里边便有一些东西，虽似原自音乐，而实非音乐。那可以叫作境地，可以

① 阿瑟·西蒙斯（1865—1945），英国诗人、评论家。

② 塞缪尔·泰勒·柯尔律治（1772—1834），英国诗人、批评家。

③ 现译乔塞夫·茹贝尔（1754—1824），法国作家。

叫作魔力；还用如贝的话吧："美的韵文是发出似声音或香味的东西。"我们永不能解释清楚，虽然我们能稍微分别那点变化——使散文极奇妙的变成韵文。"又是如贝说得永远那么高妙：'没有诗不是使人狂悦的；琴，从一种意义上看，是带着翅膀的乐器。'散文固然可以使我们惊喜，但不像韵文是必须这样的。况且，散文的喜悦似乎叫我们落在尘埃上，因为散文的域区虽广，可是没有翅儿。……"（*The Romantic movement in English Poetry*[①]）。

Symons这段话说得很漂亮，把韵文叫作带着翅的，可以唱的；更从这一点上去分别散文与韵文的不同——能飞起与能吟唱都在乎其中所含的那点律动，没有这点奇妙律动的便是散文。

但是，我们要问一句：散文与韵文的律动，到底有什么绝对的分别没有呢？假如我们不能回答这一点，前面所引的那些话，虽然很美好，还是不能算作圆满；因为我们分别两件东西，一定要指出二者的绝对不同之点；不然，便无从分别起。我们再引几句话看看吧：

"分别散文与诗有两条路。一条是外表的与机械的：诗是一种表现，严格的与音律相关联；散文是一种表现，不求音乐的规则，但从事于极有变化的律动。但是，以诗立论，这种分别显然的只足以说明'韵语'，而韵语不必是诗，是人人知道的——韵语实在只是一种形式，是，也许不是，曾受了诗感的启示。所以韵语并不是根本问题；它不过是律动的一种类而已，抽象的说，它只是个死板的、学院的规法。这种规法永没有为散文设立过；所以，散文与韵文没有确定的不同。我们不能不追求'诗'字的更重要的意义。

"……诗与散文之分永远不能是定形的。无论怎样分析与规定韵律音节，无论怎样解释声调音量，也永远不会把诗与散文的种种变化分入对立的两个营幕里去。我们至多也不过能说散文永不遵依一定的音律，但这是消极的理由而没有实在的价值……

① 《英国诗歌中的浪漫主义运动》。

“诗与散文的分别也是个物质的；那就是说，因为我们是讨论心灵上的东西，这个分别是心理的。诗是一种心灵活动的表现，散文是另一种。

“诗是创造的表现；散文是构成的表现……

“创造在此地是独创的意思。在诗里，文字是在思想的动作中产生出或再生。这些文字是，用个柏格森①的字，‘蜕化’；文字的发展和思想的发展是同等的。在文字与思想之间没有时间的停隔。思想便是文字，文字便是思想，思想与文字全是诗。

“‘构成的’是现成的东西，文字在建筑者的四围，预备着被采用。散文是把现成的文字结构起来。它的创造功能限于筹画与设计——诗中自然也有这个，但是在诗中这个是创造功能的辅助物。”（*Herbert Read*②*: English Prose Style.*）

律动的不同是我们从诗与散文中可以看得出的，但是这个不同不能清清楚楚的对立，因而诗与散文的分别便不能像Symons那么专拿律动作界碑了。亚里士多德在《诗学》里也说过：“诗是比历史更郑重更哲理的，因为诗是言普遍真理的，不是述说琐事的。”他也说：“诗人应为神话的制作者，不是韵律的制作者。”这都足以证明，诗是创造的，不专以排列音韵为能事。这样的看法有几样好处：

一、因为我们知道诗的成功在乎它的思想、音律；而且这音律与思想是分不开的，我们便容易看出什么是诗，什么不是诗。设若诗中的音律不是艺术化的，而只是按一定的格式填成的，那便不是诗，虽然它有诗的形式。试看：“无室无官苦莫论，周旋好事赖洪恩。人能步步存阴德，福禄绵绵及子孙。”（《今古奇观·裴普公义还原配》）便不能引起我们诗的狂喜；其实这首诗的平仄字数也并没有什么缺欠；若只就律动说，这里分明有平仄抑扬，为什么它还是不能成为诗呢？这便是韵语与诗之分了：凡有音律的都可以叫作韵语，但韵语不

① 亨利·柏格森（1859—1941），法国哲学家。

② 赫伯特·里德，英国诗人、艺术批评家。

都是诗；诗中的律动是必要的，但是这个律动决不是指格式而言，而且诗中的律动必须与诗的实质同时的自然的一齐流荡出来。好诗不仅仗着美好的律动，思想与文字必须全是诗。诗的一切是创造的；韵语只是机械的填砌。

在前面，我们用律动说明了所引的《长恨歌》等三段的所以不同。现在，我们明白了用律动分别诗与散文还不是绝对的。那么，我们试再读那三段看看。不错，我们还觉得它们的律动不同；但是我们不能不承认那一段散文也有它的律动。况且，我们如再去读别的散文，便觉得散文的律动是千变万化，而永远不会像诗那样固定；所以，不如说这散文与诗的分别是心理上的，而律动只是一部分的事实而已。同时我们也看得出：散文不论怎样美好，它的文字是现成的，决不会像诗中的那样新颖，那样表现着创造独有的味道。

二、我们这样说明诗与韵语之别，便可以免去许多无谓的争执——如诗的格式应如何，诗是否应用韵等。照前面的道理看，诗的成立并不在乎遵守格式与否，而是在能创造与否。诗的进展是时时在那里求解放，以中国诗说，四言诗后有五言，五言后有七言，七言后有长短句，最近又有白话诗，这便是打破格式的进展。白话诗也是诗，不是白话文；有格体音律的诗有些并不能算是诗；这全凭合乎创造的条件与否。好的律诗与好的白话诗的所以美好可以用这一条原则评定，而不在乎格律的相同与否。诗人的责任是在乎表现，怎样表现是仗着他的创造力而全有自由，格律是不能拘束他的，我们随便拿两首诗来看看：

黄河远上白云间，一片孤城万仞山。

羌笛何须怨杨柳，春风不度玉门关。

（王之涣《凉州词》）

这自然是很美了，但是像

帘外雨潺潺，春意阑珊。罗衾不耐五更寒。梦里不知身是客，一饷贪欢。

独自莫凭栏，无限江山。别时容易见时难。流水落花春去也，天上人间。

（李煜《浪淘沙·怀旧》）

也是非常美的，而且所表现的神情，或者不是七言五言诗所能写得出的。我们既承认词的好处（因为我们承认了它在创造上的价值，而忘了它破坏律诗体的罪过），我们便没法去阻止那更进一步的改革——把格律押韵一齐除掉——白话诗。看看：

窗外的闲月，紧恋着窗内蜜也似的相思。相思都恼了。一抽身就没了。月倒没了，相思倒觉着舍不得了。（康白情《窗外》）

这里的字句没有一定，平仄也不规则，用字也不典雅，可是读起来恰恰合前面“思想与文字全是诗”的原理。我们不能因为它也不合于旧诗的格律而否认它。我们只求把思想感情唱出来，不管怎样唱出来。给诗人这个自由，诗便更发达、更自然。

三、据以上的理由说，诗的言语与思想是互相萦抱的，诗之所以为言语的结晶也就在此。在散文中差不多以风格自然为最要紧的，要风格自然便不能在文学上充分的推敲，因为辞足达意是比辞胜于意还好一些的。诗中便不然了，它的文字与思想同属于创造的；所以它的感诉力比散文要强烈得多。设若我们说：“战事无已呀，希望家中快来信！”这本来是人人能有的心情，是真实的；可是只这样一说，说过了也便罢了。但是，当我们一读到杜甫的“国破山河在，城春草木深。感时花溅泪，恨别鸟惊心！烽火连三月，家书抵万金！”我们便不觉泪下了。这“烽火连三月，家书抵万金”还不就是“战事无已呀，希望家中快来信！”的意思吗？为什么偏偏念了这两句才落泪？这便是诗中的真情真理与言语合而为一，那感情是泪是血，那文字也是泪是血；这两重泪血合起来，便把我们的泪唤出来了。诗人作诗的时候已把思想与言语打成一片，二者不能分离；因为如此，所以它的感诉力是直接的，极快的，不容我们思想，泪已经下来。中国的祭文往往是用韵的，字句也有规则，或者便是应用这个道理吧。至于散文，无论如何，是没有这种能力的；它的文字是传达思想的，读者往往因体会它的思想而把文字忘了。读散文的能记住内容也就够了；读诗的便非记住文字不可。谁能把“剪不断，理还乱，是离愁；别是一番滋味在心头”的意思记住，而忘了文字？就是真有人只把这个意思记住，他所记住的决不会是完全的清楚的，因为只有这些字才足以表现这些意思，不多不少恰恰相等；字没了意思也便没了。

四、言语和思想既是分不开的，诗的形体也便随着言语与思想的不同而分异。先说言语方面。一种言语有一种特质，因此特质，诗的体格与构成也便是特异的。希腊拉丁的诗，显然以字音的长短为音律排列的标准；英国诗则以字的“音重”为主；中国诗则以平仄成调；这都是言语的特质使然。中国的古诗多四言五言，也是因为中国言语，在平常说话中即可看出，本来是简短的。七言长句是较后的发展，因为这是文士的创造，已失去古代民间歌谣的意味。就是七言诗，仅以七个音成一句，比之西国的诗也就算很短了。这样，诗既是言语的结晶，便当依着言语的特质去表出自然的音乐，勉强去学异国的诗格，便多失败。因此，就说译诗是一种不可能的事也不为过甚；言语的特质与神味是不能翻译的；丢失了言语之美，诗便死了一大半。

从思想上说呢，那描写眼前一刻的景物印象自然以短峭为是，那述讲一件史事自然以畅利为宜。诗人得到不同的情感，自然会找出一个适当的形式发表出来。所以：

夕殿下珠帘，流萤飞复息。长夜缝罗衣，思君此何极！

（谢朓《玉阶怨》）

是一段思恋的幽情，也便用简短的形式发表出来。那《长恨歌》中的事实复杂，也便非用长句不足以描写得痛快淋漓。

不过一首诗的写成，其启示是由于思想，还是由于形式呢？这在下一讲里再讨论。

就以上几点看，文学与非文学是在乎创造与否。表现之中有创造的与构成的区别——诗与散文。诗与散文只能这样区别；在形式上格律上是永不会有确切的分界的。

第五十六讲

诗与其他文艺的区别[①]

老　舍

……在第八讲里，我们看到诗与散文的所以不同。因为这么一划分，往往引起一些误会：诗的内容是否应与戏剧小说等根本两样呢？现代的文艺差不多是以小说为主帅；诗好像只是为一些老人，或受过特种教育的有闲阶级预备着的。一提到诗，人们好似觉得有些迷惘：诗的形式是那么整齐，诗的内容也必定是一种不可了解的东西。可是，我们试掀开一本诗集，不论是古代的还是当代的，便立刻看到一些极不一致的题目：游仙曲，酒后，马，村舍；假如是近代的，还能看到：爱，运动场，洋车夫，汽车……；这又是怎回事呢？游仙曲与汽车似乎相距太远了，而且据一般不常与诗亲近的人推测，汽车必不能入诗。及至我们读一读汽车这首诗，我们所希冀的也许是像小说中的一段形容，或舞台上的布景；可是，诗中的汽车并不是这样，十之八九它是使我们莫名其妙。这真是个难题：诗与戏剧小说或别种文艺在内容上根本须不同吧，这诗集里分明有“汽车”这么一首；说它应与别种文艺相同吧，这首汽车诗又显然这么神秘！怎么办呢？

诗的内容与别种文艺的并没有分别，凡是散文里可以用的材料，都可以用在诗里。诗不必非有高大的题目不可。那么，诗与散文的区别在哪里呢？在第八讲里说过，那是心理的不同。诗是感情的激发，是感情激动到了最高点。戏

① 这是作者《文学概论讲义》第十三讲的一部分，原名《诗》，据 2008 年版《老舍全集》第 16 卷校订。

剧与小说里自然也有感情，可是，戏剧小说里不必处处是感情的狂驰。戏剧小说里有许多别的分子应加以注意，人物，故事，地点，时间，等等都在写家的眼前等调遣，所以，戏剧家，小说家必须比诗人更实际一些，更清醒一些。他们有求于诗，而不能处处是诗。“一朝春尽红颜老，花落人亡两不知！”《红楼梦》的作者是可以写首长诗补救散文之不足的。至于诗人呢，他必须有点疯狂：“诗要求一个有特别天才的人，或有点疯狂的人；前者自易于具备那必要的心情，后者真能因情感而忘形。”（亚里士多德《诗学》十七）诗人的感情使他忘形，他便走入另一世界，难怪那重实际的现代的侦探小说读者对诗有些茫然。诗是以感情为起点，从而找到一种文字，一种象征，来表现他的感情。他不像戏剧家小说家那样清楚的述说，而是要把文字或象征炼在感情一处，成了一种幻象。只有诗才配称字字是血，字字是泪。

诗人的思想也是如此，他能在一粒沙中看见整个的宇宙，一秒钟里理会了永生。他的思想使他“别有世界非人间”，正如他的感情能被一朵小花、一滴露水而忘形。“身无彩凤双飞翼，心有灵犀一点通。”（李商隐《无题》）他的思想也许是不科学的，但“神女生涯原是梦”是诗的真实；诗自有诗的逻辑。况且诗是不容把感情，思想，与文字分开来化验的。诗人的象征便是诗人的感情与思想的果实，他所要传达出的思想是在象征里活着，如灵魂之于肉体，不能一切两半的。他的象征即是一个世界，不需什么注解。诗也许有些道德的目的，但是诗不都如此，诗是多注意于怎样传达表现一个感情或一思想，目的何在是不十分重要的；诗人第一是要写一首“诗”。诗多注重怎么说出，而别种文艺便不能不注意于说些什么。

这样，我们才能明白为什么诗能使我们狂喜，因为它是感情找到了思想，而思想找到了文字。它说什么是没有大关系的，马，汽车，游仙曲，都是题目；只要它真是由感情为起点，而能用精美的文字表现出，便能成功。因此，我们也可以看清楚了，为什么诗是生命与自然的解释者，因为它是诗人由宇宙一切中，在狂悦的一刹那间所窥透的真实。诗人把真理提到、放在一个象征中，便给宇宙添增了一个新生命。坡[①]说：诗是与科学相反的。诗的立竿见影的目的是在愉快，不在真实。诗与浪漫故事是相反的。诗的目标在无限的愉快，而故事是有限的。音乐与愉快的思想相联结，便是诗。我们不是要提出诗的定义，我们只就这几句话来证明为什么诗能使生命调和。因为诗的欣悦是无限的，是在自然与生命与美中讨生活的，这是诗之所以为生命的必需品。“诗的力量是它那解释的力量；这不是说它能黑白分明的写出宇宙之谜的说明，而是说它能处置事物，因而唤醒我们与事物之间奇妙、美满、新颖的感觉，与物我之间的关系。物我间这样的感觉一经提醒，我们便觉得我们自己与万物的根性相接触，不再觉得纷乱与苦闷了，而洞晓物的秘密，并与它们调和起来；没有别的感觉能这样使我们安静与满足。”（Matthew Arnold[②]）醒着，我们是在永生里活着；睡倒，我们是住在时间里。诗便是在永生里活着的仙酿与甘露。雪莱赠给云、叶、风与草木永生的心性；他们那不自觉的美变为清醒的可知的，从而与我们人类调和起来。在诗人的宇宙中没有一件东西不带着感情，没有一件东西没有思想，没有一件东西单独的为自己而存在。“二年鱼鸟浑相识，三月莺花付与公。”（苏轼）这是诗人的世界，这是唯有诗人才能拿得出的一份礼物。

我们不愿提出诗的定义，也不愿提出诗的功用，但是，在前边的一段话中，或者可以体会出什么是诗，与诗的功用在哪里了。

① 指爱伦·坡（1809—1849），美国诗人。

② 马修·阿诺德（1822—1888），英国诗人、评论家。

第五十七讲

歌谣里的重叠①

朱自清

歌谣以重叠为生命，脚韵只是重叠的一种方式。从史的发展上看，歌谣原只要重叠，这重叠并不一定是脚韵；那就是说，歌谣并不一定要用韵。韵大概是后起的，是重叠的简化。现在的歌谣有又用韵又用别种重叠的，更可见出重叠的重要来。重叠为了强调，也为了记忆。顾颉刚先生说过：

对山歌因问作答，非复沓不可。……儿歌注重于说话的练习，事物的记忆与滑稽的趣味，所以也有复沓的需要。（《论〈诗经〉所录全为乐歌》上）

“复沓”就是重叠。说“对山歌因问作答，非复沓不可”，是说重叠由于合唱；当然，合唱不止于对山歌。这可说是为了强调。说“儿歌注重于说话的练习，事物的记忆……也有复沓的需要”，是为了记忆；但是这也不限于儿歌。至于滑稽的趣味，似乎与重叠无关，绕口令或拗口令里的滑稽的趣味，是从词语的意义和声音来的，不是从重叠来的。

现在举几首近代的歌谣为例，意在欣赏，但是同时也在表示重叠的作用。美国何德兰的《孺子歌图》（收录的以北平儿歌为主）里有一首《足五趾歌》：

这个小牛儿吃草。

这个小牛儿吃料。

这个小牛儿喝水儿。

这个小牛儿打滚儿。

① 据上海观察社 1948 年版《论雅俗共赏》校订，收入 1988 年版《朱自清全集》第 3 卷。

这个小牛儿竟卧着，

我们打他。

这是一首游戏歌，一面念，一面用手指点着，末了儿还打一下。这首歌的完整全靠重叠，没有韵。将五个足趾当作五个“小牛儿”，末一个不做事，懒卧着，所以打他。这是变化。同书另一首歌：

玲珑塔，

塔玲珑，

玲珑宝塔十三层。

这首歌主要的是“玲珑”一个词。前两行是颠倒的重叠，后一行还是重叠前两行，但是颠倒了“玲珑”这个词，又加上了“宝”和“十三层”两个词语，将句子伸长，其实还只是“玲珑”的意思。这些都是变化。这首歌据说现在还在游艺场里唱着，可是编得很长很复杂了。

邱峻先生辑的《情歌唱答》里有两首对山歌，是客家话：

女唱：

一日唔见涯心肝，

唔见心肝心不安。

唔见心肝心肝脱，

一见心肝脱心肝。

男答：

闲来么事想心肝，

紧想心肝紧不安。

我想心肝心肝想，

正是心肝想心肝。

两首全篇各自重叠，又彼此重叠，强调的是“心肝”，就是情人。还有北京大学印的《歌谣纪念增刊》里有刘达九先生记的四川的两首对山歌，是两个牧童在赛唱：

唱：

你的山歌没得我的山歌多，

我的山歌几箩筐。

箩筐底下几个洞，

唱的没得漏的多。

答：

你的山歌没得我的山歌多，

我的山歌牛毛多。

唱了三年三个月，

还没有唱完牛耳朵。

两首的头两句各自重叠，又彼此重叠，各自夸各自的“山歌多”；比喻都是本地风光，活泼、新鲜、有趣味。重叠的方式多得很，这里只算是“牛耳朵”罢了。

第四章

论小说

第五十八讲

小说在中国文学中的地位①

老　舍

今天晚上我要讲的是唐代的爱情小说。未讲之前，我要先讲讲小说在中国文学中的地位，以及小说的发展概况。时常听人说，对于研究中国文学的人说来，小说和戏剧是无足轻重的。这种说法确有一定的道理。然而对于欧洲人说来，没有小说戏剧的文学就和没有接吻和格斗的影片一样枯燥无味。假如你们不去认真地研究为什么中国的文学概念与西方的截然不同，而只是简单地认为中国人欣赏不了戏剧与小说之美，那就太武断了。

小说一词，起源于周朝著名的哲学家庄子。但是庄子所谓的小说，原是“普通语言”的意思，和我们所谓的小说并不是一回事。目前这种概念的小说，是后来才有的。最早对小说一词加以解释的，是班固。他在他的天才著作《汉书》中说：最早开始写小说的，可能是古代的小官吏。他们把各地流传的故事搜集起来，多一半是街谈巷议之事。地位高的人不屑于写这种东西，但有人要写，他们也不加干涉，因为这些东西往往反映了下层人民的看法，有时也值得一看。

班固把小说的作用讲得很清楚。他的意思显然是说，历史学家在史书中列举小说，其目的是研究历史，而不是文学。当然他认为其中有些内容作为历史研究是有用的——比如，当时的民情。所以自汉以来，差不多所有的史书都要

① 此文原名《唐代的爱情小说》，是从1931至1932学年的一份英语演讲记录稿译回汉语的，这是其中的一部分。据2008年版《老舍全集》第17卷校订。

列举小说。

纪昀在《四库全书总目提要》中写道：自唐以来，涌现了许多小说作者。许多人写的是搜奇志怪，荒诞不经的神怪故事，使人读了有扑朔迷离之感。不过有的作品确是真才实学之作。因此，既然先人的惯例是不拘一格广泛搜罗图书，我们也不能因为一些书分类编纂得不好，或文笔欠佳，就不把它们考虑进去。

自汉至清所有的历史学家显然也都同意这一观点，他们认为在编史的时候，也不能忽略小说。但是很清楚，他们对小说的文学价值是不感兴趣的。

再看看职业作家对文学这个概念是如何理解的吧。要是去问一个老学究，他一定会毫不迟疑地回答："文学乃传道之文也。"我们现在无法就"道"这个字展开充分讨论，暂时可以把它译作"原则"。唐代最著名的作家韩愈说：学的目的是寻道，文学的目的是释道。与韩愈齐名的柳宗元说道：文学是言道。这一类引语尚可列举许多。《文心雕龙》是学习中国文学的人必读之书，它的主题是解释文学的意义，然而它开卷第一章的题目却是"原道篇"。据称这本书的主旨是分析文学的风格、结构和起源，然而假如我们耐心地从头至尾把它看上一遍，就会发现它根本没有提及小说。中国哲学的根本是道，因此必须严肃认真地对之加以研究。既然文学是传道的媒介，那就必须肃穆庄重。文学不是美的艺术作品，而是仁和德的体现。中国的小说之所以少，就是由于把道学观念放在首位的原故。这是否荒谬可笑，你们自己去判断吧。

要是我们想对唐代的小说作出恰当评价，就必须把上述概念弄清楚。从结构和情节看来，这些小说是极不完备的，写这些小说的人并没有想到要当个职业作家，也不认为写小说是件严肃的事情。当我们阅读这些小说，觉得它立意清新文笔优美的时候，我们不得不赞叹作者的天才，不用付出艰苦的劳动就能写出卓越的小说来。

第五十九讲

中国小说的发展概况①

老　舍

现在我们来谈谈中国小说的历史发展。虽说从文学的角度看来，小说是无足轻重的，然而若是仔细加以观察比较，就会发现事物还是在不断的发展变化之中。《汉书》上只记载了十五则故事，全部失传。《隋书》增加到二百一十七则，多数得以留传至今。这说明，尽管小说并非正统，然而它还是有所发展的。

为了简而明地说清楚问题，我们可以把中国小说的发展分成三个阶段，即汉以前，汉至唐，唐以后三个时期。

汉以前时期的小说，其实不过是史学家和哲学家在其著作中插入的实例。小说往往采取寓言或讽喻的方式，用以说明特定的问题。例如，在《庄子》一书中，这类故事是很多的。从汉开始，小说才和哲学论文分家。因此汉代在小说史上可以说是初期阶段。不过汉时多志怪小说，到唐代，日常生活才成为通用的题材。在我们看来，这确是一大进步，我们可以从中窥见唐代社会生活的实际图景。

唐以后，小说的写作技巧更趋于成熟，最值得注意的是开始运用口语。用日常的口语来描述日常生活，是一明显的进步。

概括起来，唐以前，小说主要是搜神志怪；唐以后，题材趋于广泛，采用了口语。唐人小说居于承前启后的地位，内容涉及面很广，爱情故事更居于首

① 这是《唐代的爱情小说》的一部分，接续前文，标题是编者后加上去的。

位。在题材的广泛方面，唐人小说超过了以往，其浪漫的主题也对后世颇具影响。这就是唐人小说在中国小说史上的重要地位。

第六十讲

唐代的爱情小说[①]

老　舍

今晚我要着重讲讲唐代的爱情小说。为了方便起见，我从伦理、宗教、游侠和民间故事等几个角度分别加以阐述。

先讲讲它的伦理观念。一提起爱情，人们往往就想起了婚姻。一想到婚姻，自然就会联系到家庭。中国的文化是建筑在复杂的宗法制度之上的，这一宗法制度极其严酷，势力又大，绝对不容许婚姻自由。换言之，爱情和婚姻是毫无关系的，在安排婚事的时候，爱情必须绝对服从其它方面的考虑。父母之命是至高无上的，包办儿女的婚姻是父母的责任，也可以说是天职，外人尢权干涉，子女也不能过问。拒绝按父母之命缔姻，不仅仅是造家庭的反，而且也是跟整个社会作对。在研究唐人小说的时候，我们还能窥见当时青年男女在宗法制度的专制统治下遭受的痛苦。

有两本书，一本是《北里志》，另一本是《教坊记》，内容是颂扬歌伎的，记叙年青书生对她们的钦慕。《北里志》言道：歌伎都住在平康巷。应试的书生和中试候选的人，只要肯多花钱，都可以到平康巷去寻欢作乐。多数歌伎都善于应对，能诗会文。

---

① 《唐代的爱情小说》的一部分，接续前文。

唐代歌伎实际上都是些受过高等教育的女子。再看看那些文人学士的妻妾，就会觉得，举子们爱逛平康巷是毫不足怪的。正如中国人常说的，那些妻妾往往是“黄脸婆”，多数没有受过教育。歌伎们却知书识字，所以那些文人学士的狂放多少是情有可原的。

著名诗人白居易的弟弟白行简写的《李娃传》是个好例子。这则小说值得详细介绍……

（略）

很抱歉，为了节省时间，我不得不略掉这则小说的许多精彩部分。从好几个角度看来，这篇小说都是非常有意思的。首先，它大胆抨击了固有的宗法制度；再则，它用庄严的传记体记述了一位歌伎的身世，这也是很不寻常的，因为这种文体一向是只能用于高贵者的。作者说得很明白：男女之际，大欲存焉，情苟相得，虽父母之命，不能制也。他把父亲的蛮不讲理和姑娘对爱人的忠贞作了强烈对比，对父亲的权威和真正的爱情，作了截然不同的描述。

这类小说不论怎样真挚动人，向来被当作危险读物。反映正统观念的作品，则可以《会真记》为典型……

（略）

这篇小说的文字也许是唐代传奇中最优美的。这篇传奇据说是元稹自己的忏悔录。他爱上了一个姑娘，后来变心，抛弃了她。这则传奇中的男女主角都很聪明，在结合之初就看清楚了将来的结局。他不顾一切后果，如痴如狂地爱这个少女。一旦达到了目的，就清醒过来，考虑到底应当牺牲掉这位少女，还是不顾家庭社会的谴责而和她结婚。没有父母之命媒妁之言的私自结合，社会是不承认其有约束力的。张生不具备这些条件，就和莺莺有了私情。那他该怎么办呢？如果他想挽回姑娘的名誉，就须含耻忍辱，为社会所不齿；如果他打算遵守礼教，就必须舍弃姑娘。最后，他决定为了维护他的社会地位而牺牲自己所爱的人。换言之，他为了服从社会传统，不仅放弃了自己的幸福，而且也牺牲了她的幸福，社会为此对他大加赞扬。

姑娘也明白自己的厄运。她对他说：“始乱之，终弃之，固其宜矣。愚不敢恨。必也君乱之，君终之，君之惠也。”她很明白，社会是决不会容许青年人在结婚之前就私行结合的。然而，只要男人肯舍弃那与他有私情的姑娘，社会是容许他有自新的机会的。女人就没有这种机会，无情的重担必须由她来承担。张生的行为会得到人们的赞许，而可怜的姑娘却得不到同情。

五百年后，在这一传奇的基础上，产生了一出戏，即《西厢记》。作者使张生与莺莺成为眷属，剧以“愿天下有情人皆成眷属”结尾。不幸的是，真的莺莺却无此可能。

人们也许会问：为什么中国不取消这一荒谬的宗法制度，实行婚姻自由？为了回答这个问题，我得先谈谈宗教方面的问题。中国的宗教精神和基督教及回教的精神是不同的。有文化修养的中国人，是从哲学或道学观念来看待宗教的，这和欧洲人的宗教观很不相同。没有文化的中国人则不分青红皂白，事事迷信。以上这两类人都迷信命运，并把这种观念运用在婚姻问题上。不幸的婚姻往往归咎于命，而不是父母。要是我们有勇气，可以反抗父母，然而谁敢违抗至高无上的命运呢？因此我们看见的这种消极的逆来顺受的服从，与其说是服从专制的父母，不如说是服从命运更为恰当。抱有宿命论的人一旦感到婚姻不如意，会认为违抗命运也徒劳无益，因而就听天由命，忘却了痛苦。他只看见天堂里闪现着光明，却不去注意现实生活的黑暗。

再举一则月下老人的故事来说明这个问题，出自唐李复言《续玄怪录》的《定婚店》……

（略）

由此可见，命运是无法违抗的。月下老人、神奇的红线和姻缘簿——中国旧式婚姻的各种要素都齐备了。终身大事要由虚无缥渺的神来主宰，青年男女必须规矩就范。服从长辈的意旨有时是难以忍受的，然而服从命运的安排也许能使人释然。从农夫到哲学家都信命，安于天命。中国人的与世无争，其基本原因就是对命运的驯服。从哲学观点看来，命运如一条载着生命前进的长河，随波逐流最是轻松愉快。从西方的观念看，这样做缺乏勇敢进取的精神，有时还会使人怯懦。

再看看宗教信仰的另一个方面。道教当然是中国最强大最普遍的宗教。它没有具体的教派组织，相当愚昧。法术、星相、符咒、占卜以及各种迷信活动，应有尽有，也因而广有群众。这些迷信成分当然也会反映在一般的文学中。然而当我们研究这类爱情故事的时候，就必须同时从宗教观点和心理观点来加以分析，因为写这类传奇的作者决不会仅仅为了描写爱情而来写它。当然，他们有时也会不自觉地流露出他们的心愿。比较原始的宗教普遍相信轮回转世之说，然而为什么狐狸会变美女，鬼怪会变美少年呢？为什么不变成可派实际用场的牛马呢？显然不幸的狐女和美少年更切合人们的想象。人们得不到婚姻自由，却想要逃避这种难以忍受的现实。青年男子不许擅自与少女交往，却可以驰骋想象力，邀请美丽的狐仙和妖冶的鬼女来赴宴。这样做在经济上也是很节省的，歌伎价昂，比用来写神仙故事的纸笔贵多了。

这一类传奇还有长孙绍祖的故事可以为例……

（略）

现在我们来谈谈中国人对恋爱的看法，我所谈的恐怕会让我的听众失望。关于男主角如何如痴如狂地向女主角求爱，欧洲小说往往有生动的描写，而美国电影又往往过分渲染。真正的爱情往往是波澜起伏的，必要时需要采取侠义行动。然而中国的情人处在同样地位又作何举动呢？请看下面的例子就可以知道了。

这是《无双传》王仙客的故事……

（略）

唐代传奇中这一类的故事还很多。情人们遇到无法解决的困难时，就会出现有超人本领的英雄，救了他们。而他们自己则无须进行斗争。乍一看，这仿佛是胆小无能，其实不过是顺应传统。中国的教育思想是要训练青年成为人上人，温良恭俭让。勇敢的将军不过像条狗，它的主人才是温文儒雅、有帝王之相、哲人风度的淳淳君子。在英雄故事里，多数英雄都是忠顺的奴才或头脑简单之辈，出身也比较卑微。因此中国爱情故事里的英雄往往不是恋人们自己，而是助情人们摆脱困境的局外人。

最后我还要举一则故事为例，这类故事最值得注意的地方是它吸收了神话和民间传说的内容。这类故事你们一看就会明白。

以妒妇河的故事为例……

（略）

最后，我还想就唐人小说的语言文字，以及这些小说对后世作品的影响再略讲几句，结束我的讲话。

我想打个比方，唐朝有如一位站在东方文化之中的美女。从唐诗，我们可以窥见她柔美胸中的美丽幻梦。唐代的爱情小说则更接近于实际生活。小说的作者都是有名的诗人学者，有能力栩栩如生地描述他们的生活环境。简言之，他们能绘出一幅极其美丽动人的图画。语言文字也十分优美，即使我们认为情节过于单薄，结构也略嫌松散，但是它的语言文字在中国文学中将永放异彩。

唐代无疑是中国的浪漫时代。几乎所有的小说题材后来在元、明时代都被剧作家采用，作为构思戏曲的素材。从结构方面看，当然戏曲比唐代小说更加精炼动人，然而不能忘记这些戏曲的灵感确实来自唐人小说。

为了充分说明我的主题，按理说应有更充分的时间加以展开。我想我今天能做到的，只是告诉你们从各个角度看来，唐人小说都是值得注意的。

第六十一讲

论短篇小说（一）[①]

胡　适

中国今日的文人大概不懂“短篇小说”是什么东西。现在的报纸杂志里面，凡是笔记杂纂，不成长篇的小说，都可叫做“短篇小说”。所以现在那些“某生，某处人，幼负异才，……一日，游某园，遇一女郎，睨之，天人也，……”一派的烂调小说，居然都称为“短篇小说”！其实这是大错的。西方的“短篇小说”（英文叫做Short story），在文学上有一定的范围，有特别的性质，不是单靠篇幅不长便可称为“短篇小说”的。

我如今且下一个“短篇小说”的界说：

短篇小说是用最经济的文学手段，描写事实中最精采的一段，或一方面，而能使人充分满意的文章。

这条界说中，有两个条件最宜特别注意。今且把这两个条件分说如下：

（一）“事实中最精采的一段或一方面”。譬如把大树的树身锯断，懂植物学的人看了树身的“横截面”，数了树的“年轮”，便可知道这树的年纪。一人的生活，一国的历史，一个社会的变迁，都有一个“纵剖面”和无数“横截面”。纵面看去，须从头看到尾，才可看见全部。横面截开一段，若截在要紧的所在，便可把这个“横截面”代表这个人，或这一国，或这一个社会。这种可以代表全部的部分，便是我所谓“最精采”的部分。又譬如西洋照相术未发明之前，有一种“侧面剪影”（Silhouette），用纸剪下人的侧面，便可知道是某

① 此文初发表于1908年，据亚东图书馆1921年版《胡适文存》校订。

人。（此种剪像曾风行一时。今虽有照相术，尚有人为之。）这种可以代表全形的一面，便是我所谓“最精采”的方面。若不是“最精采”的所在，决不能用一段代表全体，决不能用一面代表全形。

（二）“最经济的文学手段”。形容“经济”两个字，最好是借用宋玉的话：“增之一分则太长，减之一分则太短；着粉则太白，施朱则太赤。”须要不可增减，不可涂饰，处处恰到好处，方可当“经济”二字。因此，凡可以拉长演作章回小说的短篇，不是真正“短篇小说”；凡叙事不能畅尽，写情不能饱满的短篇，也不是真正“短篇小说”。

能合我所下的界说的，便是理想上完全的“短篇小说”。世间所称“短篇小说”，虽未能处处都与这界说相合，但是那些可传世不朽的“短篇小说”，决没有不具上文所说两个条件的。

如今且举几个例。西历一八七〇年，法兰西和普鲁士开战，后来法国大败，巴黎被攻破，出了极大的赔款，还割了两省地，才能讲和。这一次战争，在历史上，就叫做普法之战，是一件极大的事。若是历史家记载这事，必定要上溯两国开衅的远因，中记战争的详情，下寻战与和的影响；这样记去，可满几十本大册子。这种大事到了“短篇小说家”的手里，便用最经济的手腕去写这件大事的最精采的一段或一面。我且不举别人，单举Daudet①和Maupassant②两个人为例。Daudet所作普法之战的小说，有许多种。我曾译出一种叫做《最后一课》。（*La dernière classe*，初译名《割地》，登上海《大共和日报》，后改用今名，登《留美学生季报》第三年。）全篇用法国割给普国两省中一省的一个小学生的口气，写割地之后，普国政府下令，不许再教法文法语。所写的乃是一个小学教师教法文的“最后一课”。一切割地的惨状，都从这个小学生眼中看出，口中写出。还有一种，叫做《柏林之围》，（*Le siège de Berlin*，曾载《甲寅》第四号。）写的是法皇拿破仑第三出兵攻普鲁士时，有一个曾在拿破

① 都德（1840—1897），法国作家。

② 莫泊桑。

仑第一麾下的老兵官，以为这一次法兵一定要大胜了，所以特地搬到巴黎，住在凯旋门边，准备着看法兵“凯旋”的大典。后来这老兵官病了，他的孙女儿天天假造法兵得胜的新闻去哄他。那时普国的兵已打破巴黎。普兵进城之日，他老人家听见军乐声，还以为是法兵打破了柏林奏凯班师呢！这是借一个法国极强时代的老兵来反照当日法国大败的大耻，两两相形，真可动人。

Maupassant所作普法之战的小说也有多种。我曾译他的《二渔夫》（*Deuxamis*），写巴黎被围的情形，却都从两个酒鬼身上着想。还有许多篇，如“*Mile. Fifi*”①之类（皆未译出），或写一个妓女被普国兵士掳去的情形，或写法国内地村乡里面的光棍，乘着国乱，设立“军政分府”，作威作福的怪状，……都可使人因此推想那时法国兵败以后的种种状态。这都是我所说的“用最经济的手腕，描写事实中最精采的片段，而能使人充分满意”的短篇小说。

第六十二讲

论短篇小说（二）②

胡　适

“短篇小说”的定义既已说明了，如今且略述中国短篇小说的小史。

中国最早的短篇小说，自然要数先秦诸子的寓言了。《庄子》《列子》《韩非子》《吕览》诸书所载的“寓言”，往往有用心结构可当“短篇小说”之称的。今举二例。第一例见于《列子·汤问篇》：

太形、王屋二山，方七百里，高万仞，本在冀州之南，河阳之北。

---

①《菲菲小姐》。

② 据亚东图书馆1921年版《胡适文存》校订。

北山愚公者，年且九十，面山而居，惩山北之塞，出入之迂也，聚室而谋曰，“吾与汝毕力平险，指通豫南，达于汉阴，可乎？”杂然相许。

其妻献疑曰，“以君之力，曾不能损魁父之丘，如太形、王屋何？且焉置土石？”杂曰，“投诸渤海之尾，隐土之北。”

遂率子孙荷担者三夫，叩石垦壤，箕畚运于渤海之尾。邻人京城氏之孀妻，有遗男，始龀，跳往助之。寒暑易节，始一返焉。

河曲智叟笑而止之曰，“甚矣，汝之不慧！以残年余力，曾不能毁山之一毛，其如土石何？”

北山愚公长息曰，“汝心之固，固不可彻，曾不若孀妻弱子！虽我之死，有子存焉。子又生孙，孙又生子，子又有子，子又有孙。子子孙孙，无穷匮也，而山不加增。何若而不平？”

河曲智叟亡以应。

“操蛇之神”闻之，惧其不已也，告之于帝。帝感其诚，命夸娥氏二子负二山，一厝朔东，一厝雍南。自此，冀之南，汉之阴，无陇断焉。

这篇太有小说风味。第一，因为他要说“至诚可动天地”，却平空假造一段太形、王屋两山的历史。第二，这段历史之中，处处用人名，地名，用直接会话，写细事小物，即写天神也用“操蛇之神”，“夸娥氏二子”等私名，所以看来好像真有此事。这两层都是小说家的家数。现在的人一开口便是“某生”“某甲”，真是不曾懂得做小说的ABC。

第二例见于《庄子·无鬼篇》：

庄子送葬，过惠子之墓，顾谓从者曰：

郢人垩漫其鼻端，若蝇翼，使匠石斫之。匠石运斤成风，听而斫之，尽垩而鼻不伤。郢人立不失容。

宋元君闻之，召匠石曰，“尝试为寡人为之！”

匠石曰，“臣则尝能斫之。虽然，臣之质死久矣！”

自夫子（谓惠子）之死也，吾无以为质矣！吾无与言之矣！

这一篇写“知己之感”，从古至今，无人能及。看他写“垩漫其鼻端，若蝇翼”，写“匠石运斤成风”，都好像真有此事，所以有文学的价值。看他寥寥七十个字，写尽无限感慨，是何等“经济的”手腕！

自汉到唐这几百年中，出了许多“杂记”体的书，却都不配称做“短篇小说”。最下流的如《神仙传》和《搜神记》之类，不用说了。最高的如《世说新语》，其中所记，有许多很有“短篇小说”的意味，却没有“短篇小说”的体裁。如下举的例：

（1）桓公（温）北征，经金城，见前为琅玡[①]时种柳，皆已十围，慨然曰，“木犹如此，人何以堪！”攀枝执条，泫然流泪。

（2）王子猷（徽之）居山阴。夜大雪，眠觉开室，命酌酒，四望皎然。因起彷徨，咏左思《招隐》诗，忽忆戴安道。时戴在剡，即便夜乘小船就之。经宿方至，造门不前而返。人问其故。王曰，“吾本乘兴而行，兴尽而返，何必见戴！”

此等记载，都是拣取人生极精采的一小段，用来代表那人的性情品格，所以我说《世说》很有“短篇小说”的意味。只是《世说》所记都是事实，或是传闻的事实，虽有剪裁，却无结构，故不能称做“短篇小说”。

比较说来，这个时代的散文短篇小说还该数到陶潜的《桃花源记》。这篇文字，命意也好，布局也好，可以算得一篇用心结构的“短篇小说”。此外，便须到韵文中去找短篇小说了。韵文中《孔雀东南飞》一篇是很好的短篇小说，记事言情，事事都到。但是比较起来，还不如《木兰辞》更为“经济”。

《木兰辞》记木兰的战功，只用“将军百战死，壮士十年归”十个字；记木兰归家的那一天，却用了一百多字。十个字记十年的事，不为少。一百多字记一天的事，不为多。这便是文学的“经济”。但是比较起来，《木兰辞》还不如古诗《上山采蘼芜》更为神妙。那诗道：

---

① 山名。

上山采蘼芜，下山逢故夫。长跪问故夫：“新人复何如？”“新人虽言好，未若故人姝。颜色类相似，手爪不相如。新人从门入，故人从阁去。新人工织缣，故人工织素。织缣日一匹，织素五丈余。将缣来比素，新人不如故。”

这首诗有许多妙处。第一，他用八十个字，写出那家夫妇三口的情形，使人可怜被逐的“故人”，又使人痛恨那没有心肝，想靠着老婆发财的“故夫”。第二，他写那人弃妻娶妻的事，却不用从头说起：不用说“某某，某处人，娶妻某氏，甚贤；已而别有所爱，遂弃前妻而娶新欢……。”他只从这三个人的历史中挑出那日从山上采野菜回来遇着故夫的几分钟，是何等“经济的手腕”！是何等“精采的片断”！第三，他只用“上山采蘼芜，下山逢故夫”十个字，便可写出这妇人是一个弃妇，被弃之后，非常贫苦，只得挑野菜度日。这是何等神妙手段！懂得这首诗的好处，方才可谈“短篇小说”的好处。

到了唐朝，韵文散文中都有很妙的短篇小说。韵文中，杜甫的《石壕史》是绝妙的例。那诗道：

暮投石壕村，有吏夜捉人，老翁逾墙走，老妇出门看。吏呼一何怒！妇啼一何苦！听妇前致词：“三男邺城戍。一男附书至，二男新战死。存者且偷生，死者长已矣！室中更无人，惟有乳下孙，有孙母未去，出入无完裙。老妪力虽衰，请从吏夜归，急应河阳役，犹得备晨炊。”夜久语声绝，如闻泣幽咽。……天明登前途，独与老翁别。

这首诗写天宝之乱，只写一个过路投宿的客人夜里偷听得的事，不插一句议论，能使人觉得那时代征兵之制的大害，百姓的痛苦，丁壮死亡的多，差役捉人的横行：一一都在眼前。捉人捉到生了孙儿的祖老太太，别的更可想而知了。

白居易的《新乐府》五十首中，尽有很好的短篇小说。最妙的是《新丰折臂翁》一首。看他写“是时翁年二十四，兵部牒中有名字，夜深不敢使人知，偷将大石捶折臂”，使人不得不发生“苛政猛于虎”的思想。白居易的《琵琶行》也算得一篇很好的短篇小说。白居易的短处，只因为他有点迂腐气，所以处处要把作诗的“本意”来做结尾；即如《新丰折臂翁》篇末加上“君不见开元宰相宋开府”一段，便没有趣味了。又如《长恨歌》一篇，本用道士见杨贵妃，带来信物一件事作主体。白居易虽做了这诗，心中却不信道士见杨妃的神话；所以他不但说杨妃所在的仙山“在虚无缥缈中”；还要先说杨妃死时“金钿委地无人收，翠翘金雀玉搔头”，竟直说后来“天上”带来的“钿合金钗”是马嵬坡拾起的了！自己不信，所以说来便不能叫人深信。人说赵子昂画马，先要伏地作种种马相。做小说的人，也要如此，也要用全副精神替书中人物设身处地，体贴入微。做“短篇小说”的人，格外应该如此。为什么呢？因为“短篇小说”要把所挑出的“最精采的一段”作主体，才可有全神贯注的妙处。若带点迂气，处处把“本意”点破，便是把书中事实作一种假设的附属品，便没有趣味了。

唐朝的散文短篇小说很多，好的却实在不多。我看来看去，只有张说的《虬髯客传》可算得上品的“短篇小说”。《虬髯客传》的本旨只是要说“真人之兴，非英雄所冀”。他却平空造出虬髯客一段故事，插入李靖、红拂一段情史，写到正热闹处，忽然写“太原公子裼裘而来”，遂使那位野心豪杰绝心于事国，另去海外开辟新国。这种立意布局，都是小说家的上等工夫。这是第一层长处。这篇是“历史小说”。凡做“历史小说”，不可全用历史上的事实，却又不可违背历史上的事实。全用历史的事实，便成了“演义”体，如《三国演义》和《东周列国志》，没有真正“小说”的价值。(《三国》所以稍有小说价值者，全靠其能于历史事实之外，加入许多小说的材料耳。)若违背了历史的事实，如《说岳传》使岳飞的儿子挂帅印打平金国，虽可使一班愚人快意，却又不成“历史的”小说了。最好是能于历史事实之外，造成一些“似历史又非历史”的事实，写到结果却又不违背历史的事实。如法国大仲马的《侠隐记》(商务出版。译者君朔，不知是何人。我以为近年译西洋小说当以君朔所译诸书为第一。君朔所用白话，全非抄袭旧小说的白话，乃是一种特创的白话，最能传达原书的神气。其价值高出林纾百倍。可惜世人不会赏识。)[①]写英国暴君查尔第一世为克林威尔所囚时，有几个侠士出了死力百计想把他救出来，每次都到将成功时忽又失败；写来极热闹动人，令人急煞，却终不能救免查尔第一世断头之刑，故不违背历史的事实。又如《水浒传》所记宋江等三十六人是正史所有的事实。《水浒传》所写宋江在浔阳江上吟反诗，写武松打虎杀嫂，写鲁智深大闹和尚寺，……等事，处处热闹煞，却终不违背历史的事实。(《荡寇志》便违背历史的事实了。)《虬髯客传》的长处正在他写了许多动人的人物事实，把"历史的"人物（如李靖，刘文静，唐太宗之类）和"非历史的"人物（如虬髯客，红拂是）穿插夹混，叫人看了竟像那时真有这些人物事实。但写到后来，虬髯客飘然去了，依旧是唐太宗得了天下，一毫不违背历史的事实。这是"历史小说"的方法，便是《虬髯客传》的第二层长处。此外还有一层好处。唐以前的小说，无论散文韵文，都只能叙事，不能用全副气力描写人物。《虬髯客传》写虬髯客极有神气，自不用说了。就是写红拂李靖等"配角"，也都有自性的神情风度。这种"写生"手段，便是这篇的第三层长处。有这三层长处，所以我敢断定这篇《虬髯客传》是唐代第一篇"短篇小说"。

宋朝是"章回小说"发生的时代。如《宣和遗事》和《五代史平话》等书，都是后世"章回小说"的始祖。《宣和遗事》中记杨志卖刀杀人，晁盖等八人路劫生辰纲，宋江杀阎婆惜诸段，便是施耐庵《水浒传》的稿本。从《宣和遗事》变成《水浒传》，是中国文学史上一大进步。但宋朝是"杂记小说"极盛的时代，故《宣和遗事》等书，总脱不了"杂记体"的性质，都是上段不接下段，没有结构布局的。宋朝的"杂记小说"颇多好的，但都不配称做"短篇小说"。"短篇小说"是有结构局势的；是用全副精神气力贯注到一段最精采的事实上的。"杂记小说"是东记一段，西记一段，如一盘散沙，如一篇零用账，全无局势结构的。这个区别，不可忘记。

---

① 《侠隐记》，即《三个火枪手》。君朔，为伍光建（1867—1943）笔名。

明清两朝的“短篇小说”，可分白话与文言两种。白话的“短篇小说”可用《今古奇观》作代表。《今古奇观》是明末的书，大概不全是一人的手笔。（如杜十娘一篇，用文言极多，远不如卖油郎，似出两人手笔。）书中共有四十篇小说，大要可分两派：一是演述旧作的，一是自己创作的。如《吴保安弃家赎友》一篇，全是演唐人的《吴保安传》，不过添了一些琐屑节目罢了。但是这些加添的琐屑节目，便是文学的进步。《水浒》所以比《史记》更好，只在多了许多琐屑细节。《水浒》所以比《宣和遗事》更好，也只在多了许多琐屑细节。从唐人的吴保安，变成《今古奇观》的吴保安；从唐人的李汧公，变成《今古奇观》的李汧公；从汉人的伯牙子期，变成《今古奇观》的伯牙子期：——这都是文学由略而详，由粗枝大叶而琐屑细节的进步。此外那些明人自己创造的小说，如《卖油郎》，如《洞庭红》，如《乔太守》，如《念亲恩孝女藏儿》，都可称很好的“短篇小说”。依我看来，《今古奇观》的四十篇之中，布局以《乔太守》为最工，写生以《卖油郎》为最工。《乔太守》一篇，用一个李都管做全篇的线索，是有意安排的结构。《卖油郎》一篇写秦重，花魁娘子，九妈，四妈，各到好处。《今古奇观》中虽有很平常的小说，（如三孝廉，吴保安，羊角哀，诸篇。）比起唐人的散文小说，已大有进步了。唐人的小说，最好的莫如《虬髯客传》。但《虬髯客传》写的是英雄豪杰，容易见长。《今古奇观》中大多数的小说，写的都是琐细的人情世故，不容易写得好。唐人的小说大都属于理想主义。（如虬髯客传，红线，聂隐娘，诸篇。）《今古奇观》中如《卖油郎》《徐老仆》《乔太守》《孝女藏儿》，便近于写实主义了。至于由文言的唐人小说，变成白话的《今古奇观》，写物写情，都更能曲折详尽，那更是一大进步了。

只可惜白话的短篇小说，发达不久，便中止了。中止的原因，约有两层。第一，因为白话的“章回小说”发达了，做小说的人往往把许多短篇略加组织，合成长篇。如《儒林外史》和《品花宝鉴》名为长篇的“章回小说”，其实都是许多短篇凑拢来的。这种杂凑的长篇小说的结果，反阻碍了白话短篇小说的发达了。第二，是因为明末清初的文人，很做了一些中上的文言短篇小说。如《虞初新志》《虞初续志》《聊斋志异》等书里面，很有几篇可读的小说。比较看来，还该把《聊斋志异》来代表这两朝的文言小说。《聊斋》里面，如《续黄粱》《胡四相公》《青梅》《促织》《细柳》……诸篇，都可称为"短篇小说"。《聊斋》的小说，平心而论，实在高出唐人的小说。蒲松龄虽喜说鬼狐，但他写鬼狐却都是人情世故，于理想主义之中，却带几分写实的性质。这实在是他的长处。只可惜文言不是能写人情世故的利器。到了后来，那些学《聊斋》的小说，更不值得提起了。

第六十三讲

论短篇小说（三）[①]

胡 适

最近世界文学的趋势，都是由长趋短，由繁多趋简要。——"简"与"略"不同，故这句话与上文说"由略而详"的进步，并无冲突。——诗的一方面，所重的在于"写情短诗"（Lyrical Poetry，或译"抒情诗"），像Homer，Milton，Dante[②]那些几十万字的长篇，几乎没有人做了；就有人做，（十九世纪尚多此种。）也很少人读了。戏剧一方面，萧士比亚的戏，有时竟长到五出二十幕，（此所指乃Hamlet也。）后来变到五出五幕；又渐渐变成三出三幕；如今最注重的是"独幕戏"了。小说一方面，自十九世纪中段以来，最通行的是"短篇小说"。长篇小说如Tolstoy的《战争与和平》，竟是绝无而仅有的了。所以我

① 据亚东图书馆1921年版《胡适文存》校订。

② 荷马，弥尔顿，但丁。

们简直可以说，“写情短诗”，“独幕剧”，“短篇小说”三项，代表世界文学最近的趋向。这种趋向的原因，不止一种。（一）世界的生活竞争一天忙似一天，时间越宝贵了，文学也不能不讲究“经济”；若不经济，只配给那些吃了饭没事做的老爷太太们看，不配给那些在社会上做事的人看了。（二）文学自身的进步，与文学的“经济”有密切关系。斯宾塞说，论文章的方法，千言万语，只是“经济”一件事。文学越进步，自然越讲求“经济”的方法。有此两种原因，所以世界的文学都趋向这三种“最经济的”体裁。

今日中国的文学，最不讲“经济”。那些古文家和那“《聊斋》滥调”的小说家，只会记“某时到某地，遇某人，作某事”的死账，毫不懂状物写情是全靠琐屑节目的。那些长篇小说家又只会做那无穷无极，《九尾龟》一类的小说，连体裁布局都不知道，不要说文学的经济了。若要救这两种大错，不可不提倡那最经济的体裁，——不可不提倡真正的“短篇小说”。

第六十四讲

怎样读小说[①]

老 舍

写一本小说不容易，读一本小说也不容易。平常人读小说，往往以为既是“小”说，必无关宏旨，所以就随便一看，看完了顺手一扔；有无心得，全不过问。这个态度，据我看，是不大对的。光阴是宝贵的，我们既破工夫去念一本书，而又不问有无心得，岂不是浪费了光阴么？我们要这样去读小说，何

① 据 1943 年 3 月《国文杂志》校订，收入 2008 年版《老舍全集》第 17 卷。

不去玩玩球，练练武术，倒还有益于身体呀？再说，小说之所以能够存在，并不是完全因为它“小”而易读，可供消遣。反之，它之所以能够存在，正因为它有它特具的作用，不是别的书籍所能替代的。化学不能代替心理学，物理学不能代替历史；同样的，别的任何书籍也都不能代替小说。小说是讲人生经验的。我们读了小说，才会明白人间，才会知道处身涉世的道理。这一点好处不是别的书籍所能供给我们的。哲学能教咱们“明白”，但是它不如小说说得那么有趣，那么亲切，那么感动人，因为哲学太板着面孔说话，而小说则生龙活虎的去描写，使人感到兴趣，因而也就不知不觉的发生了潜移默化的作用。历史也写人间，似乎与小说相同。可是，一般的说，历史往往缺乏着文艺性，使人念了头疼；即使含有文艺性，也不能像小说那样圆满生动，活龙活现。历史可以近乎小说，但代替不了小说。世间恐怕只有小说能源源本本，头头是道的描画人世生活，并且能暗示出人生意义。就是戏剧也没有这么大的本事，因为戏剧须摆在舞台上去，而舞台的限制就往往教剧本不能像小说那样自由描画。于此，我们知道了，小说是在书籍里另成一格，也就与别种书籍同样的有它独立的，无可代替的，价值与使命。它不是仅供我们念着“玩”的。

读小说，第一能教我们得到益处的，便是小说的文字。世界上虽然也有文字不甚好的伟大小说，但是一般的来说，好的小说大多数是有好文字的。所以，我们读小说时，不应只注意它的内容，也须学习它的文字：看它怎么以最少的文字，形容出复杂的心态物态来；看它怎样用最恰当的文字，把人情物状一下子形容出来，活生生的立在我们的眼前。况且一部小说中，又是有人有景有对话，千状万态，包罗万象，更是使我们心宽眼亮，多见多闻；假若我们细心去读的话，它简直就是一部最好的最丰富的模范文。反之，假若我们读到一部文字不甚好的小说，即使它有些内容，我们也就知道这部小说是不甚完美的，因为它有个文字拙劣的缺点。在我们读过一段描写人，或描写事物的文字以后，试把小说放在一边，而自己拟作一段，我们便得到很不小的好处，因为拿我们自己的拟作与原文一比，就看出来人家的是何等简洁有力，或委宛多姿。而且还可以看出来，人家之所以能体贴入微者，必是由真正的经验而来，并不是先写好了“人生于世”而后敷衍成章的。假若我们也要写好文章，我们便也应该去细心观察人生与事物，观察之后，加以揣磨，而后我们才能把其中的精彩部分捉到，下笔如有神矣。闭着眼睛想是写不出来东西的。

文字以外，我们该注意的是小说的内容。要断定一本小说内容的好坏，颇不容易，因为世间的任何一件事都可以作为小说的材料，实在不易分别好坏。不过，大概的说，我们可以这样来决定：关心社会的便好，不关心社会的便坏。这似乎是说，要看作者的态度如何了。同一件事，在甲作家手里便当作一个社会问题而提出之，在乙作家手里或者就当作一件好玩的事来说。前者的态度严肃，关切人生；后者的态度随便，不关切人生。那么，前者就给我们一些知识，一点教训，所以好；后者只是供我们消遣，白费了我们的光阴，所以不好。青年们读小说，往往喜爱剑侠小说。行侠作义，好打不平，本是一个黑暗社会中应有的好事。倘若作者专向着“侠”字这一方面去讲，他多少必能激动我们的正义感，使我们也要有除暴安良的抱负。反之，倘若作者专注意到“剑”字上去，说什么口吐白光，斗了三天三夜的法而不分胜负，便离题太远，而使我们渐渐走入魔道了。青年们没有多少判断能力，而且又血气方刚，喜欢热闹，故每每以惊奇与否断定小说的好歹，而不知惊奇的事未必有什么道理，我们费了许多光阴去阅读，并不见得有丝毫的好处。同样的，小说的穿插若专为故作惊奇，并不见得就是好作品，因为卖关子，耍笔调，都是低卑的技巧；而好的小说，虽然没有这些花样，也自能引人入胜。一部好的小说，必是真有的说，真值的说；它决不求助于小小的技巧来支持门面。作者要怎样说，自然有个打算，但是这个打算是想把故事如何表现得更圆满更生动更经济，绝不是多绕几个圈子把故事拉得长长的，好多赚几个钱。所以，我们读一本小说，绝不该以内容与穿插的惊奇与否而定去取，而是要以作者怎样处理内容的态度，和怎样设计去表现，去定好坏。假若我们能这样去读小说，则小说一定不是只供消遣的东西，而是对我们的文学修养，与处世的道理，都大有裨益的。

第五章 讲方法

第六十五讲

关于阅读文学作品①

老　舍

读书是件重要的事。不读书的人就好比是睁眼瞎子，下了班不是闲聊，就是去逛马路，白耽误了工夫，不见得能看到任何有意义的事。若是利用时间读读书呢，就必定起码能够：一、得到许多知识；二、提高思想；三、培养纯正的感情——喜爱好人好事，憎恨坏人坏事。看，这有多么好！这好比原来眼睛有点近视，一读书啊就戴上了眼镜，眼看得远了，心里也透亮了。

所以，没有读书习惯的人应当养成爱读书的习惯，不可用“我没有读书的习惯”往外一推，原谅自己。没有读书的习惯并不是一件值得骄傲的事。死不肯拿起书本只是教自己吃亏。反之，由不爱读书变成喜爱读书一定是个很大的进步。我们都该要求自己这么进步。

有的书专讲道理，有的书专讲技术。读了这些书一定有好处，因为它们帮助我们明白更多的道理，更多的技术。可是，有的书，像小说、诗歌和戏剧什么的，即所谓文学作品，既不长篇大套地讲道理，或者也不大讲什么技术，而只告诉我们一个长的或短的、悲的或喜的故事。这有什么用呢？

这大有用处！我相信：一位今天的中国工人必定关心咱们的国家大事。拿一件事来说吧：既是工人，你必定关心工农联盟。你怎么知道农村的事呢？你没有工夫到农村去啊。即使你去了，你能一下子看明白农村的一切吗？恐怕不那么容易。假如有那么一部小说或戏剧，详详细细地讲了农村里怎么搞互助合

① 此文发表于1955年9月24日《工人日报》，据2008年版《老舍全集》第17卷校订。

作运动，你只须花费些业余的时间，就看清楚农村问题和新气象，这不既很省事，又很有益处吗？

况且，既是文学作品，里面就必有活生生的人物和具体事实。作家是用人物和具体事实，通过艺术方法，写出那段故事的，所以写的那么有趣，那么完整，教你看起来并不费很大的劲就会受到感动，得到教育。小说和戏剧既不没结没完地说道理，也不死死板板地讲技术。它们是用人物与事实，给你讲明白（还以农村说吧）为什么合作比单干强，为什么这是走向社会主义的正路。你是看故事，可是通过故事，你明白了农民必须合作，不要单干的道理和某些技术问题。这些文艺作品的人物之中有好有坏，有先进的也有落后的。你读了以后，自然喜爱好的和先进的人，而厌恶坏的和落后的人。这就教你的眼睛更亮了，心里更有劲更有底了。你也愿意作好的和先进的人，不作坏的和落后的人。这就能提高你的道德品质。

这样，小说戏剧什么的就是生活的教科书。它们教你看明白别人怎么生活着，谁有光明前途，谁走死路，教你受到了感动，提高了思想，也自动地去忘我地劳动，争取作个社会主义建设里的英雄人物。

可是，文艺书籍有好的，也有坏的。你不要随便抓起一本就读起来。读坏书同吃毒药一样，它会要你的命！旧社会给咱们留下许多许多坏书，我们应当留神，别上它们的当。别以为小说戏剧都是闲书，什么都可以看着玩。那不对！我们是社会主义的建设者，我们要坚决地拒绝坏书，像拒绝吸食毒品那样。你能想象一个工人会偷偷地去吸大烟吗？

也许有人说，那些坏书读起来好玩。你要看明白，坏东西往往是好玩的。旧社会里的那些吃喝嫖赌都好玩。难道就因为好玩，咱们就恢复那些坏事吗？好书既给我们娱乐，又给我们教育。反之，坏书即使好玩，也是像包着糖衣的毒药，教咱们的思想与道德品质受害。受害一定不是好玩的事。故意地去读坏书也是可耻的事！

也许有人说：对呀，好书的确有益处，可是读起来费劲哪。我说：你是工人，在干活的时候，你永远不怕费劲，为什么在读书的时候怕费劲呢？要搞好什么事情都须费劲。打篮球、游泳、练习唱歌、学舞蹈，都得费劲。聊天、逛街，不费劲，可是得不到什么好处。读坏书不那么费劲，因为它所说的不是废话，就是坏话。那些旧社会的写坏书的坏文人是故意写废话、坏话来引诱人，教大家走歪道。我们怎可以甘心上他们的当呢！同志们，只要对我们有益处，我们就不该怕费劲。凡是坏事，我们都应该坚决拒绝。这才表现出工人阶级的劲头儿！再说，乍一念好书，也许费点劲，可是继续念下去，就会越来越顺利，不那么费劲了。

同志们，让我们养成读书的习惯，只读好的，坚决拒绝坏的，决定从文艺书籍中学习生活，认清什么是先进的，什么是落后的，从娱乐中受到教育。遇到一本书，自己不能辨别好坏，可以先打听打听，不要马马虎虎，以免上当。在阅读的时候，千万不要耽误生产，应当规定出一定的阅读时间。也应当随时作点笔记，记下自己的意见和感想。起初，咱们的意见也许不正确，可是阅读多了，咱们的思想就会逐步提高，能够提出正确的意见，也就是学会怎么批评了，这不很好吗！那么，就都这么办吧！

第六十六讲

了解与欣赏[①]

朱自清

了解与欣赏为中学国文课程中重要的训练过程。儿童从小就能对于语言渐

① 据1943年《国文月刊》第20期校订，原有副标题“——这里讨论的是关于了解与欣赏能力的训练”。收入1993年版《朱自清全集》第8卷。

渐的了解，不过对于文字的了解必须加以强制学习的训练。成年人平时读书阅报大都是采取一种“不求甚解”的态度。这是一般综合的实用的态度。但在国文教学，教师准备时，必须字字查清楚，弄明白。学生呢，在学习时也必须字字求了解。这与一般不求甚解的态度刚好相反，然而不求甚解的那分能力正是经过分章析句的学习过程而得到的，必须有了咬文嚼字的教学培养后，才能真正达到那种不求甚解的境界，没有经过一番文字分析的训练，欲不求甚解，也不易得呢。通常教授国文的，大都很注重字义。实在除掉注重字义的办法以外，还应当顾及下面的几种分析的方法。

一、句子的形式（句式）

某种特殊句子的形式，不仅是作者在技巧方面的表现，也是作者别有用心处。讲解国文时必须加以说明。如鲁迅先生的《秋夜》的开端：

在我的后园，可以看见墙外有两株树，一株是枣树，还有一株也是枣树。

这不是普通的叙说，句子的形式很特殊，给人一种幽默感。作者存心要表现某种特殊的情感。这儿开始就显示出一个太平凡的境界，因为鲁迅先生所见到的窗外，除掉两株枣树，便一无所见。更使人厌倦的是人坐屋里，一抬头望窗外，立刻映入眼帘的东西，就只是两株枣树，爱看也是这些，不爱看也是这些，引起人腻烦的感觉。一种太平凡的境界，用不平凡的句式来显示，是修辞上的技巧。明白了这两句的意思与作用，就兼有了了解与欣赏。又如同篇：

这上面的夜的天空，奇怪而高。

这是作者在文字排列上用工夫，两句都不是普通的说法。上半句表现两层意思：（一）枣树上的天空，（二）夜的天空。两层意思而用一单位表示，是修辞上的经济办法。文字的经济便是一种文字的技巧。平常的语言，可有两式：

夜间这上面的天空……

上面的天空在夜间……

读起来便都有了停顿，时间上显得十分不经济，意思也没有原句透露。下半句

"奇怪而高"，口语中常说"高而奇怪"，单词习惯大多放在前面。现在说"奇怪而高"，句法就显得别致，作者在这里便用来表示秋夜天空的特殊。

二、段落

写段落大意是中学国文课上常用的方法。但通常只把各段的大意写出，而于全文分段的作用与关系，往往缺少综合的说明。教师指导学生写段落大意，每段大意，常只用一二句话表示。这里便应当注意语句间的联络，要能显出原文的组织和发展的次序。

三、主旨

教师必须提醒学生注意一篇文章中足以代表全文主旨的重要语句，和指导学生研究全文主旨如何发展。古文的文章中重要的语句为"警句"。警句往往是全篇的线索。读一篇文章最要紧的事便是要能找到线索。文章的线索作者往往把它隐寓在文中的一二句重要的语句里面，例如龚自珍《说居庸关》"疑若可守然"五字是全文的主旨所在，教师便须注意此主旨的发展。

四、组织

文章组织的变化，也是作者在技巧上用的工夫，说明这种文章组织的变化，是了解与欣赏范围内极重要的事。例如上举《说居庸关》，"疑若可守然"五字，一段中连用四次；又"自入南口"连用六次。这是叠句法，亦是关键语，在组织上增加一种节奏。最后三小段文章最堪注意，在整齐的组织中寓有变化。末两段一写蒙古人，一写漏税，指出间道，均逼出居庸关之不足守，与前文相应答。这是组织上的一种变化，读者容易忽略过去的，教时应当加以说明。中间写遇到蒙古人，说了一大段，表示清朝的威严，作者是用赞叹的口气。

五、词语

在一篇文章中应当注意作者惯用的词语和词语的特殊意义。例如上举《说居庸关》"蒙古"一词指的是蒙古人。

六、比喻、典故、例证

先讲比喻

康白情的《朝气》，内容是描写农家种植的生活，题目何以称为"朝气"呢？农家生活的描写与朝气究竟有何关系呢？这些问题教师是要暗示学生提出来详细讨论的。农家生活的描写实在是一个比喻，作者是别有寄托的。文学作品中的具体故事，往往带上一些抽象性。大概一个比喻的应用，包含三方面的意义。如"朝气"：

（一）喻依——农家的生活。

（二）喻体——劳工的趣味。

（二）意旨——由趣味的工作得到美满的结果，显示出生活中朝气的景象。这是文学上表达技巧很重要的一条原则，应当让学生区分得很清楚的。又如谢冰心的《笑》，用重复的组织，对于雨，月夜，花连说出三个笑容，表示爱的调和。"如登仙界，如归故乡"，是极普通的比喻，但能显示出纯洁快乐的意味。

次讲典故

古文中的用典是学生最感觉麻烦的事情。讲解古文时说明古典出处也是极占时间的。但是教师往往只说明古典本身的意义，而常忽略了这个典故在本文里的作用。这样使读者只记古典出处，便感觉乏味了，更谈不到欣赏。原来用典的作用，也是使文字经济的一种办法，作者因为要表达心中的事或情，不必完全直说，借用过去的一桩熟悉的而且与当下相关的事物来显示。大凡文学上的典故都经过许多作家的手改造过，而成为很好的形式。因此用典的作用，一方面是使文字经济，一方面也是避免直说，增加读者的联想，使内容丰富。现代语体文中典故也是常见的。如冰心的《笑》里用“安琪儿”一词，教时也应当说明其出处。

再讲例证

在说明文和议论文中有些时候往往遇到抽象的概念，教师在说解时必须要设法用一两个较具体的例证加以说明。如蔡元培的《雕刻》里面，许多美术上的概念，教师应当设法举出浅显的实例，加以说明。又如东坡说：“画中有诗，诗中有画”，也应当举出实例，说明诗与画两者之间所以沟通的道理。

总结起来说，关于了解与欣赏应该特别注意的有三点：

一是语言的经济。注意句读顿停多少与力量是否集中。

一是比较的方法。讲散文时可用诗句作比较，讲诗时可用散文作比较。文中的语句可与口中的说话比较，读鲁迅先生的《秋夜》，便可与叶绍钧先生的《没有秋虫的地方》比较。比较的方法对于了解与欣赏是极有帮助的。

一是文字的新变。一个作家必须要能深得用字的妙趣，古人称为“炼字”，便是指作家用字时打破习惯而变新的地方，教师就也要在这方面求原文作者的用心。

训练的方法，除教师讲解外，在学生方面，熟读的工夫是不可少的。吟诵与了解极有关系，是欣赏必经的步骤。吟诵时对于写在纸上死的语言可以从声音里得其意味，变成活的语气。不过在朗诵时，要能分辨语气的轻重，要使声调有缓急，合于原文意思发展的节奏。注意本文的意思，不要被声音掩盖了，滑过去。默读是不出声的，偏于用眼，但也不要让意思跟了眼睛滑过去。

最后，问题的研究，在读文时是常有的事。但是问题的提出要有分量，要有意义。最好教师只居于被动地位，用暗示方法，帮助学生发现问题，解决问题。

第六十七讲

“厚今薄古”及其他（一）[①]

老 舍

怎样看待古典作品?

有些人说古典作品比现代作品好，这种说法并不完全正确。每一个时代都有好些作品，但是好的被保留下来了，坏的被淘汰了。现在我们看得到的古典作品不少是好的，但是可不能因为看到几部好的古书，就认为古人写的书都好。古人写的作品并不全得五分，有得一分的，也有不得分的。写过好作品的古人也并不是所有的作品都好。我们知道杜甫是“诗圣”，但是他的诗集中某些诗并不好。当他真正的感情来到的时候写得就真好，但他为敷衍皇帝写的东西就很不好。我们应当尊敬古人，但不应当迷信，因为迷信就是瞧不起自己，对古人也无益。

古典作品的优点及其局限性

古典作品好的地方，第一是文字好，读起来使人感兴趣。如《水浒》《红楼梦》；杜甫、李白的诗等都是如此。实际上没有一部好文学作品的文字是乱糟糟的，不然它怎么流传下来呢？第二，古典作品可以帮助我们生动活泼地了解历史。小说一般的是虚虚实实，有假有真，常常是作者根据一些情况加上自己的想象，对于人物创造，往往把几个人物拼起加以典型化。有些读者爱问作

① 此文发表于1958年6月3日《北京日报》，据2008年版《老舍全集》第17卷校订。

者小说中的人物写的是谁，实在是件傻事。尽管如此，任何作品总要反映一定时代背景的。《红楼梦》并不一定是真事，但可以清清楚楚地看出它的历史背景来。第三，有教育作用。在一定历史条件下产生的作品都有它的教育意义，但是，又都是有限制的。不管是唐朝、清朝的作品，都不完全是为了教育我们这一代人而写的，它们都不是社会主义作品。例如作品中写佛教，是针对着当时信佛教的人写的，目的在“扬善惩恶”。我们可以学习它对人物风景的描写，但它的思想内容就不一定能教育我们，因为历史变了。又如古时有人因为自己有本事而没人用，于是写书发牢骚，说“人生如梦”，描写自己的清高，不为五斗米折腰，看不起人生……他在当时是好人，有些反抗精神；可是我们现在要明确，在今天这不但不是进步的，而且是有害的，一个生长在社会主义社会的人，一天到晚说人生如梦，岂不很糟！

《约翰·克利斯朵夫》描写个人解放，在当时是有进步性的，但是，在今天就是很不好的，因为个人主义与集体主义是不相容的，我们的新道德，首先是要求把个人放在集体之中。果戈理的作品，讽刺一切，谁都骂了，这是因为旧社会制度根本要不得。可是现在就没有，也不可能有这样的作品（除非作者是右派），因为今天的政府是我们人民自己的，哪能自己打倒骂倒自己呢？有缺点也是一个指头的缺点，不能连其余的九个指头都反对。我们应该明白，今天我们所以没有像果戈理那样的讽刺作品，不是我们不会写，而是没有根据可写。

还有人往往觉得古典作品中的爱情穿插很有滋味，说现在的作家写不出这样的作品来。实则不然。旧社会没有婚姻自由，所以要反抗封建势力，作家写恋爱故事，甚至写爱人们死了还要变成蝴蝶成双作对，这在当时是有革命精神的。今天我们婚姻有了自由，有了婚姻法的保障，当然不能再以恋爱作为反抗，更没有必要去变蝴蝶。不要以为我们现代的作家无能，因为我们不能无中生有地捏造事实，说一个干部因为婚姻不自由而变为蝴蝶……这不成了疯子作家了吗？又如现在我们写的悲剧少，是因为根本没有那些逼死人的社会制度。

总而言之，好的古典文学作品是古人留下来的宝贝，作为好的文字、作为历史资料与生活经验，可以去看去学，但作为思想性的东西来看并非不朽的，托尔斯泰的作品从文学艺术性来看是不朽的，从思想性上看，在今天看来是落后于社会主义的，我们要批判地读古典作品，不要作古典作品的俘虏。

第六十八讲

“厚今薄古”及其他（二）[①]

老 舍

现代作品的优点及怎样对待现代作品

现代作品是历史上所没有过的，有人看不惯，并不奇怪，什么新事都会遇到抗拒，文学也不例外。新作品因为是新的，不能一下子就都好，写多了就会出好的，不可能今天每本书都是好的。将来也不可能。

现代作品好在什么地方呢？一，是新。新在什么地方呢？因为它描写了前人所没描写过的劳动人民。过去劳动人民是不上纸笔的，从前只是写地主、资本家、贵族老爷，正因为如此所以现在要培养工人阶级自己的文学家。现在许多民歌民谣、演唱作品和其它群众作品中看，只要仔细阅读，就会看出它们并不下于作家的手笔。

今天的作品有缺点是难免的，但由于它是我们时代的作品，描写了史无前例的内容，正是为教育我们而写的。因此新作品一定要读。

二，是政治性强。有人嫌我们写的老是政治政治，这里边有一部分是因作

① 此文接续前文，据 2008 年版《老舍全集》校订。

家生活不够，把作品写成说教，应该改进。读者也要检查自己为什么不爱看政治性强的东西呢？这显然不对。社会主义总不能向唐朝去学，话又说回来，可以从唐诗学习语言、技巧，但不能学它的思想。

我们读作品要有自己的见解，意见不同要辩论，哪怕自己的意见不对。只有批判地学（特别是古典作品），才会得到好处。

一切都应该政治挂帅，文学自然也不例外，我们应该写政治性强而文艺性又强的东西。像赵树理的作品就是这样，许多群众的作品这个特点也很明显，它让你受了教育，而并觉察不出它是在喊政治口号或者在写政治标语。（后略）

第六十九讲

受教育与受教材①

夏丏尊

自从我在《中学生》创刊号上写了那篇《你须知道自己》以后，就接到了不少的青年的来信。有的自陈家庭苦况，有的问我中学毕业后的方针，有的痛诉所入学校的不良，问题非常繁多，欲一一答复，代谋解决，究不可能。没法，只好就诸信中寻出一个比较共同的问题，来写些个人的意见当作总答。

我在创刊号那篇文字里，曾劝中学生诸君破除徒以读书为荣的“士”的封建观念，养成实力。这次所接到的来信中，差不多都提及到这实力养成的问题。关于这，我实感到有答复的责任。至于答复得好与不好，且不去管他。

先试就实力二字加以限制。我的谈话的对手是中学生，所谓实力，当然不

① 据开明书店1935年版《学习与锻炼》校订。

是什么财力，权力，武力，也并不是学士或博士的专门学力，乃是普通一般的身心上的能力。例如健康力，想像力，判断力，记忆力，思考力，忍耐力，鉴赏力，道德力，读书力，发表力，社交力等就是。

这种能力，虽是很空洞，很抽象，却是人生一切事业的基础。犹如数学公式中的X，诸君学过数学，当然知道X的性质。X本身并无一定价值，却是一切价值的总摄，只要那公式是对的，无论用什么数目，代入X中去都会对。上面的各身心能力，本身原不能换饭吃，成学者，或有功于革命，但如果没有这诸能力，究竟吃不成什么饭，成不了什么学者，或有什么贡献于任何革命事业的。

这身心诸能力，原也可从自然环境或职业去部分地获得，例如滨海的住民常善泅泳，当兵的自会富于忍耐力。但人为的有组织的养成机关，不得不推学校教育。所谓教育，就是能力给与的设计。学校就是为施行这设计的而特造的人为的环境。

专门以上的学校，为欲使学生直接应世，倾向常偏重于专门的知识技术的传授。专门以下的学校，所传授的不是可以直接应世的知识技术，其任务宁偏重于身心诸能力的养成。愈是低级的学校愈如此。所谓课程也者，无非施行教育作用的一种材料而已。专门以上的课程，收得了也许就可应世，就可换饭吃，至于专门以下的学校课程，收得了仍是不能应世，换不来饭吃的。不信，让我举例来说：诸君花了不少的学费，费了不少的光阴，好容易瞭解了几何中西摩松（Simson）线的定理或代数中的二项式，记得了蒲公英鲸鱼的属类与性状。假如初中毕业时成绩第一。但试问这西摩松线的定理解答和关于蒲公英鲸鱼的知识，写出来零折地卖给谁去？怕连一个大钱也不值吧。又假定诸君每日清晨在早操班上“一二三四”地操，一日都不缺课，操得非常纯熟，教师奖誉，体育成绩优等。试问这“一二三四”的举动，他日应起世来，能够和卖拳头的江湖朋友一样收得若干铜子吗？以上不过随举数例，其实诸君所学习的各科，无不皆然。

诸君读到这里，也许又要感到幻灭了，且慢且慢。西摩松线二项式和蒲公英鲸鱼的知识，虽不能卖钱，但因此而表现的推理力记忆力等等是终身有用的。又，幸而能升学，进而求更高深的科学，这些知识当作基础也是有用的。“一二三四”操得好，虽不能变铜子，但由此锻就的好体格，和敏捷，忍耐，有规则等的品性，这是将来干任何职业都必要的。“功德不虚”，诸君用几分功，究竟有几分益处在，断不至于落空。

由此可知，中等学校教育的课程，只是一种施行教育的材料，从诸君方面说，是借了这些材料去收得发展身心能力的。诸君在中学校里，目的应是受教育，不应是受教材。重视书册，求教师多发讲义，囫囵吞枣似地但知受教材，不知受教育，究是“买椟还珠”的愚笨办法。

诸君读了我上面的话，如果以为是对的，那末希望诸君注意二事。

第一，要自觉地从各科目摄取身心上的诸能力。我上面所说的话，原只是普通教育上的老生常谈，并非什么新说，照理，教师们都该知道了的。他们应该注意到此，应该利用了教材替诸君养成实力，不应留声机器似地徒把教本上的事项来一页一页地切卖给诸君。但现在的学校实在太乱杂了，一年之中可换三四个校长，前学期姓张的先生来教诸君的地理，后来归姓胡的教，这学期又换了姓王的。在这样杂乱无序的情形之下，说不定诸君的教师之中没有不胜任的分子。又，教育是教师与学生合作的事，教师虽施着正当的教育，学生如果无接受的热心，也不会有好结果，故诸君须有养成身心诸能力的自觉才好。一个代数方程式，同级的人都能解，你如果解不出，这事本身关系原不大。但在一方面说，就是你的记忆力或思考力不及人，不到水平线，这却是大事。冬天早操屡次赶不上，这事本身原不算得什么有碍，但由此而显现着的你的这惰性，如果不改革，却是足为你终身之累的，无论你将来干什么。

第二，对各科目要普遍地学习。近来中学生之间，常用因浅薄的实用观念或个人的解好，把学习的科目来偏重或鄙弃的事。有的想初中毕业后去考邮局电报局，就专用功英语，有的想成文人，就终日读小说。无论哪一校，数学都被认为最干燥无味，大家对了都要皱眉的科目。体育科，则除了几个选手人员外，差不多无人过问，认为可有可无。图画音乐等科也被认为无足重轻的东西。这种倾向，由能力养成上看来，真是大大的错误。因了学科的性质，有的须多用些功，有的可少用些功，原是合理的。又，现制中学的高中，已行分科制，学生为了将来所认定的方向，学习要偏重些某方面，也是对的。我所指摘的只是普通一般的中学生的对于学科的偏向，尤其是对于初中部的学生。你想毕业后去考邮局或电报局，并不是坏事，但除了英语的知识以外，多带些知识趣味去，就是说，在记忆力忍耐力等以外，多养成些别的能力去，不更好吗？你想成文人，也好。但多方面的能力修养，将来不会使你的文人资格更完满吗？

中学原只是普通教育，其中的学科，都是些人类文化的大略的纲目，换言之，只是一个常识，在综合地养成身心的能力上看来，不消说是好材料。次之，在有升学希望的人，当作预备知识，也自有其意义。至于要想单独地拿了一种去换职业，究竟是毫无把握的。将来情形变更，也许不能这样断言，至少在现制度是如此。任你怎样地去偏重，结果所偏重的依然无用，而在别的方面却失去了能力养成的普遍的机会，只是自己的损失而已。

一家商店，常有一种东西是值得买，而其余是不值得买的。例如杭州西湖上的菜馆里，醋溜鱼是好的，而挂炉烧鸭就不好，虽然门口也挂着“挂炉烧烤”的牌子。我们如果要吃醋溜鱼，就到杭州西湖边上去，如果要吃烧鸭，那末上北京菜馆去。不然，就会找错了门路。学校犹如商店，在中学校里，所可吸收的是普通的身心能力，不是可以直接应世的教材。如果要买应世实用的教材，那末将来进专门大学去，或是现在就进甲种实业去，急于考邮局电报局的，还是进英文夜校去。

中学校的性质如此，是借了教材给与能力的，诸君在中学校里，试自己问问：“我在这里受教育呢？还是在这里受教材？”

第七十讲

阅读什么①

夏丏尊

中学生诸君：

我在这回播音所担任的是中学国语科的节目。国语科有好几个方面，我想对诸君讲的是些关于阅读方面的话。预备分两次讲，一次讲“阅读什么”，一次讲“怎样阅读”。今天先讲“阅读什么”。

……

青年人应该读些什么书？这是一个从古以来的大问题，对于这问题从古就有许多人发表过许多议论，近十年来这问题也着实热闹，有好几位先生替青年开过书目单，其中比较有名的是梁启超先生和胡适之先生所开的单子。诸君之中想必有许多人见过这些单子的。我今天不想再替诸君另开单子，只想大略地告诉诸君几个着手的方向。

我想把读书和生活两件事联成一气，打成一片来说，在我的见解，读书并不是风雅的勾当，是改进生活、丰富生活的手段，书籍并不是茶余酒后的消遣品，乃是培养生活上知识技能的工具。一个人该读些什么书，看些什么书，要依了他自己的生活来决定、来选择。我主张把阅读的范围，分成三个，（一）是关于自己的职务的，（二）是参考用的，（三）是关于趣味或修养的。举例子来说，做内科医生的，第一应该阅读的是关于内科的书籍杂志，这是关于自己职务的阅读，属于第一类。次之是和自己的职务无直接关系，可以作研究上的

① 据开明书店1938年版《阅读与写作》校订。

参考，使自己的专门知识更丰富确切的书，如因疟疾的研究，而注意到蚊子的种类，便去翻某种生物学书；因了疟蚊的分布，便去翻阅某种地理书；因了某种药物的性质，便去查检某种的植物书、矿物书；因了某一词儿的怀疑，便去翻查某种辞典，这是参考的阅读，属于第二类。再次之这位医生除了医生的职务以外，当然还有趣味或修养的生活，在趣味方面他如果是喜欢下围棋的，不妨看看关于围棋的书，如果是喜欢摄影的，不妨看看关于摄影的书，如果是喜欢文艺的，不妨看看诗歌、小说一类的书，在修养方面，他如果是有志于品性的修炼的，自然会去看名人传记或经典格言等类的书，如果是觉得自己身体非锻炼不可的，自然会去看游泳、运动等类的书。这是趣味或修养方面的阅读，属于第三类。第一类关于职务的书是各人不相同的，银行家所该阅读的书和工程师不同，农业家所该阅读的书和音乐家不同。第二类的参考书，是因了专门业务的研究随时连类牵涉到的，也不能划出一定的种数。至于第三类的关于趣味或修养的书，更该让各个人自由分别选定。总而言之，读书和生活应该有密切的关联。

上面我把阅读的范围分为三个，（一）是关于个人职务的，（二）是参考的，（三）关于趣味或修养的。下面我将根据了这几个原则对中学生诸君讲“阅读什么”的问题。

先讲关于职务的阅读。诸君的职务是什么呢？诸君是中学生，职务就在学习中学校的各种功课。诸君将来也许会做官吏、做律师、开商店、做教师，各有各的职务吧，现在却都在中学校受着中等教育，把中学校所规定的各种功课，好好学习，就是诸君的职务了。诸君在职务上该阅读的书，不是别的，就是学校规定的各种教科书。诸君对于我这番话也许会认为无聊吧，也许有人说，我们每日捧了教科书上课堂、下课堂，本来天天在和教科书作伴侣，何必再要你来嘈杂呢？可是，我说这番话，自信态度是诚恳的。不瞒诸君说，我也曾当过许多年的中学教师，据我所晓得的情形，中学生里面能够好好地阅读教科书的人并不十分多。有些中学生喜欢读小说，随便看杂志，把教科书丢在一边，有些中学生爱读英文或国文，看到理化算学的书就头痛。这显然是一种偏向的坏现象。一般的中学生虽没有这种偏向的情形，也似乎未能充分地利用教科书。教科书专为学习而编，所记载的只是各种学科的大纲，原并不是什么了不得的著作，但对于学习还是有价值的工具。学习一种功课，应该以教科书为基础，再从各方面加以扩充，加以比较、观察、实验、证明等种种切实的工夫，并非胡乱阅读几遍就可了事。举例来说，国语科的读本，通常是用几篇选文编成的，假定一册国文读本共有三十篇文章，你光是把这三十篇文章读过几遍，还是不够，你应该依据了这些文章作种种进一步的学习，如文法上的习惯咧、修辞上的方式咧、断句和分段的式样咧，诸如此类的事项，你都须依据了这些文章来学习，收得扼要的知识才行。仅仅记牢了文章中所记的几个故事或几种议论，不能算学过国语一科的。再举一个例来说，算学教科书里有许多习题，你得一个一个地演习，这些习题，一方面是定理或原则的实际上的应用，一方面是使你对于已经学过的定理或原则更加明瞭的。例如四则问题有种种花样，龟鹤算咧、时计算咧、父子年岁算咧，你如果只演习了一个个的习题，而不能发见这些习题中的共通的关系或法则，也不好称为已学会了四则。依照这条件来说，阅读教科书，并非容易简单的工作了。中学科目有十几门，每门的教科书先该平均地好好阅读，因为学习这些科目是诸君现在的职务。

次之讲到参考书。如果诸君之中有人问我，关于某一科应看些什么参考书？我老实无法回答。我以为参考书的需要因特种的题目而发生，是临时的，不能预先决定。干脆地说，对于第一种职务的书籍阅读得马马虎虎的人，根本没有阅读参考书的必要。要参考，先得有题目，如果心里并无想查究的题目，随便拿一本书来东翻西翻，是毫无意味的傻事，等于在不想查生字的时候去胡乱翻字典。就国语科举例来说，诸君在国语教科书里读到一篇陶潜的《桃花源记》，如果有不曾明白的词儿，得翻辞典，这时辞典（假定是《辞源》）就成了参考书。这篇文章是晋朝人做的，如果诸君觉得和别时代人所写的情味有些两样，要想知道晋代文的情形，就会去翻中国文学史（假定是谢无量编的《中国文学史》)，这时文学史就成了诸君的参考书。这篇文章里所写的是一种乌托邦思想，诸君平日因了师友的指教，知道英国有一位名叫马列斯的社会思想家写过一本《理想乡消息》和陶潜所写的性质相近，拿来比较，这时《理想乡消息》就成了诸君的参考书。这篇文章是属于记叙一类的，诸君如果想明白记叙文的格式，去翻看《记叙文作法》(假定是孙俍工编的)，这时《记叙文作法》就成了诸君的参考书。还有，这篇文章的作者叫陶潜，诸君如果想知道他的为人，去翻《晋书·陶潜传》或《陶集》，这时《晋书》或《陶集》就成了诸君的参考书。这许多参考书是因为有了题目才发生的，没有题目，参考无从做起，学校图书室虽藏着许多的书，诸君自己虽买有许多的书，也毫无用处。国语科如此，别的科目也一样。诸君上历史课听教师讲英国的工业革命一课，如果对于这件历史上的事迹，发生了兴趣或问题，就自然会请问教师得到许多的参考书，图书馆里藏着的《英国史》，各种经济书类，以及近来杂志上所发表过的和这事有关系的单篇文字，都成了诸君的参考书了。所以，我以为参考书不能预先开单子，只能照了所想参考的题目临时来决定。在到图书馆去寻参考书以前，我们应该先问自己，我所想参考的题目是什么？有了题目，不知道找什么书好，这是可以问教师、问朋友、查书目的，最怕的是连题目都没有。

上面所讲的是关于参考书的话。再其次要讲第三种关于趣味修养的书了。这类的书可以说是和学校功课无关的，不妨全然照了自己的嗜好和需要来选择。一个人的趣味是会变更的，一时喜欢绘画的人，也许不久会喜欢音乐，喜欢文学的人，也许后来会喜欢宗教。至于修养，方面更广，变动的情形更多。在某时候觉得自己身心上的缺点在甲方面，该补充矫正，过了些时，也许会觉得自己身心上的缺点在乙方面，该补充矫正了。这种自然的变更，原不该勉强拘束，最好在某一时期，勿把目标更动。这一星期读陶诗，下一星期读西洋绘画史，趣味就无法涵养了。这一星期读曾国藩家书，下一星期读程朱语录，修养就难得效果了。所以，我以为这类的书，在同一时期中，种数不必多，选择却要精。选定一二种，预定了时期来好好地读。假定这学期定好了某一种趣味上的书，某一种修养上的书，不妨只管读去，正课以外，有闲暇就读，星期日读，每日功课完毕后读，旅行的时候在车上船上读，逛公园的时候坐在草地上读，如果读到学期完了，还不厌倦，下学期依旧再读，读到厌倦了为止。诸君听了我这番话，也许会骇异吧。我自问不敢欺骗诸君，诸君读这类书，目的不在会考通过，也不在毕业迟早，完全为了自己受用，一种书读一年，读半年，全是诸位的自由，但求有益于自己就是，用不着计较时间的长短。把自己欢喜读的书永久地读，是有意义的。赵普读《论语》，是有名的历史故事，日本有一位文学家名叫坪内逍遥的，新近才死，他活了近八十岁，却读了五十多年的莎士比亚剧本。

我的话已完了。现在来一个结束。我以为：书是供给知识的一种工具，读书是改进生活、丰富生活的手段，该读些什么书要依了生活来决定选择。首先该阅读的是关于职务的书，第二是参考书，第三是关于趣味修养的书。中学生先该把教科书好好地阅读，因为中学生的职务就在学习中学校课程。参考书可因了所要参考的题目去决定，最要紧的是发现题目。至于趣味修养的书可自由选择，种数不必多，选择要精，读到厌倦了才更换。

第七十一讲

怎样阅读①

夏丏尊

前天我曾对中学生诸君讲过一次话，题目是《阅读什么》。今天所讲的，

① 据开明书店1938年版《阅读与写作》校订。

可以说是前回的连续，题目是《怎样阅读》。前回讲“阅读什么”，是阅读的种类，今天讲“怎样阅读”，是阅读的方法。

“怎样阅读”，和“阅读什么”一样，也是一个老问题，从来已有许多人对于这问题说过种种的话。我今天所讲的也并无前人所没有发表过的新意见、新方法，今天的话是对中学生诸君讲的，我只希望我的话能适合于中学生诸君就是了。

我在前回讲“阅读什么”的时候，曾经把阅读的范围划成三个方面。第一是职务上的书，第二是参考的书，第三是趣味修养的书。中学生的职务在学习中学校的课程，中学校的各科教科书属于第一类，学习功课的时候须有别的书籍作参考，这些参考书，属于第二类，在课外选择些合乎自己个人趣味或有关修养的书来阅读，这是第三类。今天讲“怎样阅读”，也仍想依据了这三个方面来说。

先讲第一类关于诸君职务的书，就是教科书。摆在诸君案头的教科书，有两种性质可分，一种是有严密的系统的，一种是没有严密的系统的。如算学、理化、地理、历史、植物、动物等科的书，都有一定的章节，一定的前后次序，这是有系统的。如国文读本、如英文读本，就定不出严密的系统，一篇韩愈的《原道》可以收在初中国文第一册，也可以收在高中国文第二册，一篇佛兰克林的传记，可以摆在初中英文第三册，也可以摆在高中英文第二册。诸君如果是对于自己所用着的教科书留心的，想来早已知道这情形。这情形并不是偶然的，可以说和学科的性质有关。有严密的系统的是属于一般的所谓科学，像国文、英文之类是专以语言文字为对象的，除文法、修辞教科书外，一般所谓读本、教本，都是用来作模范、作练习的工具的东西，所以本身就没有严密的系统了。教科书既然有这两种分别，阅读的方法就也应该有不同的地方。

如果把阅读分开来说，一般科学的教科书应该偏重于阅，语言文字的教科书应该偏重在读。一般科学的教科书虽也用了文字写着，但我们学习的目标并不在文字上，譬如说，我们学地理、学化学，所当注意的是地理、化学书上所记着的事项本身，这些事项除图表外原用文字记着，但我们不必专从文字上记忆揣摩，只要从文字去求得内容就够了。至于语言文字的学科就不同，我们在国文教科书里读到一篇文章——假定是韩愈的《画记》，这时我们不但该知道韩愈这个人，理解这篇《画记》的内容，还该有别的目标，如文章的结构、词句的式样、描写表现的方法等等，都得加以研究。如果读韩愈的《画记》，只知道当时曾有过这样的画，韩愈曾写过这样的一篇文章，那就等于不曾把这篇文章当作国文功课学习过。我们又在英文教科书里读华盛顿砍樱桃树的故事，目的并不在想知道华盛顿为什么砍樱桃树、砍了樱桃树后来怎样，乃是要把这故事当作学习英文的材料，收得英文上种种的法则。所以阅读两个字不妨分开来用，一般科学的教科书应懂它的内容，不必从文字上去瞎费力，只要好好地阅就行，像国文、英文两门是语言文字的功课，应在形式上多用力，只阅不够，该好好地读。

不论是阅或是读，对于教科书该毫不放松，因为这是正式功课，是诸君职务上的工作。有疑难，得去翻字典；有问题，得去查书。这就是所谓参考了。参考书是为用功的人预备的，因为要参考先得有参考的项目或问题，这些项目或问题，要阅读认真的人才会从各方面发生。这理由我在前回已经讲过，诸君听过的想尚还能记忆，不多说了。现在让我来说些阅读参考书的时候该注意的事情。

第一，我劝诸君暂时认定参考的范围，不要把自己所要参考的项目或问题抛荒。我们查字典，大概把所要查的字或典故查出了就满足，不会再分心在字典上的。可是如果是字典以外的参考书，一不小心，往往有辗转跑远的事情。举例来说，你读《桃花源记》，为了“乌托邦思想”的一个项目，去把马列斯的《理想乡消息》来作参考书读，是对的，但你得暂时记住，你所要参考的是“乌托邦思想”，不是别的项目。你不要因读了马列斯的这部《理想乡消息》就把心分到很远的地方去。马列斯是主张美术的，是社会思想家，你如果不留意，也许会把所读的《桃花源记》忘掉，在社会思想咧、美术咧等等的念头上打圈子，从甲方面转到乙方面，再从乙方面转到丙方面，结果会弄得头脑杂乱无章。我们和朋友谈话的时候，常有把话头远远地扯开去，忘记方才所谈的是什么的。这和因为看参考书把本来的题目抛荒，情形很相像。懂得谈话方法的人，碰到这种情形，常会提醒对手，把话说回来，回到所要谈的事情上去。看参考书的时候，也该有同样的注意，和自己所想参考的题目无直接关系的方面，不该去多分心。

第二，是劝诸君乘参考之便留意一般书籍的性质和内容大略。除了查检字典和翻阅杂志上的单篇文字以外，所谓参考书者，普通都是一部一部的独立的书籍。一部书有一部书的性质、内容和组织式样，你为了参考，既有机会去见到某一部书，乘便把这一部书的情形知道一些，是并不费事的。诸君在中学里有种种规定要做的工作，课外读书的时间很少，有些书在常识上、将来应用上却非知道不可，例如，我们在中学校里不读《二十五史》《十三经》，但《二十五史》《十三经》是怎样的东西，却是该知道的常识。我们不做基督教徒，不必读圣书，但《新约》和《旧约》的大略内容，却是该知道的常识。如果你读历史课，对于“汉武帝扩展疆土”的题目，想知道得详细一点，去翻《史记》或是《汉书》，这时候你大概会先翻目录吧，你翻目录，一定会见至“本纪”“列传”“表”“志”或“书”等等的名目，这就是《史记》或《汉书》的组织构造，你读了里面的《汉武帝本纪》一篇，或全篇里的几段，再把这些目录看过，在你就算是对于《史记》或《汉书》发生过关系，《史记》《汉书》是怎样的书，你可懂得大概了。再举一个例来说，你从植物学或动物学教师口头听到“进化论”的话，你如果想对这题目多知道些详细情形，你可到图书馆去找书来看，假定你找到了一本陈兼善著的《进化论纲要》，你可先阅序文，看这部书是讲什么方面的，再查目录，看里面有些什么项目，你目前所参考的也许只是其中的一节或一章，但这全书的概括知识，于你是很有用处的。你能随时留心，一年之中，可以收得许多书籍的概括的大略知识，久而久之，你就知道那些书里有些什么东西，要查那些事项，该去找什么书，翻检起来，非常便利。

以上所说的是关于参考书的话。参考书因参考的题目随时决定，阅读参考书的时候，要顾到自己所参考的题目，勿使题目抛荒，还要把那部书的序文目录留心一下，记个大略情形，预备将来的翻检便利。

以下应该讲的是趣味修养的书，这类的书，我在上回曾经讲过，种数不必多，选择要精。一种书可以只管读，读到厌倦才止。这类的书，也该尽量地利用参考书。例如：你现在正读着杜甫的诗集，那末有时候你得翻翻杜甫的传记、年谱以及别人诗话中对于杜诗的评语等等的书。你如果正读着王阳明的《传习录》，你得翻翻王阳明的集子、他的传记以及后人关于程、朱、陆、王的论争的著作。把自己正在读着的书做中心，再用别的书来做帮助，这样，才能使你读着的书更明白，更切实有味，不至于犯浅陋的毛病。

上面所讲的是三种书的阅读方法。关于阅读两个字的本身，尚有几点想说说。我方才曾把教科书分为两种性质，一种是属于一般的科学的，有严密的系统，一种是属于语言文字的，没有严密的系统。我又曾说过，属于一般科学的该偏重在阅，属于语言文字的，只阅不够，该偏重在读。现在让我再进一步来说，凡是书，都是用语言文字写成的，照普通的情形看来，一部书可以含有两种性质，书本身有着内容，内容上自有系统可寻，性质属于一般科学，书是用语言文字写着的，从形式上去推究，就属于语言文字了。一部《史记》，从其内容说是历史，但是也可以选出一篇来当作国文科教材。诸君所用的算学教科书，当然是属于科学一类的，但就语言文字看也未始不可为写作上的参考模范。算学书里的文章，朴实正确，秩序非常完整，实是学术文的好模样，这样看来，任何书籍，都可有两种说法，如果就内容说，只阅可以了，如果当作语言文字来看，那末非读不可。

这次播音，教育部托我担任的是中学国语科的讲话，我把我的讲话限在阅读方面。我所讲的只是一般的阅读情形，并未曾专就国语一科讲话，诸君听了也许会说我的讲话不合教育部所定的范围条件吧。我得声明，我不承认有许多独立存在的所谓国语科的书籍，书籍之中除了极少数的文法、修辞等类以外，都可以是不属于国语科的，我们能说《论语》《孟子》《庄子》《左传》是国语吗？能说《红楼梦》《水浒》《三国演义》是国语吗？可是如果从形式上着眼，当作语言文字来研究，那就没有一种不是国语科的材料，不但《论语》《孟子》

《庄子》《左传》是国语,《红楼梦》《水浒》《三国演义》是国语，诸君的物理教科书、植物教科书也是国语，甚至于张三的卖田契、李四的家信也是国语了。我以为所谓国语科，就是学习语言文字的一种功课，把本来用语言文字写着的东西，当作语言文字来研究、来学习就是国语科的任务。所以我只讲一般的阅读，不把国语科特别提出。这层要请诸位注意。

把任何的书，从语言文字上着眼去学习研究，这种阅读，可以说是属于国语科的工作。阅读通常可分为两种，一是略读，一是精读。略读的目的在理解，在收得内容；精读的目的在揣摩，在鉴赏。我以为要研究语言文字的法则，该注重于精读。分量不必多，要精细地读。好比临帖，我们临某种帖，目的在笔意相合，写字得它的神气，并不在乎抄录它的文字，假定这部帖里共有一千个字，我们与其每日瞎抄一遍，全体写一千个字，倒不如拣选十个或二十个有变化的有趣味的字，每字好好地临几遍，来得有效。诸君读小说，假定是茅盾的《子夜》，如果当作语言文字的学习的话，所当注意的不该但是书里的故事，对于书里面的人物描写、叙事的方法、结构照应以及用辞、造句等等该大加注意，诸君读诗歌，假定是徐志摩的诗集，如果当语言文字学习的话，不但该注意诗里的大意，还该留心它的造句、用韵、音节以及表现、着想、对仗、风格等等的方面，语言文字上的变化技巧，其实并不十分多的，只要能留心，在小部分里也大概可以看得出来。假定一部书有五百页，每一页有一千个字，如果第一页你能看得懂，那么我敢保证，你是能把全书看懂的。因为全书所有的语言文字上的法则在第一页一千字里面大概都已出现。举例来说，文法上的法则，像动词的用法、接续词的用法、形容词的用法、助词的用法，以及几种句子的结合法，都已出现在第一页了。我劝诸君能在精读上多用力。

为了时间关系，我的话就将结束。我所讲的话，乱杂疏漏的地方自己觉得很多，请诸君代去求教师替我修正。关于中学国语科的阅读，我几年前曾发表过好些意见，所说的话和这回大有些不同。记得有两篇文章，一篇叫做《关于国文的学习》，载在《中学各科学习法》(《开明青年丛书》之一）里，还有一篇叫《国文科课外应读些什么》，载在《读书的艺术》（《中学生杂志丛刊》之一）里，诸君如未曾看到过的，请自己去看看，或者对于我这回的讲话，可以得到一些补充。我这无聊的讲话，费了诸君许多课外的时间，对不起得很。

第七十二讲

选择与鉴别——怎样阅读文艺书籍①

老　舍

吃东西要有选择：吃有营养的，不吃有毒的。

对精神食粮也必需选择：好书，开卷有益；坏书，开卷有害，可能有很大的害。

在旧社会里，有些人以编写坏书或贩卖坏书为职业。有不少青年受了骗，因为看坏书而损害了身体，或道德败落，变成坏人。今天，我们还该随时警惕，不要随便抓起一本书就看，那会误中毒害。至于故意去找残余的坏书阅读，简直是自暴自弃的表现，今日的青年一定知道不该这么作。

特别应当注意选择文艺作品。有的人管小说什么的叫作闲书，并且以为随便看看闲书不会有什么害处。这不对。“闲书”可能有很大的危害。旧日的坏书多数是利用小说等文学形式写成的，只为生意兴隆，不管害人多少。我们千万不可上当。

俗话说：老不读《三国》，少不看《水浒》。这并不是说《三国》与《水浒》不好，而是说它们有很强的感染力，能够左右读者的思想感情，去摹仿书

① 此文发表于 1961 年，据 2008 年版《老舍全集》校订。

中人物。确是这样：一部好小说会使读者志气昂扬，力争上游；一部坏小说会使读者志气消沉，腐化堕落。留点神吧，别采取看闲书的态度，信手拾来，随便消遣。看坏书如同吸鸦片烟，会使人上瘾，越吸越爱吸，也就受毒越深。

还有一种书，荒诞无稽，也足以使人——特别是青年与少年，异想天开，做出荒唐的事来。如剑侠小说。我们从前不是听说过么：十四五岁的中学生因读剑侠小说而逃出学校，到深山古洞去访什么老祖或圣母，学习飞剑杀人，呼风唤雨等等本领。结果呢，既荒废了学业，也没找到什么老祖或圣母——世界上从来没有过什么老祖和圣母啊！使人不务正业，而去求仙修道，难道不是害处么？

怎么选择呢？不需要开一张书目，这么办就行：要看，就先看当代的好作品。我们的确有许多好小说，好剧本，好诗集，好文学刊物，好革命回忆录……。为什么不看这些，而单找些无聊的东西浪费时光，或有害的东西自寻苦恼呢？生活在今天，就应当关心今天的国家建设与革命事业的大事，而我们这几年出版的好作品恰好是反映这些的。它们既足以使我们受到鼓舞，争取进步，又能获得艺术上的享受，有多么好呢！

或者有人说：新的作品读起来费力，不如某些剑侠小说、言情小说、公案小说等等那么简单省劲儿。首先就该矫正这个看法。在我自己的少年时期，最先接触到的就是《施公案》一类的小说。到二十岁左右，我才看到新小说。读了几本新小说之后，再拿起《施公案》来看，便看不下去了。从内容上说，新小说里所反映的正是我迫切要知道的，《施公案》没有这样的亲切。从文笔上说，新小说中有许多是艺术作品，而《施公案》没有这样的水平。新小说唤醒我对社会的关切，提高了我的文艺欣赏力，我没法子再喜爱《施公案》。后来，我自己也学习写小说，走的是新小说的路子，不是《施公案》的路子。不怕不识货，就怕货比货，比一比就知道谁高谁低了。我相信，谁都一样：念过几本新作品，就会放弃了《施公案》。

一个研究文学的人，自然要广为阅览，以便分析比较。但是，这是专家的工作，一般人不宜借口要博阅广见而一视同仁，不辨好坏，抓住什么读什么。

现代题材的作品读了不少以后，再去看古典作品，就比较妥当。因为，若是一开始就读古典作品，心中没有底，不会鉴别，往往就容易发生误解，以为古典作品中的英雄人物，不管是十八世纪的，还是十九世纪的，都是模范，值得效仿。这一定会出毛病。不论多么伟大的作家也没有一眼看到几百年后的本领。他的成功是塑造了他的时代的典型人物，但这只是那个时代的典型人物，并不足以典范千古。即使这个人物是正面的人物，是好人，他也必然带着他那个时代必不可免的缺点，不应该也不可能成为我们的模范。是呀，一个十八世纪的人怎会能够成为社会主义建设者呢？正面人物尚且如此，何况那反面人物呢？

阅读古典作品而受到感动是当然的，这正好证明古典作品之所以为古典作品，具有不朽的价值。但是，因受感动而去摹仿书中人物的行为就是另一回事了。这证明读者没有鉴别的能力，糊糊涂涂地作了古代作品的俘虏。

我们能够从古典的杰作了解到某一个历史时期的男女是怎么生活着的，明白一些他们的思想感情，志愿与理想，遭遇与成败。小说等文艺作品虽然不是历史，却足以帮助我们明白些历史的发展，使我们通达，因而也就更爱我们自己的时代与社会。我们的社会制度是最进步的制度，我们的社会现实曾经是多少前哲的理想。以古比今，我们感到幸福，从而意气风发，去建设我们的社会主义。我们读过的现代好作品帮助我们认清我们的社会，鼓舞我们努力建设社会主义的雄心壮志。有了这个底子，再看古典作品，我们就有了鉴别力，叫古为今用，不叫今为古用，去作古书的俘虏。假若我们看了《红楼梦》，而不可怜那悲剧中的贾宝玉与林黛玉，不觉得我们自己是多么幸福，反倒去羡慕“大观园”中的腐烂生活，就是既没有了解《红楼梦》，也忘了自己是什么时代的人。这不仅荒唐可笑，而且会使个人消沉或堕落，使个人在社会主义建设工作上受到损失。这个害处可真不小！历史是向前进的，人也得往前走，不应后退！假若今天我们自己要写一部新《红楼梦》，大概谁也会想得到，我们必然是去描写某工厂或某人民公社的青年男女怎样千方百计地增产节约，怎样忘我地劳动，个个奋勇争先，为集体的事业去争取红旗。我们的《红楼梦》里的生活是健康的，愉快的，民主的，创造的，不会有以泪洗面的林黛玉，也不会有“大观园”中的一切乱七八糟。假若不幸有个林黛玉型的姑娘出现，我们必然会热诚地帮助她，叫她坚强起来，积极地从事生产，不再动不动地就掉眼泪。假若她是因老读《红楼梦》而学会多愁善病的，我们就会劝她读读《刘胡兰》，看看新电影，叫她先认清现代青年的责任是什么，切莫糊糊涂涂地糟蹋了自己。

有选择就不至于浪费时间或遭受毒害。

有鉴别就不会认错了时代，盲目崇拜古书，错误地摹仿前人，使自己不向前进，而往后退。

在这里，我主要地谈到文艺作品，因为阅读文艺作品而不加选择与鉴别，最容易使人受害。我并没有验看别种著作，说别种著作不需要选择与鉴别的意思，请勿误会。

第七十三讲

我怎样学习的？（摘要）①

高尔基

我在14岁左右学会了有意识地读书。

这时候，引起我的兴趣的已经不仅是书里的情节——也就是所描写的事件的多少有些趣味的发展；我开始理解描写的美，思索着登场人物的性格，并且推测作者的意图是什么，由于感觉到书里所讲的事情和生活所启示的事情之间的相异而惶惑不安。

① 据1956年版《高尔基论儿童文学》校订。

差不多任何一本书都告诉我许多我所不知道的和未曾见过的人物、感情、思想和关系等等，好象在我面前打开一扇通向未知世界的窗子——当我意外地感觉到这一点的时候，是多么地惊讶，我几乎无法非常明白、确切地说明。包围着我的生活，每天在我面前展开的粗暴、污秽、残酷的一切——我甚至觉得这些都不是真实的、必要的，真实的和必要的事物，只有在书籍里面才有，在书里，一切都被描写得更合理、更美丽和更仁慈。书里面也讲到人的粗暴和愚蠢，以及人们的苦难，描写着邪恶的和卑劣的人，但是，和他们在一起的，还有着我从未见过的人们，不，甚至从未听到过的人们——忠诚的、意志坚强的、正直的，为了真理的胜利，为了光辉的伟业，往往不惜牺牲生命的人们。

最初，我醉心于书籍在我面前展开的世界的新鲜和精神上的光辉意义，我以为书籍比人更美丽、更有趣、更可亲。于是，在通过书籍看现实生活的时候，我变得有点盲目了。但是，严峻的生活明智地帮助我从愉快的盲目当中清醒过来。……

在生活给予我侮辱和苦恼的日子里，在我体验了太多痛苦的日子里——正是在这样的日子里，要求达到目的的勇气和好胜心在我心里特别高涨起来；正是在这样的日子里，我感觉到：要扫清“阿格斯王的牛栏”的年轻海格勒斯式的希望[①]以最大的力量捉住了我。今天，在我50岁的时候，它也还紧紧地依附在我身上，将会到死不变。我所以能够具有这些特性，完全是表现人的精神的经典著作——即反映着人的精神在发展中所受的重大的痛苦和折磨的书籍所赐，是理性之诗的科学和感情之诗的艺术所赐。

书籍在我面前不断地展开了新的世界，给予我最多的是世界画报和绘画评论等有插图的杂志。这些描写着城市、人物和外国生活的各种事件的图画，逐渐使我眼前的世界扩大起来，于是，我感觉到：这个世界在怎样地发展成为非常大的、趣味无穷的、充满伟大事迹的存在。

---

① 据希腊神话：英雄海格勒斯扫清了阿格斯王的牛栏。这里是清除垃圾、大扫除的意思。

那些与我们的教堂和家屋不相同的神庙和宫殿，服装不同的人们，由人给以不同装饰的土地、壮丽的机器、奇异的工艺品——这一切，都在我心里注入了不可解的青春的感情，激起了自己也想制造和建筑一些什么的欲望。

尽管一切都不同，没有相似的地方，但我还是模糊地意识到：一切东西里面都充满了同样的力量——那就是人的创造力。

在一本什么杂志上看到法拉第[①]这位有名学者的画象，我不很了解地读了关于他的论文，当知道了法拉第也不过是一个工人出身的时候，我简直惊住了。这在我头脑里引起了强烈的激动，我觉得这简直象童话似的。

“这到底是怎么回事？”我半信半疑地想，“在泥土工人里面也有人可以成为学者吗？我也可以吗？”

这是不可信的。

我开始努力想探索：在有名的人物里面，还有谁是工人出身的吗？从杂志里面一个不能发见；有一个相识的中学生告诉我：有许多有名人物原来是工人，并且举出了一些名字，其中也有史第芬逊[②]，但是我不相信这个中学生。

我愈读得多，书就使我和世界愈接近，生活对我变得更加光辉，更加美丽。我知道有的人生活过得比我更恶劣、更困难，这给了我一些安慰，但是，这并没有使我和屈辱的现实妥协。我也知道：还有一些人们过着快活、有闲的生活，可是，我周围的人谁也不可能。于是，几乎任何一本书里都有一种令人惶惑不安的、茫然不解的和触动心弦的东西，在发出静静的声音。一切的人不知为什么都受着苦，都对生活不满，都在探索着某种更美好的事物。于是，他们都成了我更可亲的、更了解的人。书用忧伤笼罩着整个地球、整个世界，渴望它变得更美好；每一本书都好象是以记号或语言刻印在纸上的一种精神，而这些记号或语言一接触到我的眼睛和理性，就生气勃勃地活跃起来了。

我常常一面读书一面哭——那么感人地叙述着人们的事情，他们成了那么

① 法拉第（1791—1867），英国化学家、电力学家、发明家。

② 今译史蒂文森（1781—1848），英国学者，火车蒸汽发动机的发明者。

可爱可亲的人。自己虽然是做着一些愚蠢工作，并被人用愚蠢的咒骂侮辱着的孩子，但是，我却很自信地给自己作了严肃的誓约——大起来一定要帮助别人，诚实地为他们服务。

书籍简直象童话里所出现的奇怪的小鸟们似地，对好象被囚禁在监牢里的囚犯似的我歌唱、讲话，它这样地歌唱着——生活是多么地丰富多样，人在对善和美的追求中是多么地大胆勇敢。于是，每前进一步，心里就更充满了健康而年青的精神。我变成比以前更沉着、更有自信的人，更理智地从事工作，对于生活的无数的耻辱变得更不介意了。

每一本书就象阶梯的一小级，每攀登一级，我就愈脱离动物走向人——走到更美好的生活的理想，到达对于这种生活的渴望。读过书之后，我自己感觉到头脑充实了起来，就象满满地盈溢着生命之水的容器一样；于是，我就到值班卫兵或泥土工人们那里去，通过形象对他们讲各种各样的故事，在他们面前尝试着描写。

书籍鼓舞了我的智慧和心灵，帮助我从泥沼里爬起来。如果没有书籍，那末，我恐怕一定会大量吞下愚蠢和庸俗，而沉溺在它们里面。书籍在我面前更加扩大了世界的范围，同时对我讲着：人在追求更美好的事物中是多么伟大，多么光辉；他们怎样地在土地上完成了许多事业；为了这些，他们怎样地不能不忍受了难以置信的苦难。

于是，在我心里增长了对于人——一切的人，不论是谁——的关心，累积起了对于人的劳动的尊敬，对于他们的不安的心灵的爱。深感到活着是快乐的、有趣的，生活里充满着伟大的意义。

……书籍在我心里培养起了自己对于生活中的一切坏事的责任感，唤起了我对于人类理智的创造力的宗教式的虔敬之念。

我深信我的信念的真实，我向大家宣说："爱书籍罢！书籍会使大家的生活快乐，会帮助大家解决纷繁杂乱的思想、感情或事件的纽结；它会教你们尊重人；它会以热爱世界、热爱人的感情来鼓舞智慧和心灵。

“热爱知识的源泉的书籍罢！只有知识才是力量，只有知识才能使我们诚实地爱人，尊重人的劳动，由衷地赞赏无间断的伟大劳动的美好的成果；只有知识才能使我们成为具有坚强精神的、诚实的、有理性的人。

“在人所已经完成的和正在完成的一切事物里面，在每一件事物里面，都包含着人的精神。这种高尚、纯洁的精神表现得最明显的是在科学和艺术方面。而在书籍里面，这种精神最雄辩、易解地表现着。”

第七十四讲

学习国文的着眼点（一）①

夏丏尊

中学生诸君：

这回我承教育部的委托，来担任关于国文科的讲演。讲演的题目叫做《学习国文的着眼点》。打算分两次讲，今天先来一个大纲，下次再讲具体的方法。

为了要使听众明瞭起见，开始先把我的意见扼要地提出。我主张学习国文该着眼在文字的形式方面。就是说，诸君学习国文的时候该在文字的形式方面去努力。

所谓形式，是对内容说的。诸君学过算学，知道算学上的式子吧，“1＋2＝3”这个式子可以应用于种种不同的情形，譬如说一个梨子加两个梨子等于三个梨子，一只狗加两只狗等于三只狗，无论什么都适用。这里面，“1＋2＝3”是形式，“梨子”或“狗”是内容。算式上还有用“X”的，那更

① 据开明书店 1938 年版《阅读与写作》校订。

妙了，算式中凡是用着“X”的地方不拘把什么数字代进去都适合，这时候“1”“2”“3”等等的数字是内容，“X”是形式了。

让我们回头来从国文科方面讲，文字是记载事物发挥情意的东西，它的内容是事物和情意，形式就是一个个的词句以及整篇的文字。文字的内容是各各不同的：同是传记，因所传的人物而不同；同是评论，有关于政治的，有关于学术的，有关于经济的；同是书信，有讨论学问的，接洽事务的；可以说一篇文字有一篇文字的内容，无论别人所写或自己所写，每篇文字决不会有相同的内容的。内容虽然各不相同，形式上却有相同的地方：就整篇的文字说，有所谓章法、段落、结构等等的法则；就每一句说，有所谓句子的构成及彼此结合的方式；就每句中所用的词儿说，也有各种的方法和习惯。此外因了文字的体裁，各有一定共通的样式，例如，书信有书信的样式，章程有章程的样式，记事文有记事文的样式，论说文有论说文的样式。这种都是形式上的情形，和文字的内容差不多无关。我以为在国文科里所应该学习的就是这些方面。

国文科是语言文字的学科，和别的科目性质不同，这只要把诸君案头上教科书拿来比较，就可明白。别的科目的教科书如动物、植物、历史、地理、算术、代数，都是分章节的，全书共分几章，每章之中又分几个小节，前一章和后一章，前一节和后一节，都有自然的顺序，系统非常完整，可是国文科的教科书就不是这样了。诸君所读的国文教材，大部分是所谓选文，这些选文是一篇一篇的东西，有的是前人写的，有的是现代人写的，前面是《史记》里的一节，接上去的也许可以是《红楼梦》或《水浒传》的一节，前面是古人写的书信，接上去的也许会是现代人的小说。这种材料的排列，谈不到什么秩序和系统，至于内容更是杂乱的很。别的科目的内容，是以我们所需要的知识为范围排列着的，植物教科书告诉我们关于植物的一般常识，历史教科书告诉我们人类社会活动进步的经过，地理教科书告诉我们地面上的种种现象和人类的关系，都有一定的内容可说。但是国文教科书的内容是什么呢？却说不出来。原来国文科的内容什么都可以充数，忠臣、孝子的事迹固然可以做国文的内容，苍蝇、蚊子的事情也可以做国文的内容，诸君试把已经读过的文字回忆一下，就可发见内容上的杂乱的情形。国文科的内容不但杂乱，而且有许多不是我们所需要的。譬如说：现在已是飞机炸弹的时代了，我们所需要的是最新的战争知识，而在国文教科书里所选到的还是单刀匹马式的《三国志演义》或《资治通鉴》里的一节。我们已是二十世纪的共和国公民了，从前封建时代的片面的道德观念已不适用，可是我们所读的文字，还有不少以宗祧贞烈等为内容的。我们是青年人，青年人所需要的是活泼、勇猛的精神，可是国文教科书里尽有不少中年人或老年人所写的颓唐、感伤的作品，甚至于还有在思想上、态度上已经明白落伍了的东西。国文科的教材如果从内容上看来，真是杂乱而且不适合的，有些教育者见到了这一层，于是依照了内容的价值来编国文教科书，他们预先定下了几个内容项目，以为青年应该孝父母、爱国家，应该交友有信，应该办事有恒，于是选几篇孝子的传记排在一组，选几篇忠臣烈士的故事排在一组，这样一直排下去。这办法无异叫国文科变成了修身科或公民科，我觉得也未必就对。给青年读的文字当然要选择内容好的，但内容的价值，在国文科究竟不是真正的目的。

我的意思，国文科是语言文字的学科，除了文法、修辞等部分以外，并无固定的内容的。只要是白纸上写有黑字的东西，当作文字来阅读来玩味的时候，什么都是国文科的材料。国文科的学习工作，不在从内容上去深究探讨，倒在从文字的形式上去获得理解和发表的能力。凡是文字，都是作者的表现。不管所表现的是一桩事情、一种道理、一件东西或一片情感，总之逃不了是表现。我们学习国文，所当注重的并不是事情、道理、东西或感情的本身，应该是各种表现方式和法则。诸君读英文的时候，曾经读过“龟兔竞走”的故事吧。诸君读这故事，如果把注意力为内容所牵住，只记得兔最初怎样自负，怎样疏忽，怎样睡熟，龟怎样努力，怎样胜过了兔等等一大串，而忘却了本课里的所有的生字、难句，及别种文字上的方式，那么结果就等于只听到了“龟兔竞走”的故事，并没有学到英文。国文和英文一样，同是语言文字的科目，凡是文字语言，本身都附带有内容，文字语言本来就是为了要表现某种内容才发生的，世间决不会有毫无内容的文字语言。不过在国文科里，我们所要学习的是文字语言上的种种格式和方法，至于文字语言所含的内容，倒并不是十分重要的东西。我们自己写作的时候，原也需要内容，这内容要自己从生活上得来，国文教科书上所有的内容，既乱杂，又陈腐，反正是不适用，不够用的。我们的目的，是要从古人或别人的文字里学会了记叙的方法，来随便叙述自己所要叙述的事物；从古人或别人的文字里学会了议论的方法，来随便议论自己所想议论的事情。

学习国文，应该着眼在文字的形式上，不应该着眼在内容上，这理由上面已经说了许多，诸君想来已可明白了。有一件事要请大家注意，就是文字的内容是有吸引人的力量的东西，我们和文字相接触的时候，容易偏重内容忽略形式。老实说，一般的文字语言的法则，在小学教科书里差不多已完全出现了的，诸君在未进中学以前，曾经读过六年的国语，教科书共有十二册。这十二册教科书照理应该把一般的文字语言的法则包括无遗。可是据我所知道的情形看来，似乎从小学出来的人都未能把这些法则完全取得。这是不足怪的，文字语言具有内容形式两个方面，要想离开内容去注意它的形式，多少需要有冷静的头脑。小学国语教科书的内容更不同，总算是依照了儿童生活情形编造的，内容的吸引力更大，更容易叫读的人忽略形式方面。用实在的例来说，依年代想来，诸君在小学里学国语，第一课恐怕是“狗，大狗，小狗。大狗叫、小狗跳”吧。这寥寥几个字，如果从文字的形式上着眼去玩味，有单语和句子的分别，有形容词和名词的结合法，有押韵法，有对偶法，有字面重叠法。但是试问诸君当时读这课书，曾经顾到这些吗？那时先生学着狗来叫给诸君听、跳给诸君看，又在黑板上画大狗画小狗，对诸君讲狗的故事，诸君心里又想起家里的小花或是间壁人家的来富，整个的兴趣都被内容吸引去了，那里还有工夫来顾到文字形式上的种种方面。据我的推测，诸君之中大多数的人，在小学里学习国语，经过情形就是如此的。不但小学时代如此，诸君之中有些人在中学里读国文的情形，恐怕还是如此。诸君读到一篇烈士的传记，心里会觉得兴奋吧。读到一篇悲伤的小说，眼里会为之流泪吧。读到一篇干燥无味的科学记载，会感到厌倦吧。这种现象在普通读书的时候，是应该的，不足为怪，如果在学习文字的时候，大大地要自己留意。对于一篇文字或是兴奋、或是流泪、或是厌倦，都不要紧，但得在兴奋、流泪或厌倦之后，用冷静的头脑去再读、再习，从文字的种种方面去追求、去发掘。因为你在学习国文，你的目的不在兴奋、不在流泪、不在厌倦，在学习文字呀。

竟有许多青年，在中学已经毕业，文字还写不通的，其原因不消说就在平时学习国文未得要领。文字的所以不通，并不是缺乏内容，十之八九毛病在文字的形式上。这显然是一向不曾在文字的形式上留意的缘故。他们每日在国文教室里对了国文教科书或油印的选文，只知道听教师讲典故，讲作者的故事，典故是讲不完的，故事是听不完的，一篇一篇的作品也是读不完的。学习国文，目的就在学得用文字来表现的方法，他们只着眼于别人所表现着的内容本身，不去留心表现的文字形式，结果当然是劳而无功的。

从前的读书人学文字，把大半的工夫花在揣摩和诵读方面。当时可读的东西没有现在的多，普通人所读的只是几部经书和几篇限定的文章。说到内容，真是狭陋得很。所写的文字也只有极单调的一套，如“且夫天下之人……往往然也”之类。他们的文字虽然单调，在形式上倒是通的，只是内容空虚、顽固得可笑而已。近来学生的文字，毛病适得其反，内容的范围已扩张得多了，缺点往往在形式上。这是值得大大地加以注意的。

我的话完了，今天说了不少的话，最重要的只有一句，就是说，学习国文应该着眼在文字的形式方面。至于具体的学习方法，留到下一回再讲。

第七十五讲

学习国文的着眼点（二）[①]

夏丏尊

中学生诸君：

前两天，我曾有过一回讲演，题目叫做《学习国文的着眼点》，大意是说，学习国文应该从文字的形式上着眼。今天所讲的是前回的连续，前回只讲了一番大意，今天要讲到具体的方法。

学习国文的方法，从古到今不知道已有多少人说过，我今天所讲的不消说都是些“老生常谈”，请勿见笑。我是主张学习国文应该着眼在文字的形式的，我所讲的方法也是关于文字形式方面的事情。打算分三层来说，（一）是关于词儿的，（二）是关于句子的，（三）是关于表现方法的。

先说关于词儿所当注意的事情，第一是词儿的辨别要清楚，中国的文字，是一个个的方块字，本身并无语尾变化，完全由方块的单字拼合起来造出种种的功用。中国文字寻常所用的不过一二千个字，初看去似乎只要晓得了这一二千个字，就可看得懂一切的文字了，其实这是大错的，中国常用的文字数目虽有限，可是拼合成功的词儿数目却很多，例如“轻”“重”两个字，是小学生都认识的，但“轻”字“重”字和别的单字拼合起来，可以造成许多词儿，如“轻率”“轻浮”“轻狂”“轻易”“轻蔑”“轻松”“轻便”都是用轻字拼成的词儿，“重要”“重实”“严重”“厚重”“沉重”“郑重”“尊重”都是用重字拼成的词儿，此外还可有各种各样的拼合法。这些词儿当然和原来的“轻”

① 据开明书店 1938 年版《阅读与写作》校订。

字“重”字有关联，可是每个词儿意思、情味并不一样，老实说每个都是生字。你在读文字的时候必会和许许多多的词儿相接触，你在写文字的时候必要运用许许多多的词儿，词儿的注意，是很要紧的。中国从前的字典只有一个个的单字，近来已有辞典，不仅只以单字为本位，把常用的词儿都收进去了。每一个词儿的意义似乎可用辞典来查考，但你必须留意，辞典对于词儿的解释，是用比较意思相像的同义语来凑数的，譬如说“轻狂”和“轻薄”两个词儿，明明是有区别的，可是你如果去翻辞典，就会见“不稳重”或“不庄重”等类的共通的解释。这并不是辞典不好，实在是无可奈何的事，一个词儿的意义是多方面的，辞典当然不能一一列举，只能把大意用别的同义语来表示了。词儿不但有意义，还有情味，词儿的情味，完全要靠自己去领略，辞典是无法帮忙的。犹之吃东西，甜、酸、苦、辣是尝得出，说不出的东西。文字语言是社会的产物，词儿因了许多人的使用，各有着特别的情味，这情味如不领略到，即使表面的意义懂得了，仍不能算已瞭解了这词儿。再举例来说，“现代”和“摩登”，意思是差不多的，可是情味大大不同。“现代学生”“现代女子”并不就是“摩登学生”“摩登女子”的意思。这因为“摩登”二字在多数人的心目中已变更了意义，“现代”二字不能表出它的情味了。又如“贼出关门”和“亡羊补牢”这两句成语，都是事后补救的譬喻，意思也是差不多的，但使用在文字语言里情味也有区别，“贼出关门”表示补救已来不及，“亡羊补牢”表示尚来得及补救，这因为“亡羊补牢”一向就和“未为晚也”联在一处，而“贼出关门”却是说人家失窃以后的情形的缘故。对于词儿，不但要知道它的解释，还要懂得它的情味。你在读文字的时候，如果不用这步工夫，那末你不但对于所读的文字不能十分了解，将来自己写起文字来也难免要犯用词不当的毛病。

上面所讲的是词儿的解释和情味两方面。关于词儿，另外还有一个方面值得注意，就是词儿在句子中的用法，这普通叫词性，是文法上的项目。我在前面曾经讲过，中国文字本身是一个个的方块字，一个词儿用作名词、动词、形容词、副词，有时候都可以的。譬如“上下”一个词儿，就有各种不同的用法，这里有几句句子："上下和睦"、"上下其手"、"张三李四成绩不相上下"、"上下房间都住满了人"这几句句子里都有"上下"的词儿，可是文法上的词性各不相同。"上下"是两个单字合成的词儿，尚且有这些变化，至于单字的词儿变化更多了。这些变化，在普通的辞典里是找不着的。你须得在读文字的时候随处留意，你已记得梅花、兰花的"花"字了，如果在读文字的时候碰到花钱的"花"字，花言巧语的"花"字，或是眼睛昏花的"花"字，都应该记牢，再如果碰到别的用法的"花"字也应该记牢，因为这些都是"花"字的用法。你如果只知道梅花、兰花的"花"，不知道别的"花"，就不能算完全认识了"花"的一个词儿。

关于词儿，可说的方面还不少，上面所举出的三项，就是词儿的意义、情味，在句子中的用法，是比较重要的，学习的时候应该着眼在这些方面。

以下要讲到句子了。关于句子，第一所当着眼的是句子的样式。自古以来用文字写成的东西，不知有多少，即就诸君所读过的来说，也已很可观了。这些文字，虽然各不相同，若就一句句的句子看来，我认为样式是并不多的。我曾经有一个志愿，想把中国文字的句式来作归纳的统计，办法是取比较可做依据的书，文言文的如"四书""五经"，白话的如《红楼梦》《水浒》，一句句地圈断，剪碎，按照形式相同的排比起来。譬如说"子曰""曾子曰""孟子曰"和"贾宝玉道""林黛玉道""武松道"归成一类，"不亦悦乎""不亦乐乎""不亦快哉"归成一类，"穆穆文王""赫赫泰山""区区这些礼物"归成一类，"烹而食之""顾而乐之""垂涕泣而道之"归成一类，这样归纳起来，据我推测，句子的种类是很有限的。确数不敢说，至多不会超过一百种的式样。诸君如不信，不妨去试试。读文字，听谈话，能够留心句式，找出若干有限的格式来，不但在理解上可以省却力气，而且在发表上也可以得到许多便利。诸君读文言传记，开端常会碰到"××，××人"或"××者××人也"吧，这是两个式样，如果有时候碰到"一丈，十尺"或"仁者人也"，不妨把它归纳起来当作一类的格式记在肚子里。诸君和朋友谈话，如果听到"天会下雨吧"，"我要着皮鞋了"，就把它归纳起来当作一类格式来记住。

这样把句子依了式样来归并，可以从繁复杂乱的文字里看出简单的方法来，在学习上是非常切实有用的。此外尚有一点要注意，句子的式样是就句子独立着的情形讲的。一篇文字由一句句的句子结合而成，句子和句子的关系，并不简单。平常所认定的句子的式样，和别的辞句连在一处的时候，也许可以把性质全然变更。譬如说，"山高水长"，这句句式和"桃红柳绿"咧，"日暖风和"咧，是同样的。但如果上面加成分上去，改为"先生之风山高水长"的时候，情形就不同了。光是从"山高水长"看来，高的是山，长的是水，至于在"先生之风山高水长"里面，高的不是山，是先生之风，长的不是水，也是先生之风，意思是说"先生之风像山一般地高，水一般地长"了。这种情形，日常语言里也常可碰到，譬如说，"今天天气很好，""我和你逛公园去吧。"这是两句独立完整的句子，如果连结起来，上一句就成了下一句的条件，资格不相等了。一句句子放在整篇的文字里和上文下文可以有种种的关系，连接的式样很多，方才所举的只不过一二个例子而已。读文字的时候对于每一句句子不但要单独的认识它，还要和上下文联结了认识它，自己写作文字的时候，对于每一句句子不但要单独地看来通得过，还要合着上下文看来通得过。尽有一些人，在读文字的时候，逐句懂得，而贯串起来倒不清楚，写出文字来，逐句看去似乎没有毛病，而连续下去却莫名其妙，这都是未曾把句子和句子的关系弄明白的缘故。

上面已讲过词儿和句子，以下再讲表现的方法。文字语言原是表现思想感情的工具，我们心里有一种意思或是感情，用文字写出来或口里讲出来，这就是表现。表现有各种各样的方法，同是一种意思或感情，可有许多表现的方式，同是一句话，可有各种各样的说法。譬如说"张三非常喜欢喝酒"，这话可以改变方式来说，例如"张三是个酒徒"咧，"张三是酒不离口"咧，"酒是张三的第二生命"咧，意思都差不多，此外不消说还可有许多的表现法。"晚上睡得着"一句话可以用作"安心"的表现；骂人"没用"，有时可以用"饭桶”来表现，有时可以用反对的说法，说他是“宝贝”或“能干”。意思只是一个，表现的方面却不止一个，在许多方法之中，究竟那一种好，这是要看情形怎样，无法预定的。读文字的时候最好能随时顾到，看作者所用的是哪一种表现法，用得有没有效果？自己写作文字，对于自己所想表现的意思，也须尽量考虑，选择最适当的表现法。

文字语言的一切技巧，可以说就是表现的技巧。写一件事情、一种东西或是一种感情，用什么文体来写、先写什么、后写什么、写得简单或是写得详细，诸如此类，都是表现技巧上的问题。所以值得大大地注意。

我在上面已就了词儿、句子、表现法三方面，分别说明应该注意的事情，这些都是文字的形式上应该着眼的。诸君学习文字，我觉得这些就是值得努力的地方。

末了，我劝诸君能够用些读的工夫。从前的读书人，学习文字唯一的方法就是读。自有学校教育以来，对于文字往往只用眼睛看，用口来读的人已不多了。其实读是很有效的方法，方才所举的关于词儿、句子、表现法等类的事项，大半是可在读的时候发见领略的。我以为诸君应该选择几篇可读的文字来反复熟读，白话文也可用谈话或演说的调子来读。读的篇数不必多，材料要精，读的程度要到能背诵。读得熟了，才能发见本篇前后的照应，才能和别篇文字作种种的比较。因为文字读得会背诵以后，可离开书本，随时记起，就随时会有所发见，学习研究的机会也就愈多了。不但别人写的文字要读，自己写文字的时候也要读，从来名家都用过就草稿自读自改的苦工。

关于国文的学习，可讲的方面很多。时间有限，今天所讲的只是这些。我对于中学国文教学，曾发表过许多意见，有两部书，一部叫《文心》，一部叫《国文百八课》，都是我和叶绍钧先生合写的，诸君如未曾看到过，不妨参考参考。

第七十六讲

关于国文的学习（一）[①]

夏丏尊

中学生应具的国文能力

国文二字，是无止境的。要谈中学生的国文学习法，先须预定中学生应具的国文程度。有了一定的程度，然后学习才有目标，也才有学习法可言。

诸君是中学生，对于毕业时的国文科的学力，各自作甚样的要求？我原不知道，想来是必各怀着一种期待的吧。我作了许多年的中学国文教员，对于国文科的学力，曾在心中主观地描绘过一个理想的中学生，至今尚这样描绘着。现在试把这理想的人介绍给诸君相识。

他能从文字上理解他人的思想感情，用文字发表自己的思想感情，而且能不至于十分理解错，发表错。

他是一个中国人，能知道中国文化及思想的大概。知道中国的普通成语与辞类，遇不知道时，能利用工具书物，自己查检。他也许不能用古文来写作，却能看得懂普通的旧典籍。他不必一定会作诗，作赋，作词，作小说，作剧本，却能知道什么是诗，是赋，是词，是小说，是剧本，加以鉴赏。他虽不能博览古昔典籍，却能知道普通典籍的名称，构造，性质，作者，及内容大略。

他又是一个世界上的人，一个二十世纪的人，他也许不能直读外国原书，博通他国情形，但因平日的留意，能知道全世界普通的古今事项，知道周比特

---

① 据开明书店 1948 年版《中学各科学习法》校订，略有删节。

(Jupiter)[①]，阿普罗（Apollo）[②]，委娜斯（Venus）[③]等类名词的出处，知道“三位一体”，“第三国际”等类名词的意义，知道荷马（Homer），拜伦（Byron）是什么人，知道《神曲》(*Devine Comedy*),《失乐园》(*Paradise Lost*）是谁的著作，不会把“梅德林克”[④]误解作乐器中的曼陀铃，把“伯纳特·萧”误解作是一种可吹的萧！（这是我新近在某中学校中听到的笑话，这笑话曾发生于某国文教员。）

我理想中所期待悬拟[⑤]的中学毕业生的国文科的程度是这样。这期待也许有人以为太过分，但我自信却不然。中学毕业生是知识界的中等分子，常识应该够得上水平线。具备了这水平线的程度，然后升学的可以进窥各项专门学问，不至于到大学里还要听名词动词的文法，读一篇一篇的选文。不升学的可以应付实际生活，自己补修起来也才有门径。

现在再试将十八年[⑥]八月教育部颁行的《中学课程暂行标准》中所规定的高中及初中的毕业最低限度抄列如下。

（甲）高中国文科毕业最低限度：

（一）曾精读名著六种而能了解与欣赏。

（二）曾略读名著十二种而能大致了解欣赏。

（三）能于中国学术思想、文学流变、文字构造、文法及修辞等有简括的常识。

（四）能自由运用语体文及平易的文言文作叙事说理表情达意的文字。

---

① 现译朱庇特，罗马神话中的众神之王。

② 现译阿波罗，古希腊神话中的神。

③ 现译维纳斯，罗马神话中的女神。

④ 现译梅特林克。

⑤ 虚拟，想象。

⑥ 1929年。

（五）能自由运用最低限度的工具书。

（六）略能检用古文书籍。

（乙）初中国文科毕业最低限度：

（一）曾精读选文，能透彻了解并熟习至少一百篇。

（二）曾略读名著十二种，能了解大意，并记忆其主要部分。

（三）能略知一般名著的种类、名称，图书馆及工具书籍的使用，自由参考阅读。

（四）能欣赏浅近的文学作品。

（五）能以语体文作充畅的文字，无文法上的错误。

（六）能阅览平易的文言文书籍。

把我所虚拟的中学生的国文程度和教育部所规定的中学生国文科毕业最低限度两相比较，似乎也差不多相仿佛。不过教育部的规定，把初中高中截分为二，我则泛就了中学生设想而已。

现在试姑把这定为水平线，当作一种学习的目标……

第七十七讲

关于国文的学习（二）[1]

夏丏尊

关于阅读

依文字的本质来说，国文的学习途径，普通是阅读与写作二种。阅读就是

① 接续前文，据开明书店 1948 年版《中学各科学习法》校订，略有删节。

我在前面所说的“从文字上理解他人的思想感情”的事，写作就是我在前面所说的“用文字发表自己的思想感情”的事。能阅读，能写作，学习文字的目的就已算达到了。

先谈阅读。

“阅读什么？”这是我屡从我的学生及一般青年接到的问题。关于这问题，曾有好几个人开过几个书目。如胡适的《最低限度的国学书目》，梁启超的《国学入门书要目》，此外还有许多人发过不少零碎的意见。但我在这里却不想依据这些意见，因为“国文”与“国学”不同，而且那些书目也不是为现在肄业中学校的诸君开列的。

就眼前的实况说，中学国文尚无标准读本，中学国文课程中的读物，大部分是选文。别于课外由教师酌定若干整册的书籍作为补充。一般的情形既不过如此，当然谈不到什么高远的不合实际的议论。我在本文中只拟先就选文与教师指定的课外书籍加以说述，然后再涉及一般的阅读。

今天选读一篇冰心的小说，明天来一篇柳宗元的游记，再过一日来一篇《史记》列传，教师走马灯式地讲授，学生打着呵欠敷衍，或则私自携别书观览：这是普通学校中国文教室中的一般情形。本文是只对学生诸君说的，教师方面的话，姑且不提，只就学习者方面来说。中学国文课中既以选文为重要干部，占着时间的大部分，应该好好地加以利用。为防止教师随便敷衍计，我以为不妨由学生预先请求教师，定就一学年或半学年的选文系统，决定这学年共约选若干篇文字：内容方面，属于思想的若干篇，属于文艺的若干篇，属于常识，或偶发事项的若干篇，属于实用的若干篇；形式方面，属于记叙体的若干篇，属于议论体的若干篇，属于传记或小说的若干篇，属于戏剧或诗歌的若干篇，属于书简或小品的若干篇。（此种预计，只要做教师的不十分撒滥污[①]，照理应该不待学生请求，自己为之。）材料既经定好，对于选文，应该注意切实

① 即拆烂污，吴语方言，指做事不负责任。

学习。

我以为最好以选文为中心，多方学习，不要把学习的范围限在选文本身。因为每学年所授的选文，为数无几，至多不过几十篇而已。选文占着国文正课的重要部分，如果于一学年之中，仅就了几十篇文字本身，得知其内容与形式，虽然试验时可以通过，究竟得益很微，不能算是善学者。受到一篇选文，对于其本身的形式与内容，原该首先理解，还须进而由此出发，作种种有关系的探究，以扩张其知识。例如教师今日选授陶潜的《桃花源记》，我以为学习的方面可有下列种种。

（1）求了解文中未熟知的字与辞。

（2）求了解全文的意趣与各节各句的意义。

（3）文句之中如有不能用旧有的文法知识说明者，须求得其解释。

（4）依据了此文玩索①记叙文的作法。

（5）借此领略晋文风格的一斑。

（6）求知作者陶潜的事略，旁及其传记与别的诗文。最好乘此机会去一翻《陶集》。

（7）借此领略所谓乌托邦思想。

（8）追求作者思想的时代的背景。

一篇短短的《桃花源记》，于供给文法文句上的新知识以外，还可借以知道记叙文的体式，晋文的风格，乌托邦思想的一斑，陶潜的传略，晋代的状况等等。如此以某篇文字为中心，就了有关系的各方面扩张了学去，有不能解决的事项，则翻书查字典或请求教师指导，那末读过一篇文字，不但收得其本身的效果，还可连带了习得种种的知识。较之胡乱读过就算者，真有天渊之差了。知识不是可以孤立求得的，必须有所凭借，就了某一点分头扩张追讨，愈追讨关联愈多，范围也愈广。好比雪球，愈滚愈会加大起来。

---

① 体味探求。

以上所说的是对于选文的学习法，以下再谈整册的书的阅读。

整册的书，那几种应读？怎样规定范围？这是一个麻烦的问题了。我以为中学生的读书的范围，可分下列的几种。

（1）因选文而旁及的。如因读《桃花源记》而去读《陶集》，读《无何有乡见闻记》（威廉·马列斯著）；因读司马谈的《论六家要旨》而去读《论语》《老子》《韩非子》《墨子》等等。

（2）中国普通人该知道的。如“四书”“四史”[①]“五经”，周秦诸子，著名的唐人的诗，宋人的词，元人的曲，著名的小说，时下的名作。

（3）全世界所认为常识的。如基督教的《旧约》《新约》，希腊的神话，各国近代代表的文艺名作。

不消说，上列的许多书，要一一全体阅读，在中学生是不可能的。但无论如何要当作课外读物尽量加以涉猎，有的竟须全阅或精读。举例来说，“四书”须全体阅读，诸子则可选择读几篇，诗与词可读前人选本，《旧约》可选读《创世记》《约伯记》《雅歌》《箴言》诸篇，《新约》可就《四福音》中择一阅读。无论全读或略读，一书到手，最好先读序，次看目录，瞭解该书的组织，知道有若干篇，若干卷，若干分目，然后再去翻阅全书，明白其大概的体式，择要读去。例如读《春秋左传》，先须知道什么叫经，什么叫传，从什么公起至什么公止。读《史记》，先须知道本纪、世家、列传、书、表等等的体式。

……

话不觉说得太絮叨了。关于阅读的范围，就此结束。以下试讲一般的阅读方法。

第一是理解。理解又可分两方面来说。（1）关于辞句的；（2）关于全文的。关于辞句的理解，不外乎从辞义的解释入手，次之是文法知识的运用。辞义的解释如不正确，不但读不通眼前的文字，结果还会于写作时露出毛病。因

① 四史，又称前四史，指《史记》《汉书》（又称《前汉书》）《后汉书》和《三国志》。

为我们在阅读时收得辞义，一经含糊不甚彻底明白，写作时也就不知不觉地施用，闹出笑话来。(笑话的构成，有种种条件。而辞义的故意误用，就是重要条件之一。) 文字不通的原因，非文法不合即用辞与意思不符之故。“名教”“概念”“观念”“幽默”等类名辞的误用，是常可在青年所写的文字中见到的，这就可证明他们当把这些名辞装入脑中去的时候，并未得到过正当的解释了。每逢见到新辞新语，务须求得正解，多翻字典，多问师友，切不可任其含糊。

辞义的解释正确了，逐句的文句已可通解了，那末就可说能理解全文了吗？尚未。文字的理解，最要紧的是捕捉大意或要旨，否则逐句虽已理解，对于全文，有时仍难免有不得要领之弊。一篇文字，全体必有一个中心思想，每节每段也必有一个要旨。文字虽有几千字或几万字，其中全文中心思想与每节每段的要旨，却是可以用一句话或几个字来包括的。阅读的人如不能抽出这潜藏在文字背后的真意，只就每句的文字表面支离求解，结果每句是懂了，而全文的真意所在，仍是茫然。本稿纸数有限。冗长的文例是无法举的，为使大家便于瞭解着想，略举一二部分的短例如下：

当此之时，天下之大，万民之众，王侯之威，谋臣之权，皆欲决于苏秦之策；不费斗粮，未烦一兵，未战一士，未绝一弦，未折一矢，诸侯相亲，贤于兄弟。(《战国策》)

“天下之大”以下同形式数句，只是“全世”之意；从有“不”字句起至一连数句“未”什么，只是“不战”二字之意而已。

外物不可必，故龙逢诛，比干戮，箕子狂，恶来死，桀纣亡。人主莫不欲其臣之忠，而忠未必信；故伍员流于江，苌弘死于蜀，藏其血，三年而化为碧。人亲莫不欲其子之孝，而孝未必爱；故孝己忧而曾参悲。(《庄子·外物篇》)

这段文字，要旨只是第一句“外物不可必”五字，其余只是敷衍这五字的例证。

……大家来至秦氏卧房。刚至房中，便有一股细细的甜香。宝玉此时便觉得眼饧骨软，连说好香。入房向壁上看时，有唐伯虎画的《海棠春睡图》，两边有宋学士秦太虚写的一副对联："嫩寒锁梦因春冷，芳气袭人是酒香。"案上设着武则天当日镜室中设的宝镜，一边摆着赵飞燕立着舞的金盘，盘内盛着安禄山掷过伤了太真乳的木瓜，上面设着寿阳公主于含章殿下卧的宝榻，悬的是同昌公主制的连珠帐。……(《红楼梦》第五回)

把房中陈设写得如此天花乱坠，作者的本意，只是想表出贾家的富丽与秦氏的轻艳而已。

对于一篇文字，用了这样概括的方法，逐步读去，必能求得各节各段的要旨，及全文的真意所在，把长长的文字归纳于简单的一个概念之中，记忆既易，装在脑子里也可免了乱杂。用譬喻来说，长长的文字，好比一大碗有颜色的水，我们想收得其中的颜色，最好能使之凝积成一小小的颜色块，弃去清水，把小小的颜色块带在身边走。

理解以外，还有所谓鉴赏的一种重要功夫须做，对于某篇文字要瞭解其中的各句各段及其全文旨趣所在，这是属于理解的事。想知道其每句每段或全文的好处所在，这是属于鉴赏的事。阅读了好文字，如果只能理解其意义，而不能知道其好处，犹如对了一幅名画，只辨识了些其中画着的人物或椅子、树木等等，而不去领略那全幅画的美点一样。何等可惜!

鉴赏因了人的程度而不同，诸君于第一年级读过的好文字，到第二年级再读时，会感到有不同的处所，到毕业后再读，就会更觉不同了。从前的所谓好处，到后来有的会觉得并不好，此外别有好的处所，有的或竟更觉得比前可爱。我幼年读唐诗时，曾把好的句加圈。近来偶然拿出旧书来看，就不禁自笑幼稚，发见有许多不对的地方，有好句子而不圈的，有句子并不甚好而圈着的。这种经验，我想一定人人都有，不但对于文字如此，对于书法，绘画，乃至对于整个的人生都如此的。

鉴赏的能力既因人而异，因时而异，关于鉴赏，要想说出一个方法来，原是很不容易的事。姑且把我的经验与所见约略写出一二，以供读者诸君参考。

据我的经验，鉴赏的第一条件，是把“我”放入所鉴赏的对象中去，两相比较。一壁读，一壁自问，“如果叫我来说，将怎样？”对于文字全体的布局，这样问；对于各句或句与句的关系，这样问；对于每句的字，也这样问。经这样一问，可生出三种不同的答案来：

（甲）与我的说法相合或差不多，我也能说。觉得并没有什么。

（乙）我心中早有此意见，或感想，可是说不出来，现在却由作者替我代为说出了。觉到一种快悦。

（丙）说法和我全不同。觉得格格不相入。

三种之中属于（甲）的，是平常的文字（在读者看来）；属于（乙）的，是好文字。属于（丙）的怎样？是否一定是不好的文字？不然。如前所说，鉴赏因人而不同，因时而不同，所鉴赏的文字与鉴赏者的程度如果相差太远，鉴赏的作用就无从成立。“仁者见仁，智者见智”，“英雄识英雄”，是相当可信的话。诸君遇到属于（丙）类的文字时，如果这文字是平常的作品，能确认出错误的处所来，那么直斥之为坏的不好的文字，原无不可。倘然那文字是有定评的名作，那就应该虚心反省，把自己未能同意的事，暂认为能力尚未到此境地，益自奋励。这不但文字如此，书法，绘画，尢一不然。康有为、沈寐叟[①]的书法，是有定评的，可是在市侩却以为不如汪洵的好，最近西洋立体派未来派的画，在乡下土老看来，当然不及曼陀、丁悚的月份牌仕女画来得悦目。

鉴赏的第二要件是冷静。鉴赏有时称“玩赏”，诸君在厅堂上挂着的画幅上，他人手中有书画的扇面上，不是常有见到某某先生“清玩”，或“雅鉴”“清赏”等类的字样吗？“玩”和“鉴”与“赏”有关。这“玩”字大有意味。普通所谓“玩”者，差不多含有游戏的态度，就是“无所为而为”，除了

① 即沈增植。

这事的本身以外，别无其他目的的意味。读小说时，如果急急要想知道全体的梗概，热心地“未知以后如何且看下回分解”地急忙读去，虽有好文字，恐也无从玩味，看不出来，第二次第三次再读，就不同了。因为这时对于全书梗概已经瞭然，不必再着急，文字的好歹，也因而容易看出。将我自己的经验当作例子来说，《红楼梦》第三回中黛玉初到贾府与宝玉第一次见面时，写道：

……宝玉看毕笑道：“这个妹妹我曾见过的。”贾母笑道：“可又是胡说，你何曾见过她。”宝玉笑道：“虽然未曾见过他，然看着面善，心里倒像是旧相识，恍若远别重逢一般。”

我很赞赏这段文字。因为这一对男女主人公，过去在三生石上赤霞宫中有着那样长久的历史，以后还有许多纠葛，在初会见时，做宝玉的恐怕除了这样说，别无更好的说法的了。故可算得是好文字。可是我对于这几句文字的好处，直到读了数遍以后才发见。（《红楼梦》我曾读过十次以上。）这是玩味的结果，并不是初读时就知道的。

好的作品至少要读二遍以上。最初读时不妨以收得梗概瞭解大意为主眼，再读时就须留心鉴赏了。用了“玩”的心情，冷静地去对付作品，不可再囫囵吞咽，要仔细咀嚼。诗要反复地吟，词要低徊地诵，文要周回地默读，小说要耐心地细看！

把前人鉴赏的结果拿来做参考，足以发达鉴赏力。读词读诗，不感到兴趣的，不妨去择一部诗话或词话读读，读小说不感到兴趣的，不妨去一阅有人批过的本子。诗话，词话，文评，小说评，是前人鉴赏的记录，能教示我们以诗词文或小说的好处所在，大足为鉴赏上的指导。举例来说：《水浒》中写潘金莲调戏武松的一节，自“叔叔万福”起，至“叔叔不会簇火，我与叔叔拨火，要似火盆常热便好”，一直数十句谈话都称“叔叔”，下文接着写道：“那妇人……便放了火箸，却筛一盏酒来自呷了一口，剩了大半盏看着武松道：‘你若有心吃了这半盏儿残酒。’”金圣叹在这下面批着：“写淫妇便是活淫妇。”“以上凡叫过三十九个‘叔叔’，忽然换做一你字，妙心妙笔。”

这“叔叔”与“你”的突然的变化，其妙处在普通的读者也许不易领会，或者竟不能领会，但一经圣叹点出，就容易知道了。

但须注意，前人的诗话词话文评小说评，是前人鉴赏的结果。用以帮助自己的鉴赏能力则可；自己须由此出发，更用了自己的眼识去鉴赏，切不可为所拘执。前人的鉴赏法，有好的也有坏的。特别是文评，从来以八股的眼光来评文的甚多，什么“起承转合”，什么“来龙”“去脉”，诸如此类，从今日看去，实属可哂[①]，用不着再去蹈袭了。

第七十八讲

古文学的欣赏[②]

朱自清

新文学运动开始的时候，胡适之先生宣布“古文”是“死文学”，给它撞丧钟，发讣闻。所谓“古文”，包括正宗的古文学。他是教人不必再做古文，却显然没有教人不必阅读和欣赏古文学。可是那时提倡新文化运动的人如吴稚晖钱玄同两位先生，却教人将线装书丢在毛厕里。后来有过一回“骸骨的迷恋”[③]的讨论，也是反对做旧诗，不是反对读旧诗。但是两回反对读经运动却是反对“读”的。反对读经，其实是反对礼教，反对封建思想；因为主张读经的人是主张传道给青年人，而他们心目中的道大概不离乎礼教，不离乎封建思

① 可笑。

② 据文光书店 1948 年版《标准与尺度》校订，收入 1988 年版《朱自清全集》第 3 卷。

③ 此句出自鲁迅《准风月谈》中的《重三感旧》，指叶圣陶 1921 年 11 月 12 日发表的《骸骨之迷恋》。

想。强迫中小学生读经没有成为事实，却改了选读古书，为的了解“固有文化”。为了解固有文化而选读古书，似乎是国民分内的事，所以大家没有说话。可是后来有了“本位文化”论，引起许多人的反感；本位文化论跟早年的保存国粹论同而不同，这不是残余的而是新兴的反动势力。这激起许多人，特别是青年人，反对读古书。

可是另一方面，在本位文化论之前有过一段关于“文学遗产”的讨论。讨论的主旨是如何接受文学遗产，倒不是扬弃它；自然，讨论到“如何”接受，也不免有所分别扬弃的。讨论似乎没有多少具体的结果，但是“批判的接受”这个广泛的原则，大家好像都承认。接着还有一回范围较小，性质相近的讨论。那是关于《庄子》和《文选》的。说《庄子》和《文选》的词汇可以帮助语体文的写作，的确有些不切实际。接受文学遗产若从“做”的一面看，似乎只有写作的态度可以直接供我们参考，至于篇章字句，文言语体各有标准，我们尽可以比较研究，却不能直接学习。因此许多大中学生厌弃教本里的文言，认为无益于写作；他们反对读古书，这也是主要的原因之一。但是流行的《作文法》《修辞学》《文学概论》这些书，举例说明，往往古今中外兼容并包；青年人对这些书里的“古文今解”倒是津津有味的读着，并不厌弃似的。从这里可以看出青年人虽然不愿信古，不愿学古，可是给予适当的帮助，他们却愿意也能够欣赏古文学，这也就是接受文学遗产了。

说到古今中外，我们自然想到翻译的外国文学。从新文学运动以来，语体翻译的外国作品数目不少，其中近代作品占多数；这几年更集中于现代作品，尤其是苏联的。

但是希腊罗马的古典，也有人译，有人读，直到最近都如此。莎士比亚至少也有两种译本。可见一般读者（自然是青年人多），对外国的古典也在爱好着。可见只要能够让他们接近，他们似乎是愿意接受文学遗产的，不论中外。而事实上外国的古典倒容易接近些。有些青年人以为古书古文学里的生活跟现代隔得太远，远得渺渺茫茫的，所以他们不能也不愿接受那些。但是外国古典该隔得更远了，怎么事实上倒反容易接受些呢？我想从头来说起，古人所谓“人情不相远”是有道理的。尽管社会组织不一样，尽管意识形态不一样，人情总还有不相远的地方。喜怒哀乐爱恶欲总还是喜怒哀乐爱恶欲，虽然对象不尽同，表现也不尽同。对象和表现的不同，由于风俗习惯的不同；风俗习惯的不同，由于地理环境和社会组织的不同。使我们跟古代跟外国隔得远的，就是这种种风俗习惯；而使我们跟古文学跟外国文学隔得远的尤其是可以算做风俗习惯的一环的语言文字。语体翻译的外国文学打通了这一关，所以倒比古文学容易接受些。

人情或人性不相远，而历史是连续的，这才说得上接受古文学。但是这是现代，我们有我们的立场。得弄清楚自己的立场，再弄清楚古文学的立场，所谓“知己知彼”，然后才能分别出那些是该扬弃的，那些是该保留的。弄清楚立场就是清算，也就是批判；“批判的接受”就是一面接受着，一面批判着。自己有立场，却并不妨碍了解或认识古文学，因为一面可以设身处地为古人着想，一面还是可以回到自己立场上批判的。这“设身处地”是欣赏的重要的关键，也就是所谓“感情移入”。个人生活在群体中，多少能够体会别人，多少能够为别人着想。关心朋友，关心大众，恕道和同情，都由于设身处地为别人着想，甚至“替古人担忧”也由于此。演戏，看戏，一是设身处地的演出，一是设身处地的看入。做人不要做坏人，做戏有时候却得做坏人。看戏恨坏人，有的人竟会丢石子甚至动手去打那戏台上的坏人。打起来确是过了分，然而不能不算是欣赏那坏人做得好，好得教这种看戏的忘了“我”。这种忘了“我”的人显然没有在批判着。有批判力的就不至如此，他们欣赏着，一面常常回到自己，自己的立场。欣赏跟行动分得开，欣赏有时可以影响行动，有时可以不影响，自己有分寸，做得主，就不至于糊涂了。读了武侠小说就结伴上峨眉山，的确是糊涂。所以培养欣赏力同时得培养批判力，不然，“有毒的”东西就太多了。然而青年人不愿意接受有些古书和古文学，倒不一定是怕那“毒”，他们的第一难关还是语言文字。

打通了语言文字这一关，欣赏古文学的就不会少，虽然不会赶上欣赏现代文学的多。语体翻译的外国古典可以为证。语体的旧小说如《水浒传》《西游记》《红楼梦》《儒林外史》，现在的读者大概比二三十年前要减少了，但是还拥有相当广大的读众。这些人欣赏打虎的武松，焚稿的林黛玉，却一般的未必崇拜武松，尤其未必崇拜林黛玉。他们欣赏武松的勇气和林黛玉的痴情，却嫌武松无知识，林黛玉不健康。欣赏跟崇拜也是分得开的。欣赏是情感的操练，可以增加情感的广度、深度，也可以增加高度。欣赏的对象或古或今，或中或外，影响行动或浅或深，但是那影响总是间接的；直接的影响是在情感上。有些行动固然可以直接影响情感，但是欣赏的机会似乎更容易得到些。要培养情感，欣赏的机会越多越好；就文学而论，古今中外越多能欣赏越好。这其间古文和外国文学都有一道难关，语言文字。外国文学可用语体翻译，古文学的难关该也不难打通的。

我们得承认古文确是“死文字”，死语言，跟现在的语体或白话不是一种语言。这样看，打通这一关也可以用语体翻译。这办法早就有人用过，现代也还有人用着。记得清末有一部《古文析义》，每篇古文后边有一篇白话的解释，其实就是逐句的翻译。那些翻译够清楚的，虽然啰唆些。但是那只是一部不登大雅之堂的启蒙书，不曾引起人们注意。五四运动以后，整理国故引起了古书今译。顾颉刚先生的《盘庚篇今译》（见《古史辨》），最先引起我们的注意。他是要打破古书奥妙的气氛，所以将《尚书》里诘屈聱牙的这《盘庚》三篇用语体译出来，让大家看出那“鬼治主义”的把戏。他的翻译很谨严，也够确切；最难得的，又是三篇简洁明畅的白话散文，独立起来看，也有意思。近来郭沫若先生在《由周代农事诗论到周代社会》一文（见《青铜时代》）里翻译了《诗经》的十篇诗，风雅颂都有。他是用来论周代社会的，译文可也都是明畅的素朴的白话散文诗。此外还有将《诗经》《楚辞》和《论语》作为文学来今译的，都是有意义的尝试。这种翻译的难处在乎译者的修养；他要能够了解古文学，批判古文学，还要能够照他所了解与批判的译成艺术性的或有风格的白话。

翻译之外，还有讲解，当然也是用白话。讲解是分析原文的意义并加以批判，跟翻译不同的是以原文为主。笔者在《国文月刊》里写的《古诗十九首集释》，叶绍钧先生和笔者合作的《精读指导举隅》(其中也有语体文的讲解)，浦江清先生在《国文月刊》里写的《词的讲解》，都是这种尝试。有些读者嫌讲得太琐碎，有些却愿意细心读下去。还有就是白话注释，更是以读原文为主。这虽然有人试过，如《论语》白话注之类，可只是敷衍旧注，毫无新义，那注文又啰里啰唆的。现在得从头做起，最难的是注文用的白话；现行的语体文里没有这一体，得创作，要简明朴实。选出该注释的词句也不易，有新义更不易。此外还有一条路，可以叫做拟作。谢灵运有《拟魏太子邺中集》，综合的拟写建安诗人，用他们的口气作诗。江淹有《杂拟诗》三十首，也是综合而扼要的分别拟写历代无名的五言诗人，也用他们自己的口气。这是用诗来拟诗。英国麦克士·比罗姆[①]著《圣诞花环》，却以圣诞节为题用散文来综合的扼要的拟写当代各个作家。他写照了各个作家，也写照了自己。我们不妨如法炮制，用白话来尝试。以上四条路都通到古文学的欣赏；我们要接受古代作家文学遗产，就可以从这些路子走近去。

① 今译麦克斯·毕尔孛姆，或毕尔勃姆(Max Beerbohm，1872—1956)。《圣诞花环》初版于1912年。

第七十九讲

研究国故的方法[①]

胡　适

研究国故，在现时确有这种需要。但是一般青年对于中国本来的文化和学术，都缺乏研究的兴趣；讲到研究国故的人，真是很少，这也原不怪得他们，实有以下二种原因：（一）古今比较起来；旧有的东西，就很易现出破绽。在中国科学一方面，当然是不足道的；就是道德和宗教，也都觉浅薄得很！这样当然不能引起青年们的研究兴趣了！（二）中国的国故书籍，实在太没有系统了！历史书一本有系统的也找不到！哲学也是如此。就是文学一方面：《诗经》总算是世界文学上的宝贝；但假使我们去研究《诗经》，竟没有一本书能供给我们做研究的资料的。原来中国的书籍，都是为学者而设！非为普通人一般人的研究而作的！所以青年们要研究，也就无从研究起。我很望诸君对于国故有些研究的兴趣，来下一番真实的工夫，使他成为有系统的。对于国故，亟应起来整理，方能使人有研究的兴趣，并能使有研究兴趣的人容易去研究。

"国故"的名词，比"国粹"好得多。自从章太炎著了一本《国故论衡》之后，这"国故"的名词，于是成立。如果讲是"国粹"；就有人讲是"国渣"！"国故"（National past）这个名词是中立的。我们要明现社会的情况，就得去研究国故。古人讲："知道过去，才能知道现在。"国故专讲国家过去的文化；要研究他，就不得不注意以下四种方法：

① 这是1921年的讲演记录稿，据中国书局1924年版《国学必读》下册校订，收入2003年版《胡适全集》第13卷。

（一）历史的观念

现在一般青年，所以对于国故，没有研究兴趣的缘故；就是没有历史的观念。我们看旧书，可当他做历史看。清乾隆时有个叫章学诚的，著了一本《文史通义》；上边说："六经皆史也。"我现在进一步言之："一切旧书——古书——都是史也。"本了历史的观念，就不其然而然的生出兴趣了。如道家炼丹修命，确是很荒谬的，不值识者一笑！但本了历史的观念，看看它究竟荒谬到了什么田地？亦是很有趣的。把旧书当作历史看，知他好到什么地步？或是坏到什么地步？这是研究国故方法的起点：是"开宗明义"第一章。

（二）疑古的态度

疑古的态度，简要言之：就是"宁可疑而错不可信而错"十个字。譬如《书经》有《今文尚书》和《古文尚书》之别。有人说："《古文尚书》是假的，《今文尚书》有一部分是真的；余外一部分，到了清时，才有人把他证明是假的。"但是现在学校里边，并没把假的删去，仍旧读他全书；这是我们应该怀疑的！至于《诗经》本有三千篇，被孔子删剩十分之一，只得了三百篇。《关雎》这一首诗，孔子把他列在第一首，这首诗是很好的；内容是一很好的女子，有一男子要伊做妻子；但这事不易办到；于是男子"寤寐求之"，连睡在床上，都要想伊；更要"悠哉悠哉，辗转反侧"呢！这能表现一种很好的爱情；是一首爱情的相思诗。后人误会，生了许多误解；竟牵到旁的问题上去。所以疑古的态度，有两方面好讲：（一）疑古书的真伪。（二）疑真书被那山东老学究弄伪的地方。我们疑古的目的，是在得其"真"。就是疑错了，亦没有什么要紧。我们知道那一个科学家，是没有错误的。假使信而错，那就上当不浅了。自己固然一味迷信，情愿做古人的奴隶；但是还要引旁人亦入于迷途呢！我们一方面研究；一方面就要怀疑；庶能不上老当呢！

如中国的历史从盘古氏一直相传下来，年代都是有"表"的；"像煞有介事”，看来很是可信。但是我们要怀疑这怎样来的呢？根据什么呢？我们总要“打破砂锅问到底”，究其来源怎样？要知道这年月的计算，有的自从假书来的。大部分还是宋朝一个算命先生，用算盘打出来的呢？这哪能信呢？我们是不得不去打破他的。

在东周以前的历史，是没有一字可以信的。以后呢，大部分也是不可靠的。如《禹贡》这一章书，一般学者都承认是可靠的。据我用历史的眼光看来，可是不可靠的。我敢断定他是伪的。在夏禹时，中国难道竟有这般大的土地么？四部书里边的经，史，子三种，大多是不可靠的。我们总要有疑古的态度，才好！

（三）系统的研究

古时的书籍，没有一部书是“著”的。中国的书籍虽多；但有系统的著作，竟找不到十部。我们研究无论什么书籍，都宜要寻出他的脉络，研究他的系统。所以我们无论研究什么东西，就须从历史方面着手。要研究文学和哲学，就得先研究文学史和哲学史。政治亦然。研究社会制度，亦宜先研究其制度沿革史，寻出因果的关系，前后的关键，要从没有系统的文学，哲学，政治等等里边，去寻出系统来。

有人说：“中国几千年来没有进步！”这话荒谬得很！是妨害我们研究的兴趣。更有一外国人著了一部世界史，说：“中国自从唐代以后，就没有进步了！”这也不对！我们定要去打破这种思想的。总之我们是要从从前没有系统的文学，哲学，政治里边；以客观的态度，去寻出系统来的。

（四）整理

整理国故，能使后人研究起来，不感受痛苦。整理国故的目的，就是要使从前少数人懂得的，现在变为人人能解的。整理的条件，可分形式内容二方面讲：

（一）形式方面。加上标点和符号，替他分开段落来。

（二）内容方面。加上新的注解，折中旧有的注解。

并且加上新的序跋和考正，还要讲书的历史和价值。

我们研究国故，非但为学识起见，并为诸君起见，更为诸君的兄弟姊妹起见。国故的研究，于教育上实有很大的需要。我们虽不能做创造者；我们亦当做运输人。这是我们的责任！这种人是不可少的。

出版说明

这是一本近现代作家的文章选集，内容主要是讲解怎样阅读和鉴赏文学作品。

为保持作品原貌，同时方便现代读者阅读，编者参考多个版本，并对照作品早期文本，做了反复、严谨的校订。现就校订的大致情况作几点说明。

字形和词形

现代汉语的字形词形是逐渐规范起来的，这个规范过程伴随着演变过程。如果按现行字形词形规范，就得对早期文本进行很多改动，破坏作品原貌。因此，我们只能采取折中的办法。

与现代规范简化字或简化字推荐字形相差较大，容易引发歧义或误解的，就统改为现代规范简化字或简化字推荐字形。比如，“钞”当“抄写”“抄录”讲时，全部改成“抄”。“帐”用于“算账”“账目”时，全部改成“账”。“叶”当“书页”讲时，全改成“页”。“甚么”全改成“什么”。“底”当“的”或“地”用时，改为“的”或“地”。

与现代规范简化字或简化字推荐字形相差不大，不致引发歧义或误解的，就保留原来的字形词形。比如，“的”“地”“得”“那末”“发见”“智识”等，全依早期文本，保留原样。

“那”字，在早期文本中，既当疑问代词和不定代词（著名的例子是毛主席的《人的正确思想是从那里来的》），也当代词。现在的规范用法，疑问代词和不定代词用“哪”。早期文本中也有“哪”字，不过是语气助词，用于语尾，类似现在的“呐”“呢”。还有些字形词形，在早期文本中并没有规范，使用很随意，比如：了、瞭，采、彩，象、像，作、做，他、牠（它），工夫、功夫，等等。对于这些字形词形，如果强行改正，不仅会破坏作品的原貌，还可能因为误判而改错，所以全依早期文本，保留原样。

文本本身就是语文的史料，在不影响读者阅读和理解的前提下，保留一些早期文本的字形词形，既能反映出字形词形的演变过程，还能反映出作者的风格。比如本选集中，朱自清先生和老舍先生的文章，就基本上符合现代汉语的字词规范。因此，他们的文章，基本上是原样呈现。

注释和存疑

为方便读者阅读，我们对读者可能感到陌生的一些词句、外国人名和作品名，加了简明的注释。比如，朱自清《文学的严肃性》一文，1988年版《全集》第4卷的此文中，有这样一句：“即如犯人日记，里面虽然是象征意义，但却用写实笔法来写……”后来的很多选本都袭用了“犯人日记”的说法。但是据1947年第34期《书报精华》杂志转载的这篇文章，犯人日记应为《狂人日记》。

朱自清《论中国诗的出路》一文，1988年版《全集》第4卷、1989年版《选集》第2卷收录此文，都有这样一句：“译专集也成，总集也成，译莎士比亚固好，译 Goedeu Lreaxsury 也行。”其中Goedeu Lreaxsury 无解，疑为 Golden Treasury 之误。但是不能确定，只好存疑，没有加注。

朱湘《谈诗》一文中有一段：“‘真’字与‘青’字未尝不可以相叶。仅要是作一首预备入音乐的诗歌，那时候，真韵的字最好还是不要用来与音韵的字相叶。”北新书局1934年版《文学闲谈》第109页，2017年版《朱湘全集·散文卷》第343页，都是这样的。所谓“‘真’字与‘青’字未尝不可以相叶”中的“相叶”，即“相叶韵”。叶韵，也叫协韵、谐韵，是音韵学术语，研究不同韵部的字能否相押。这句话的意思是，在平水韵中，“上平十一·真”部字与“下平九·青”部字或可以押韵（参见《钦定叶韵汇辑》卷七《真文元叶韵》）。末一句，“真韵的字最好还是不要用来与音韵的字相叶”中，“音韵”疑为“青韵”之误，因为“真”是韵部字头，“青”是韵部字头，“音”不是韵部字头。但是不能确定，也只好存疑，没有加注。

标点和格式

现代汉语的标点，也有一个逐渐演变、规范的过程。我们依据同样的原则，在方便读者阅读和理解的前提下，保留了一些早期文本的标点样式，没有按照现在的规范强行统一。格式的最大问题，是现代诗歌的排法。早期有所谓“诗形学”一说，有些现在整理的全集本，没有注意到现代诗歌的格式，我们按照早期文本恢复了当时的格式。

编　者